KB143529

한국
반도체
슈퍼
乙 전략

한국 반도체 슈퍼 乙전략

초판 1쇄 발행 2023년 5월 10일
초판 2쇄 발행 2023년 5월 25일

지은이 전병서

발행인 장상진
발행처 (주)경향비피
등록번호 제2012-000228호
등록일자 2012년 7월 2일

주소 서울시 영등포구 양평동 2가 37-1번지 동아프라임밸리 507-508호
전화 1644-5613 | **팩스** 02) 304-5613

ISBN 978-89-6952-544-4 03320

한국 반도체

슈퍼 乙 전략

끝나지 않는 불황도 없고,
영원한 전쟁도 없다

전병서 지음

경향BP

머리말

반도체는 미·중의
지정학적 위기가 만든 안보 상품이다

미·중 전쟁 전까지만 해도 반도체는 미국 기술로 만든 '산업의 쌀'이 었지만 이젠 '적을 궁지로 몰아붙이는 무기'가 되었다. 제조 시대에 는 철이 산업의 쌀이었지만 정보 시대에는 반도체가 산업의 쌀이 되 었다. 미·중의 기술 전쟁이 시작되면서 반도체는 중국에서는 '심장', 미국에서는 '안보'로 격상되었다.

　미국과 중국은 안보를 지키고 심장을 확보하는 데 봐주기나 양보 가 없다. 1986년 G1 미국과 G2 일본 사이에서도 10년에 걸친 반도체 전쟁이 있었다. 그러나 미국 레이건 대통령 시대의 미·일 반도체 전쟁은 산업의 주도권을 두고 싸운 전쟁이었고 같은 민주주의 국가끼리의 싸움이었다. 하지만 2023년 바이든 대통령 시대의 미·중 반도체 전쟁은 다르다. 산업의 주도권이 아니라 국가 안보를 두고 싸우는, 민주주의와 사회주의 국가의 체제 간 패권 전쟁이다.

해양의 시대에는 바다를 지배하는 자가 세계를 지배했고, 산업혁명 시대에는 에너지를 지배하는 자가 세상을 지배했지만, 4차산업혁명 시대에는 반도체를 지배하는 자가 세계를 지배한다. 지금 손톱 크기의 1/3이 채 안 되는 작은 칩Chip 속에 패권 전쟁에서 승리하는 비밀 코드가 숨어 있다.

미국은 트럼프 정부인 2018년부터 중국과 3년간 무역 전쟁을 했다. 하지만 세계 1위의 무역 대국인 중국과의 무역 전쟁에서 미국은 승리하지 못했다. 미국의 대중국 적자는 더 커졌고 무역 규모는 더 늘어났다. 그래서 미국은 바이든 정부 들어서 전략을 바꾸었다. 중국이 치명적으로 약한 반도체 기술 전쟁을 시작했다. 제조 시대에는 석유 공급을 끊어서 전쟁을 끝냈지만, 4차산업혁명 시대에는 데이터를 디지털로 전환하는 반도체의 공급을 끊어 버리면 간단히 전쟁을 끝낼 수 있기 때문이다.

반도체 공급망은 이제 미·중 전쟁의 가장 중요한 격전지가 되었다. 전쟁터에서는 지형지물을 어떻게 활용하는가가 중요한데 이제 반도체도 어디서 생산하느냐가 전쟁의 승패를 가른다. '반도체 기술 강국' 미국은 전 세계 반도체 생산의 12%를 겨우 담당하는 '반도체 생산 약소국'이다. 지금 이 전쟁의 한가운데에 세계 반도체 1, 3위 업체를 보유하고 세계 반도체 생산점유율 21%인 한국이 있다.

드론, 미사일, 전투기, 항공모함 등에도 군사용 칩이 들어간다. 이들 첨단 무기에 들어가는 칩 하나만 없어도 첨단 장비는 무용지물이다. 지금 미국이 반도체 생산에서 통제력을 잃어버린 것은 미국 국방에 심각한 문제이고, 이를 최단 시간에 확보하는 것이 지금 미국의 최우선 정책이다.

그래서 미국이 시작한 미국 내 반도체 생산 내재화Chip Inside는 전쟁과 같다. 최첨단 반도체 생산을 대만과 한국에 의존하는 미국, 좋게 말하면 '프렌드쇼어링Friend-Shoring'이지만 앞으로는 푼돈을 내밀며 뒤로는 안보를 무기로 위협하면서 한국과 대만을 억지로 '양자養子 삼기 프로젝트'를 시작했다.

신뢰의 상징인 미국이 화장실 갈 때와 올 때가 다른 모습을 보인다. 공장을 지으라고 꾈 때의 웃는 얼굴은 간 곳 없고 삽을 뜨고 나니 안면몰수다. 빌린 기술로 2등은 할 수 있을지 몰라도 1등은 어렵다. 미국의 '양자 삼기 프로젝트'가 앞서가기 위한 승부수인지 제 발등 찍기인지는 더 두고 봐야 한다.

한국은 시장이 있는 중국에 공장을 지으려니 미국의 보복이 무섭고, 미국에 공장을 지으려니 기술 누출의 위험이 도사리고 있다. 지금 세계의 반도체 전쟁에 내 편은 아무도 없고 오로지 국익만 있다. 기술이 있으면 대접받고 없으면 버려진다. 미국은 우아하게 말하지만 말을 듣지 않으면 무쇠 주먹을 휘두르는 나라다.

미국은 미국에서 태어난 기술을 미국으로 돌려 달라는 것이다. 미국은 40년 전에 시발역을 출발해 종착역까지 간 반도체 기술을 다시 시발역으로 되돌리는 역주행을 하겠다는 것인데 역주행의 위험은 미국이 아니라 차에 올라탄 손님이 지라고 한다.

끝나지 않는 불황도 없고, 영원한 전쟁도 없다

앞이 보이지 않으면 역사책을 펴 보라고 한다. 미·중의 반도체 전쟁 와중에 세계 반도체 시장은 대불황에 빠져들었다. 코로나19가 만든 특수를 슈퍼사이클로 오인한 과잉 투자가 만들어 낸 불황이다. 하지만 반도체 산업의 47년 사이클에서 보면 끝나지 않은 불황은 없었고 끝나지 않은 전쟁도 없었다. 반도체 대불황의 경기 하강기에 한국은 담대한 투자로 하수 죽이기 전략으로 가야 한다.

미·중의 반도체 전쟁에서 옆에 서서 구경하던 한국이 미국에서 날린 짱돌에 맞았다. 미국에 첨단 반도체 공장을 착공하고 삽질을 시작한 한국은 미국의 황당한 반도체 보조금 지급 조건과 심사 기준에 어안이 벙벙해졌다. 한국은 미국 공장을 착공하고 나서야 비로소 미국으로 보면 국부 유출을 막는 기막힌 지혜지만, 한국의 입장에서는 '보조금의 덫'에 걸렸다는 것을 알았다.

TSMC는 삼성보다 많은 400억 달러를 투자한다고 했는데 막상 착공하고 나니 난관이 많다. 엄살이 포함되긴 했지만 TSMC는 인건비, 미국산 사용 허가 규정 준수, 인플레의 영향으로 공사 비용은 대만의

4배, 생산 원가는 50~100% 높을 것이라며 우는소리를 한다.

TSMC는 미국의 반협박에 어쩔 수 없이 미국에 공장을 짓기로 결정했지만 속으로는 삼성을 제치고 미국 고객을 싹 다 잡아 보겠다고 생각했다. 하지만 미국식 제도와 대만식 관리의 충돌에 한숨짓고 있다.

첫째, 반도체 제조에 필요한 공급망의 결핍으로 제조 원가가 급상승할 판이다.

둘째, 구글·아마존 같은 인터넷 회사나 퀄컴·AMD 같은 칩 디자인 회사에서 커피 마시며 컴퓨터 보면서 일하는 것을 당연하게 생각하는 미국의 고급 엔지니어링 기술자들을 방진복에 3교대 하는 반도체 공장에서 관리하는 것이 최대 난제다.

셋째, TSMC 공장은 고객의 비밀 관리를 위해 모든 직원의 카드 출입증을 통해 직원들의 행동을 분석한다. 공장에서 핸드폰 사용 금지는 물론이고 사무구역에서조차도 최소한의 기능만 있는 블랙베리 휴대폰만 가지고 업무해야 하는 까다로운 규정이 있다. 이런 문화에서 미국의 개인 프라이버시 보호와 인권을 따지는 노동자들을 관리하고 유지하는 것이 어렵다.

넷째, 돈으로 건물을 짓고 장비는 사지만 문화를 사지는 못한다. 미국 문화를 대만 문화화하지 못하고, 대만 문화가 미국 문화에 동화되면 TSMC의 신화도 끝난다. TSMC는 2024년에 4nm, 2026년에 3nm 공장을 400억 달러를 들여 짓는데, 대만에서 1,000여 명의 인재가 3년 계약으로 미국으로 간다. 3년 후 대만 엔지니어들에게 영주

권이 주어졌을 때 문화 차이, 환경 차이, 특히 자녀교육 문제 등이 걸리면 그들은 인텔 등 미국 회사로 이직할 가능성이 크다. 공장은 지었지만 숙련된 고급 인재를 미국에 고스란히 바치는 결과가 나올 수 있다.

황당한 것은 2023년 3월 27일 공개한 미국 상무부 산하 국립표준기술연구소NIST의 미국 투자 기업 보조금 신청 신고 자료 목록이다. 기업의 현금흐름과 예상이익은 물론이고 웨이퍼 종류별 생산 능력, 가동률, 수율 등의 생산 정보, 소재, 인건비, R/D 등의 원재료와 원가 정보, 판매 가격을 모두 엑셀 파일 형태로 제출하게 되어 있다.

해당 파일 템플릿을 보면 반도체 애널리스트의 수익 예상 모델보다 더 정교하다. 초과이익 공유를 산출하기 위한 근거라는 명분으로 반도체 기업의 기밀로 분류되는 가장 민감한 비밀 정보를 모두 미국 정부에 제출하라는 것이다.

그리고 이를 검증하기 위한 미국 상무부의 반도체법팀에 전직 반도체 전문가와 금융 전문가를 대거 배치해 송곳 검증을 하겠다는 것이다. 결국 이것은 명분은 뭐라고 하든지 간에 1986년 미·일 반도체 협정에서 미국이 일본 기업에 요구했던 것과 같은 내용이다. 이름만 지원법이고 이를 통해 한국과 대만 기업의 첨단 공장 기밀을 모두 확보하겠다는 뜻이다.

미국의 보조금은 미국이 파 놓은 함정이 맞다. 그러나 지혜에는 지혜로 맞서야 한다. 미·중의 반도체 전쟁은 이제 시작이고 아직은 미국도 중국도 한국의 기술을 절절히 원하는 단계다. 한계에 부딪히거나 막다른 골목에 몰렸을 때는 배수진이 답이다. 도망갈 여지가 없어야 비로소 살 수 있다. TSMC의 사례를 평계 삼아 미국과 반도체 보조금 추가 협상에서 한국은 배수진을 쳐야 한다.

한국이 세계 1등이라고 자만하면 다친다. 모든 이가 탐내는 귀한 것은 위험한 것이다. 특히 세계 1, 2위가 서로 탐내는 위험한 반도체 기술이라는 보석을 가진 한국으로서는 위험을 피하는 전략이 필요하다. 미국은 탈脫중국을 노래 부르지만 세계 최대의 반도체 시장을 가진 중국의 용과 함께 춤을 추지 않으면 반도체로 큰돈을 벌 수 없다. 용을 잡으려면 용의 굴로 들어가야지, 미국이 가지 말라고 한다고 철수하면 용을 잡을 기회는 없다.

핸드폰과 노트북용 메모리 칩을 만드는 한국의 중국 반도체 공장은 미국의 규제에 철수를 고려하기보다는 2023년에 이미 미국의 6배 시장으로 커진 세계 최대의 전기차EV 시장이 열리는 중국에서 아직 반도체 기술 요구 수준이 낮은 EV용 칩 공장으로의 전환을 고려할 필요가 있다.

그리고 지금 미국은 예전에 우리가 알던 그 막강한 힘을 가진 미국이 아니다. 4년마다 미국은 표심에 목숨 걸어야 하는 대통령을 따라 갈팡질팡하고 있다. 미국은 후진국인 중국 하나를 단칼에 죽이지 못하고 우왕좌왕하고 동맹군을 모집해서 공격하려고 한다. 절대강자는 동맹이 필요 없다. 동맹은 절대 권력의 약화를 의미한다. 이런 미국의 상황을 영악한 동맹군들도 진작 알아차리고, 말로만 YES이고 뒤로는 딴짓하고 있다.

이미 미국 QUAD 동맹의 핵심 축인 인도는 미국의 만류에도 불구하고 러시아로부터 에너지를 계속 수입해 러시아에 전비를 대주고 있다. 나토 동맹은 러시아를 돕는 중국도 유럽에 구조적으로 위험이라고 결의하고 중국을 봉쇄하기로 했지만, 나토 동맹의 핵심 축인 독일은 시진핑 3기 정부 출범에 서방 국가 중에서 1번으로 중국을 방문해 대중국 투자를 확대하고 교역을 늘리고 있다.

미국의 오랜 친구이자 중동의 맹주인 사우디아라비아는 미국의 석유 증산 요구를 귓등으로 흘리고 바이든 대통령의 방문은 홀대하면서 중국 시진핑 주석의 방문은 하늘에서부터 전투기로 호위하는 황제의전을 했다. 사우디아라비아는 야심 차게 추진하는 네옴시티에 중국의 5G통신망을 채택할지 고려하고 있다.

지금 한국은 미·중의 기술 전쟁의 틈바구니에 끼어 있다. 지난 3년간의 미·중 전쟁을 보면 미국의 일방적인 승리로 보이지만 문제는 미국의 반도체 기술 봉쇄의 실익이 별로 없다는 것이다. 제재받은 중국 기업 중에서 사라지거나 망한 기업이 없다. 그리고 바이든 정부 들어 기술 동맹, 반도체법CHIPS and Science Act 등의 조치는 많았지만 완성된 것은 없다.

기업은 돈이 부르면 득달같이 달려간다. 2023년 3월 25일 베이징에서 중국 정부가 주최한 중국발전고위포럼에 세계 500대 기업에서 CEO 100여 명이 몰려들었다. 미국의 대표 기업 애플의 팀 쿡, 한국의 대표 기업 삼성의 이재용 회장도 참석했다.

미·중이 전쟁 중이고 미국의 첨단 기술을 중국에 가져가지 말고,

중국에서 공장을 빼라는데도 애플, 인텔, 화이자, 퀄컴 같은 미국 첨단 산업의 대표 기업 CEO들이 중국 정부의 초청에 대거 참석하고 중국 경제 예찬론을 읊조리는 것을 어떻게 봐야 할까?

바로 시장 때문이다. 첨단 기술의 역사를 보면 기술은 돈이지만 기술은 시장을 이기지 못한다. 고객이 바로 돈이다. 2023년에 세계 반도체 시장이 불황의 그늘 속으로 들어가고 있고 주요 회사들이 모두 적자로 전환되었다. 중국은 세계 반도체 수요의 35%를 차지한다. 경기회복이 가장 빠른 중국이 이번 반도체와 IT 불황의 구세주가 될 수 있기 때문이다.

미·중의 기술 전쟁에서 미국은 목소리는 컸지만 실효성은 작았다. 중국의 통신 산업과 반도체를 막았지만 화웨이와 SMIC는 여전히 멀쩡하게 살아 있다. 반도체, 배터리, 바이오, 희토류에 대해 동맹을 맺어 중국을 봉쇄한다고 했지만 정작 중국이 죽어 나간 것이 아니라 미국의 동맹국들이 시장을 잃어 말은 못하고 속앓이만 하고 있다. 동맹국과 마찬가지로 시장을 잃은 미국의 장비, 소재 기업들도 정부에 대들지는 못하고 눈치만 보고 있다.

2023년 3월 미국과 캐나다가 핵심 광물 공급망 협력을 발표했다. 중국은 첨단 기기 제조에 필수인 '산업의 비타민'으로 불리는 희토류 금속의 생산을 사상 최대로 늘리고 있다. 2020년 12월 중국은 희토류 제품과 기술을 제한하는 희토류 수출통제법을 시행한 데 이어 2021년부터는 희토류 생산과 유통을 제한하는 관리조례를 만들었고, 2021년 12월에 희토류 3개 기업을 모두 합병해 세계 최대의 희토류 기업을 탄생시켰다. 지금 중국의 세계 희토류 시장 채굴 점유율은 60%나 된다. 미국의 희토류 봉쇄가 아니라 미·중 갈등이 본격화되자 중국이 희토류를 무기화하기 시작했다.

한국은 미·중 사이에 낀 나라지만 발상의 전환을 하면 미·중을 연결하는 나라일 수 있다. 한국은 미·중 양국이 모두 필요한 나라다. 미국은 배터리가 없고 중국은 반도체가 없다. 미국은 양자로 들인 TSMC(파운드리)는 있지만 CATL(배터리)이 없다. 중국은 CATL(배터리)은 있지만 TSMC(파운드리)가 없다. 한국은 삼성전자(파운드리)와 LG에너지솔루션(배터리)이 모두 있다.

지금 한국은 미국과 중국 모두에 필요하다. 미국에는 '안보'를 제공하고 중국에는 '심장'을 제공할 수 있는 나라다. 미국과 중국이 센 나라이기는 하지만 지금 한국은 미·중 모두에게 '보복의 대상'이 아니라 어떻게든 구슬려야 하는 '협상의 대상'이다.

제조업의 또 다른 숨은 비결은 표준을 장악하는 것이다. 그러나 40년 전부터 제조업이 떠난 미국은 지금 반도체, 액정, 자동차, 핸드폰, 컴퓨터에서 산업의 제조 우위는 상실했고 세품 표준마저 미국의 것이 아니다. 제조업이 떠난 미국에는 표준이 없어졌다. 제2차 세계대전에서는 무기 생산 능력이 전쟁의 승부를 갈랐지만 지금은 반도체와 인공지능에서 전쟁의 승부가 결판난다. 그런데 지금 미국은 반도체에서 문제가 생겼다.

전쟁이든 경기든 승리하려면 상대의 약점을 정확히 알아야 한다. 미국이 강하지만 그간 미국의 대중국 전략을 보면 미국의 허점이 드러난다. 뭐든 너무 강하면 부러진다. 미국이 한국에 강하게 요구하고 빼앗으려고 하면 한국은 철저히 약자 코스프레를 해야 한다. 물에 잠긴 용은 눈에 띄지 않는다. 한국은 재능을 숨겨 후일을 도모하는 것이 답이다. 발등에 불 떨어졌을 때 대책을 세운다고 허둥대지 말고 5~10년을 내다보는 대비가 필요하다. 뭐든 미리 준비하면 지지 않는다.

한국은 중국 반도체 산업의 부상을 정확히 봐야 한다. 미국의 반도체 봉쇄로 중국의 반도체는 다 죽었다는 것이 한국에서 보는 일반적인 시각이지만 미국 정부가 제한한 중국의 반도체 기술 통제기준 D램DRAM 18nm, 낸드NAND 128단, 로직logic 14~16nm가 지금 중국 반도체의 진짜 실력이다.

한국과 비교하면 양산 기준으로 로직에서 7년, D램에서 5년, 낸드에서 2년 격차다. 개발 기준으로 보면 낸드는 1년, D램은 3년 격차다. 2023년 3월 16일 대만 언론사가 주최한 포럼에서 대만 반도체 업계의 대부인 TSMC의 장충모 회장도 중국 본토 반도체 기술은 대만에 비해 5~6년 뒤져 있다는 평가를 내렸다.

2022년 9월 상하이 경제정보위원회Shanghai Economic and Information Tech Commission의 책임자는 중국이 14nm 로직칩 생산, 90nm 노광기, 5nm 에칭기, 12인치 대형 실리콘 웨이퍼의 국산화를 달성했고 5G 칩과 같은 첨단 통신 칩도 국산화를 이루었다고 발표했다. 2023년 3월 6일 화웨이는 14nm급의 반도체 설계를 할 수 있는 EDA를 국산화했다. 이게 중국 반도체의 진짜 얼굴이다.

2022년 8월까지 중국 반도체 회사 5,746개가 폐업했다는 보도가 나오자 한국에서는 중국 반도체 업계가 미국의 견제에 망했다고 보는 시각이 넘쳐 나는데 이것도 오해다. 2022년 중국의 연간 반도체 기업 창업 수는 6만 개가 넘고 부도율은 9.6% 선이다. 최근 5년간 중국은 15만 2,060개 반도체 기업이 창업했고 1만 3,033개 기업이 폐업했다. 폐업율은 8.6% 수준에 불과하다.

그리고 중국의 반도체 굴기는 2014년에 만들어진 1기 국가반도체펀드와 2019년에 만들어진 2기 국가반도체펀드가 투자한 60여 개 기업이 중심이 되어 진행되는 것이지 손바닥만 한 반도체 디자인 업체 수천 개, 수만 개가 주도하는 것이 아니다. 그간 2개의 국가펀드가 투자한 60여 개 기업 중에서 망하거나 폐업한 기업은 단 하나도 없다.

한국은 미·중이 절대 무시하지 못할 '슈퍼 을(乙)'의 길로 가야 한다

"조선의 지독한 가난의 원인은 전적으로 선비가 제 역할을 못한 데에 있다."

조선 정조 시대 당대 최고의 문필가였고 실학자였던 연암燕巖 박지원朴趾源이 한 말이다. 1780년 당시 44세였던 연암이 조선 정조 시대에 청나라 건륭제의 생일을 축하하는 사절단에 포함돼 한양을 떠나

16

요동과 베이징을 거쳐 열하熱河, 지금의 승덕承德에 도착했다. 청나라에서 보고 들은 156일간의 여행을 기록한 기행문이 『열하일기』다.

「양반전」, 「호질」 등의 풍자소설 작가이기도 한 연암의 『열하일기』에 보면 조선의 지식인에 대한 시니컬한 패러디가 나온다. 지식인들에게 당시 전 세계 국내총생산GDP의 33%에 달했던 세계 최대 국가 청나라에 대해 "중국의 장관壯觀이 무엇이냐?" 물으면 상사上士, 즉 상류층 선비는 "중국에는 도대체 볼 것이 없다都無可觀."고 답했다. 변발을 한 중국을 보고 머리 깎은 사람은 모두 볼 것도 없이 개, 돼지나 다름없는 오랑캐라고 했다.

중사中士, 2류 선비는 "볼 만한 것이 무엇일까何足觀?"라고 답했다. 청나라는 독자적인 것은 없고 모두 한족의 문화와 법과 제도를 재활용한 짝퉁 국가라는 것이다. 그런데 연암은 자신은 스스로 하사下士, 3류 선비라고 칭하면서 중국의 장관은 "깨진 기와조각이나 똥거름에 있다壯觀在瓦, 壯觀在糞壤."고 표현했다.

거대한 대국을 직접 본 연암은 중국의 힘을 이런 식으로 비유하면서 당대 지식인들, 소위 갑甲들의 중국에 대한 무지함을 비평했다. 어마어마한 양의 깨진 기와도 모두 모으면 다시 담을 치거나 담장의 어깨놀이에 깔아 여러 가지 무늬를 만들 수 있고, 베이징 길거리의 말똥도 모두 주워 거름간에 누각 모양으로 쌓으면 금싸라기처럼 쓸 수 있다는 것이다.

천하대세의 변화를 감지하고 직접 중국에 가서 본 연암의 판단과, 지도층끼리 이너서클 만들고 권력 다툼에만 몰두하느라 외부 세계에 대해 무지했던 조선 지도층의 판단은 이렇게 달랐다. 지도층의 무지는 결국 국가에 화를 불러온다. 조선의 가난은 조선의 지식인들이 문제였고 미·중의 전쟁에서 한국이 실리를 챙기지 못한다면 그것은 한국 지식인의 문제다.

이미 중국은 2010년에 일본의 경제 규모를 넘었고, 2020년에 포춘 500기업에 속한 중국 기업 수가 미국 기업 수를 넘어섰다. 한국의 GDP는 중국의 10%대로 추락했다. 그런데도 한국의 대기업과 중소기업들은 모두 한국이 여전히 갑이라고 착각했다. 사드 보복과 미·중 전쟁을 겪으면서 한국 사회에는 반중정서가 사상 최악이지만 한편으로 중국의 보복에 대한 공포, 즉 중국 포비아China Phobia도 최고 수준이다.

한국은 반도체 전쟁에서 미국이 G2이자 최고의 동맹이었던 일본의 반도체 산업을 무자비하게 학살했는데도 G10인 한국을 우방, 혈맹으로 특별 대우해 주고 반도체에서 당연히 배려해 줄 것이라고 기대했다. 하지만 현실은 냉혹했다. 한국은 배터리에서 첫 번째 뒤통수를 맞았고 반도체에서 두 번째 뒤통수를 맞았다. 한국은 서로가 옆을 돌아볼 여유도 없이 박 터지는 미·중 전쟁 속에 서 있다. 미국과 중국에 대한 한국 지도층의 인식과 판단이 정확하지 않으면 한국의 미래도 장담하지 못한다.

국제관계에서 '피보다 진한 것이 돈'이다. 돈이 되면 적과도 동침하고 돈이 안 되면 동맹도 죽이는 것이 냉혹한 국제관계다. 트럼프 시대의 반도체와 바이든 시대의 반도체는 다르다. 반도체는 이제 돈만 주면 살 수 있는 '경제 상품'이 아니라 수단과 방법을 가리지 않고 반드시 확보해야 하는 '패권 전쟁의 전략 물자'다.

미·중의 반도체 전쟁으로 이제 '반도체의 세계화는 죽었다.' 향후 20년간 유럽, 중국, 대만, 한국이 투자하겠다는 반도체 투자 금액은 2022년 세계 반도체 시장 규모 6,135억 달러의 1.7배 수준이다. 당장 한국, 대만, 미국이 짓는 5nm 이하 공장만 계획대로 모두 완공되면 2025년 이후 세계 반도체 시장은 심각한 치킨게임 속으로 들어간다. 그래서 규모의 경제가 경쟁력인 반도체 산업에서 투자 능력이 떨어지면 자동으로 탈락이다.

2023년 3월 무어의 법칙Moore's law을 만든 고든 무어가 94세의 나이로 사망했다. 3nm에서 1nm로 진입하는 세계 반도체 기술, 이제 실리콘의 물리적 한계 때문에 무어의 사망과 함께 무어의 법칙도 새로운 기술 돌파가 없으면 사라질 전망이다.

세계 반도체 시장은 미·중의 반도체 전쟁을 계기로 공급망에 근본적인 변화가 생겼고, 이제 반도체의 투자와 생산은 국가 주도로 이루어진다. 미국, 유럽, 아시아 외에 인도가 새로운 생산자로 등장하고 있다.

미·중의 전쟁에서 미국이 중국을 완전히 좌초시키지 못한다면 현재의 세계화된 산업과 기술 지도는 미국화와 중국화로 한 지구에 2개의 시스템—球兩制으로 분화될 가능성이 있다. 기술 표준 역시 미국표준A/S: American Standard과 새로운 중국표준C/S: Chinese Standard으로 갈라질 수밖에 없어 보인다. 미·중에 양다리를 걸칠 수밖에 없는 한국은 반도체를 포함한 첨단 기술에서 2개의 표준 모두에 대비해야 한다.

세계 반도체 시장은 '협력과 상생의 시대'는 갔고 '약육강식과 각자도생의 시대'로 진입하고 있다. 반도체 전쟁에서 믿을 것은 동맹도 이웃도 아니고 오직 우리 실력뿐이다. 한국은 미국의 동맹에서 벗어나는 두려움과 중국의 보복 공포에서 벗어나야 한다. 미국의 마이크로소프트와 인텔은 OS와 CPU에서 세계를 제패했고, 그래서 세계 누구도 두려워하지 않는다.

한국은 반도체 불황 사이클에서 역발상을 해야 한다. 미국과 일본이 대중국 반도체 장비 수출을 금지하는 것은 한국에게는 단기로는 악재, 장기로는 호재다. 당장 한국 기업의 중국 메모리 공장들이 타격을 받지만 장기적으로는 메모리의 공급 부족을 불러오고 중국과의 메모리 기술 격차는 더 커지게 만들어 추격자를 없애는 효과가 있다. 진정한 싸움꾼은 한 놈만 팬다. 낸드에서 투자를 늘려 3, 4, 5위를 죽여 한국 점유율 75% 신화를 만들고, D램에서 투자를 늘려 3위를 죽여 한국 점유율 95% 신화를 만들면 게임은 끝난다.

그러나 이런 담대한 반도체 전략은 G1 미국과 G2 중국을 상대로 하는 전쟁이다. 세계 1위의 첨단 반도체 기술을 보유한 대만은 반도체 공장에 물이 부족하자 농업용수를 우선 공급했다. 미국은 첨단 반도체 공장을 유치하기 위해 대통령이 직접 한국에 날아왔고, 중국은 반도체 국산화 기업에 법인세를 10년간 면제했다.

지금 반도체 산업은 재벌의 수익 사업이 아니다. 미국과 중국도 국가의 명운을 건 안보 산업이라는 점을 인식해야 한다. 반도체는 지금 국가대항전이자 쩐錢의 전쟁이다. 미·중을 상대로 한 반도체 전쟁에서 안에서 우리끼리 싸우고, 이리저리 왔다 갔다 하면 죽도 밥도 안 된다. 남을 죽이기 전에 우리 편이 먼저 죽는 우를 범하면 안 된다. 반도체 산업에 남들보다 못한 지원을 하면서 미국, 대만을 뛰어넘을 것이라는 기대는 하지 않는 것이 좋다.

미·중의 전쟁에서 아직까지 한국이 발언권이 있고 부당한 대우에 항의라도 할 수 있는 것은 미·중이 절절히 원하지만 갖지 못한 첨단 반도체 생산 기술이 있기 때문이다. 한국은 황금알을 낳는 거위를 다이아몬드알을 낳는 거위로 키워야 미·중의 전쟁에서 살아남을 수 있다. 한국의 반도체 산업이 투자 타이밍을 놓치고 기술 개발에서 처지는 순간 한국의 반도체는 경쟁력을 잃게 된다. 반도체 산업이 지는 순간 한국도 지게 된다. 반도체는 지금 한국을 지키는 최종 병기다.

반도체 EUV 장비를 독점 공급하는 네덜란드의 ASML은 전 세계 모든 첨단 반도체 회사가 매달리는 반도체 핵심 공정인 노광공정의 룰메이커Rule Maker이자 슈퍼 을이다. '원숭이를 길들이려고 닭을 잡아 피를 보여 준다殺鷄儆猴.'는 말이 있다. 한국은 미·중의 전쟁에서 절대 닭이 되면 안 된다. 모든 지혜를 한군데로 모으고 담대한 책략으로 메모리에서 세계 제패를 이루면 한국의 반도체도 미·중이 절대 무시하지 못할 네덜란드의 ASML과 같은 슈퍼 을의 길로 갈 수 있을 것이라고 믿는다.

전병서

차례

PART 1 미국 반도체법은 '21세기 신(新)석유' 개발 프로젝트다

PART 2 반도체 신냉전의 목표물은 중국이 아니라 한국과 대만이다

PART 3 미국의 Chip4 동맹은 중국 봉쇄에 성공할까?

PART 4 탁란(托卵) 전략의 대만은 어부일까 닭일까?

PART 5 중국의 반도체 실력을 과소평가하지 마라

PART 6 한국은 파운드리에서 'KSMC'를 만들어라

PART 7 한국은 메모리 반도체 제패에 목숨을 걸어라

PART 8 반도체는 국가대항전이며, 영원한 1등은 없다

PART 1

미국 반도체법은 '21세기 신(新)석유' 개발 프로젝트다

01

반도체는
4차산업혁명 시대
'디지털 식량'이다

미국은 2등 죽이기에 이골이 난 나라다. 1900년 이후 미국은 넘버 2 국가의 GDP가 미국 GDP의 40%를 넘어서면 반드시 좌초시켰다. 1970년대에 구소련이 당했고, 1980년대에 일본이 당했고, 이제 중국 차례다. 그러나 중국은 2010년에 이미 미국 GDP의 40%를 넘어섰지만, 미국은 스스로 불을 낸 글로벌 금융위기로 인해 미국이 제 코가 석 자라 중국에 대해 손을 쓰지 못했다.

미국은 금융의 불길을 완전히 잡은 2018년에야 한숨 돌리고 미국 GDP의 40%를 넘어선 중국을 잡으려 했지만, 중국은 이미 미국 GDP의 68%에 도달했고, 2022년에는 1995년 최전성기의 일본 수

■ 미국 대비 주요 국가 GDP 비중 추이

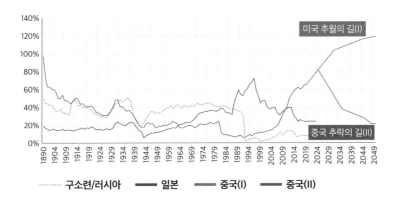

자료: WB, IMF, 중국경제금융연구소

준인 73%에 도달했다. IMF와 미국 컨퍼런스 보드Conference Board의 2022년 예측치에 따르면 2027년이면 중국은 미국 GDP의 87%에 이르고, 2031~35년에는 미국 GDP를 넘어설 것으로 전망한다.

그래서 미국은 10년 안에 반드시 중국을 좌초시켜야 한다. 좌초시키지 못하면 100년 패권에 균열이 생길 판이다. 중국도 10년을 버티면 미국 추월의 길로 가고, 버티지 못하면 구소련·일본과 같은 추락의 길로 가야 한다. 미·중의 한판 대결은 이제 피할 수 없게 되었다.

4차산업혁명의 길목에 선 미국과 중국은 2018년부터 트럼프 대통령이 시동을 건 무역 전쟁을 시작으로 2020년 바이든 대통령 취임 이후에는 기술 전쟁을 벌이면서 치열한 패권 쟁탈을 위한 전략 경쟁을 하고 있는데 그 중심에 반도체가 있다.

반도체는 모든 '산업의 쌀'이다. 특히 디지털 정보가 모든 산업의 기초가 되는 4차산업혁명 시대에 반도체는 산업의 식량이고 미·중의 반도체 전쟁은 '21세기의 디지털 식량' 쟁탈전이다. 털리면 원시 시대로 돌아가는 것이고 장악하면 단숨에 패권을 쥘 수 있는 전가의 보도가 될 수 있다. 선발자 미국은 지키려고 안간힘을 쓰고 중국은 쟁취하기 위해 목숨 거는 것은 모두 디지털 식량이 21세기 국가의 운명을 결정하기 때문이다.

미국은 중국과 기술 전쟁을 시작하면서 미국의 반도체와 배터리

■ 미국의 반도체 지원 정책

단위: 백만 달러

기금명	지원 부문	2022	2023	2024	2025	2026	2027	합계
CHIPS for America Fund	직접 보조금	19,000	5,000	5,000	5,000	5,000		39,000
	첨단 R/D	5,000	2,000	1,300	1,100	1,600		11,000
	소계	24,000	7,000	6,300	6,100	6,600		50,000
Defence Fund	군수 인프라		400	400	400	400	400	2,000
IT Security & Innovation Fund	공급망 혁신		100	100	100	100	100	500
Workforce & Education Fund	인력 양성		25	25	50	50	50	200
합계		24,000	7,525	6,825	6,650	7,150	550	52,700

자료: 미국, Chips & Science Act

산업에 기념비적인 2가지 법을 통과시켰다. '반도체법'과 '인플레이션 감축법IRA: Inflation Reduction Act 2022' 중 배터리 산업 육성 정책이다.

미국은 반도체법에서 미국 내 반도체 시설 건립 지원 390억 달러와 첨단 반도체 R&D 지원 110억 달러 등 반도체 산업에만 총 527억 달러(69조 원)를 지원한다. 미국 내에 반도체 공장을 짓는 기업에 25% 세액공제로 10년간 240억 달러(31조 원) 상당의 지원도 한다. 그러나 관련 보조금을 받은 기업은 향후 10년간 중국 등에서 첨단 반도체 제조 시설 확충을 포함한 투자를 할 수 없도록 하는 가드레일 조항을 두었다.

미국이 이런 파격적인 지원과 투자를 하는 이유는 반도체는 4차산업혁명 시대의 '석유'이기 때문이다. 4차산업혁명은 인간의 행동에서 빅데이터를 만들고 여기서 IP를 뽑아 AI(인공지능)를 만들어 로봇의 머리에 심는 것이다. 그런데 0과 1의 디지털 기술로 빅데이터를 만들어 내는 기계가 반도체이고 이것을 장악하면 4차산업혁명의 패권을 쥔다.

02

포스트 코로나 시대의
'신(新)법칙'

1918년 5,000만 명의 인구를 사망에 이르게 했던 스페인 독감 이후 100년 만에 다시 나타난 코로나19 바이러스는 총, 칼보다 더 무서운 존재였다. 2019년 중국에서 발생한 코로나19로 230개국에서 681만 여 명이 사망했다. 스페인 독감에 비해 사망자는 적었지만 공포감은 극도에 달해 진정 천하 대란이었다. 전쟁에서는 누가 적이고 아군인지 구분이 되지만 코로나 시대에는 누가 나를 죽일 줄 모르고 내가 누구를 죽일 줄 모르는 피아의 구분이 없었기 때문이다.

100년 만의 인류 최대의 재앙 코로나19는 인류에 엄청난 고통을 주었지만 인류에게 새로운 거대한 변화와 기회를 주었다. 인류를 4

차산업혁명의 문턱으로 순식간에 끌어당겼고, 세계의 경제 모델에 파격의 변화를 가져왔고, 그간 미국 중심 자본주의가 만든 스마일 커브Smile Curve의 세계를 통째로 뒤엎는 새로운 법칙을 탄생시켰다.

첫째, 코로나19는 그간 행해져 온 인류의 관념과 행동 법칙을 모조리 뒤엎었다. '뭉치면 살고 흩어지면 죽는다.'는 것이 그간의 전쟁 법칙이었지만 코로나 시대에는 흩어지면 살고 뭉치면 죽었다. 그간 세계는 자본주의 경제Capital Economy가 최고의 지선至善이었지만 인터넷이 보급되고 거대 핀테크 플랫폼 기업체들이 등장하면서 공유경제Sharing Economy가 대세인 것처럼 보였다. 하지만 코로나19는 이를 싹 무시하고 언택트 경제Untact Economy, 나홀로 경제Alone Economy를 만들어 냈다.

시장 경제 시대에는 사과 10개를 팔려고 1개를 공짜로 맛보기로 주는 모델이었다면 언택트 경제, 나홀로 경제 시대는 사과 10개를 모두 공짜로 주는 공짜경제 시대를 도래하게 했다. 세상은 인의예지신仁義禮智信을 생명으로 삼는 '공자孔子의 시대'가 아니라 모든 것이 무료인 '공짜Free Economy의 시대'가 되었다. 사과 10개atom를 공짜로 주지만 대신 언제 어디서 누구와 어떻게 사과를 먹었는지의 정보bit를 달라는 것이다.

플랫폼 기업은 고객의 공짜 정보를 가지고 무한대의 광고 모델, 프리미엄 모델로 떼돈을 벌었고, 폭주하는 데이터양에 서버는 터져 나갔다. 코로나19가 터졌지만 반도체 업체는 유례없는 초호황을 누렸다.

둘째, 코로나19는 4차산업혁명을 단박에 이끌어 냈다. 2016년 다보스 세계경제포럼에서 4차산업혁명을 얘기한 이후 전 세계의 모든 지도자, 경영자가 4차산업혁명을 노래 불렀지만 응답이 그저 그랬다. 하지만 코로나19는 3년 만에 온 인류를 단박에 4차산업혁명으로 몰아넣었다. 사회적 동물 인류에게 '컨택트Contact면 죽고 언택트Untact면 살아남는 신新법칙'이 등장하는 바람에 인류 생활의 모든 것을 단박에 온라인으로 전환시켰고 거대한 빅데이터를 만들어 냈다.

셋째, 반도체 수요 폭발을 가져왔다. 사람, 자동차, 전통적인 상품의 유통 경로가 모두 제한되는 상황에서 온라인을 통해 사람과의 접촉 없이 소비생활, 문화생활, 경제생활을 하는 기묘한 경제 메커니즘인 거대한 나홀로 경제Alone Econmy는 반도체의 수요 폭발을 가져왔다. 모든 애널리스트와 반도체 전문가가 지난 40여 년간 지겹도록 겪어 온 4년 주기의 실리콘 사이클이 없어지고 슈퍼사이클에 들어섰다고 오판하게 했다.

그러나 아이러니하게도 코로나19가 안정되면서 분노의 소비와 오프라인이 다시 활성화되자 반도체는 생산, 유통, 소비 딘게의 모든 분야에서 지독한 공급 과잉에 봉착했고 돈을 주체하지 못했던 반도체 회사들은 바로 영업적자를 걱정하는 단계에 이르렀다.

넷째, 그간 미국의 첨단 기술이 세상을 지배했지만 코로나19는 기술이 모든 것을 장악했던 시대에서 '기술은 공장을 못 이기고 공장은 원자재를 못 이긴다.'는 '공급망 신新법칙'을 만들어 냈다. 코로나19로 인한 생산 차질, 공급 중단이 미국을 선두로 공급망SCM의 중요성을 재인식하고 각성하는 계기를 만들었다.

조선시대에는 사, 농, 공, 상이 계급의 순위였지만 지금은 정반대로 상, 공, 농, 사이다. 반도체도 기술→생산→장비→원료가 전통의 계급이었다면 지금은 원료→장비→생산→기술이다. 미국이 후진국 대만과 한국에 저자세로 반도체 생산에 대해 보조금을 주고 세금을 깎아 주면서 꾀고, 유럽의 작은 나라 네덜란드에 세계 정상의 반도체 회사인 인텔, 삼성, TSMC의 회장이 을의 입장으로 고개를 숙인다. 반도체 소부장 전쟁에서 죽었던 일본이 소재라는 작은 꼬리 하나로 한국 반도체 회사의 머리를 흔들어 혼비백산시켰다.

여기에 미·중의 패권 전쟁이 가세하면서 미국이 공급망에 국가 안

■ **미·중의 GVC 변화**

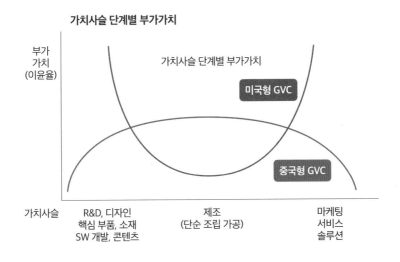

자료: 중국경제금융연구소

보를 도입하고 중국 봉쇄를 수단으로 공급망 동맹을 강조하면서 반도체, 배터리, 의약품, 희토류에서 공급망 전쟁이 벌어졌다. 선진국은 R/D와 제품 기획만 하고 생산은 중국과 아시아에 맡기고 선진국은 판매와 유통만을 장악해 떼돈을 버는, 월가가 최애最愛하는 ROE 극대화 전략인 고정비 없는 '스마일 커브 경영' 모델이 뿌리째 흔들리고 있다.

세계의 명차들이 반도체를 구하지 못해 소비자의 차량 구매 대기줄이 6개월은 기본이고 1년도 걸리는 일이 벌어졌다. 러시아-우크라이나 전쟁을 계기로 선진국과 중진국의 봉封이었던 아시아, 중남미, 아프리카의 독재정권이 장악한 원자재 공급국들이 원자재 무기화와 국유화를 선언하면서 국제 원자재의 공급망에 문제가 생겼고 가격이 고공 행진하는 일이 벌어졌기 때문이다.

그간 단 1대의 애플폰도 미국에서 만들지 않고 중국에서 OEM으로 세계 최고의 수익률을 자랑하던 '애플 모델Apple Model'이 근본적으로 흔들거리기 시작한 것이다. 코로나19로 인한 애플의 중국 정저우 OEM 공장의 직원 이탈이 바로 애플의 매출 감소를 초래했다. 애플은 부랴부랴 중국 OEM 공장을 인도로 옮기려는 계획을 세웠다. 하지만 공장은 이전할 수 있을지 몰라도 20여 년간 형성된 세계 최강의 중국 핸드폰 산업의 생태계는 1~2년 만에 인도로 옮겨 갈 수 없다는 데 심각한 문제가 있다.

03

기술 강국 미국, '생산 약소국의 번뇌'

미국은 지금 중국과 반도체, 배터리, 의약품, 희토류에서 동맹 전쟁을 벌이고 있다. 세계 최강 미국이 그냥 혼자서 중국을 때리면 되지 왜 중국에 수출의존도가 높아 별로 내켜 하지 않는 아시아 후진국 동맹들을 설득하고 혼내면서 꼭 동맹을 해서 중국을 봉쇄하려 하는 것일까? 그 이유는 지난 40여 년간 미국이 강조하고 만든 글로벌라이제이션globalization과 OEM 생산 시스템이 중국의 부상과 코로나19의 발생으로 치명적인 한계에 부딪혔기 때문이다.

미국의 4대 핵심 공급망 품목을 보면 아시아의 생산 비중이 61~92%이고 미국의 생산 비중은 0~16%에 그친다. 반면 중국은

반도체	73% 아시아	미국: 12% 중국: 15%	미국 반도체법 (2022. 8. 9.)
API	61% 아시아	미국: 5% 중국: 40%	국가 바이오 기술 및 바이오 제조 주도 계획 (2022. 9. 12.)
배터리	92% 아시아	미국: 0% 중국: 38%	인플레이션 감축법(IRA) (2022. 8. 16.)
희토류	72% 아시아	미국: 16% 중국: 58%	핵심광물안보파트너십(MSP) (2022. 6. 15.)

자료: 백악관 공급망 자료, 중국경제금융연구소

15~58%를 차지한다. 미국 단독으로 4대 핵심 품목에서 중국 봉쇄는 불가능하다.

지난 40여 년간 월가의 금융 논리에 사로잡혀 '스마일 커브와 ROE 경영의 노예'가 된 미국 제조업은 지금 통신망과 배터리, 반도체가 없다. 고정비를 줄이거나 없애 한계비용 제로의 비즈니스 모델을 만들어 자기자본이익률ROE을 극대화해서 시가총액이 무한대로 자라나는 '잭의 콩나무' 같은 금융 모델이 그간 미국의 성장 모델이었지만 포스트 코로나 시대에는 먹히지 않는 전략이 되어 버렸다.

4차산업혁명의 기술적 구조를 보면 빅데이터를 만들고 여기서 IP를 뽑아 인공지능AI을 만들어 로봇의 머리에 집어넣어 인간을 대신하게 하는 것이다. 그러나 빅데이터 기술 이상의 기술 단계에서는 미국이 최강자이지만 그 아래 하드웨어와 인프라는 미국의 아킬레스건이다.

4차산업혁명을 하려면 빅데이터가 전제되어야 한다. 이는 스마트폰, 자율주행 자동차, 가상현실VR: virtual reality, 증강현실AR: augmented reality에서 만들어지는데 이 모든 것에는 '산업의 쌀'인 반도체가 필요하고 '산업의 심장'인 배터리가 있어야 한다. 그리고 인프라인 5G, 6G 통신망 장비가 있어야 한다.

미국은 자유무역과 시장 개방을 전 세계에 설파했고 이를 거부하는 나라는 강하게 응징했다. 그러나 지금 미국은 반도체와 첨단 산업에서는 개방이 아니라 쇄국 정책으로 가고 있다. 동맹국들을 동원해 중국을 봉쇄하고 미국편에 선 나라만 보호하는 배타주의적 보호주의를 강하게 시행하고 있다. 미국은 빅데이터 이상의 기술 계층에서 디지털 기술은 모두 미국이 쥐고 있고 세계 최고의 기술을 가지고 있다. 그래서 반도체와 배터리만 미국 내로 확보하기만 한다면 모든 4차산업혁명의 주도권을 쥘 수 있다.

그러나 지금 미국은 배터리가 없고 통신망 장비가 없고 중국은 반도체가 없다. 반도체도 기술은 세계 최강이지만 미국의 반도체 생산 비중은 12%에 불과하다. 석유는 광구가 중요하지만 지금 반도체는 공장이 어디에 있는지가 중요하다. 첨단 반도체가 없는 4차산업혁명은 있을 수 없다. 지금 3nm 공정 시대에 들어간 반도체는 기술이 아니고, 생산이 아킬레스건이다. 생산이 안 되면 보유한 다른 디지털 첨단 기술도 무용지물이다. 반도체 기술 최강국 미국의 번뇌는 여기에 있다.

지난 20여 년간 미국의 실리콘 밸리는 3D의 성격이 농후한 하드

■ 망과 쌀(반도체)과 심장(배터리) 쟁탈전

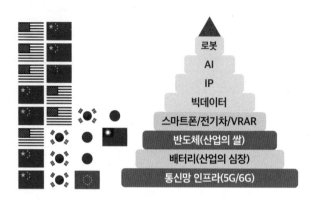

자료: 중국경제금융연구소

웨어보다는 소프트웨어에 집중했다. 그 결과 하드웨어 생산 인프라
는 아시아로 이전하고 대신 '좋아요'를 클릭하는 인터넷 비즈니스만
집중했다. FANG 주식을 대표로 하는 미국 인터넷 기업의 시가총액
상승은 멈출 줄 몰랐고 미국의 탈제조업 속도는 그만큼 더 빨랐다.

그러나 지금 미국 FANG 기업의 데이터를 처리하는 필수 인프라
인 반도체에서 10nm 이하의 첨단 반도체는 대만과 한국이 공급하고
미국은 존재감이 없다. 이에 대한 미국의 답은 63%를 차지하는 1위
기업 대만을 잡아 오는 것이고, 이것이 시간이 걸리는 긴 마라톤이라
면 2위인 한국을 페이스메이커로 같이 잡아 오는 것이다.

미국의 첨단 반도체 시장점유율이 10%대로 추락한 이유는 간단
하다. 반도체 생산 원가가 맞지 않기 때문이다. 아이러니하게도 반

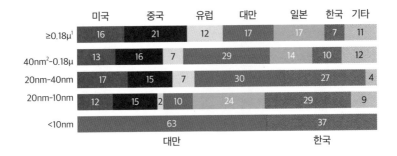

■ 반도체 미세 가공 기술(Node Size) 국가별 점유율(2020)

	미국	중국	유럽	대만	일본	한국	기타
≥0.18μ[1]	16	21	12	17	17	7	11
40nm[2]-0.18μ	13	16	7	29	14	10	12
20nm-40nm	17	15	7	30		27	4
20nm-10nm	12	15	2	10	24	29	9
<10nm			63			37	

대만   한국

자료: IC Insight, HIS Markit, SEMI World Fab Forecast DB

도체 생산은 첨단 팹[Fab] 하나 건설하는 데 200억 달러 이상 들어가기 때문에 24시간 365일 3교대를 해야 생산성이 있는 후진형 생산 시스템이다. 1인당 국민소득 7만 달러대의 나라에서 이런 생산 시스템에 적응해서 반도체를 생산해서는 원가를 맞출 수 없기 때문이다.

그래서 반도체 산업의 국제적 이전은 1인당 국민소득 따라 미국, 일본, 한국, 대만, 중국으로 옮겨 간 것이다. BCG의 분석에 따르면 미국에서의 반도체 공장 운영 비용은 다른 아시아 지역에 비해 25~50% 높다. 그리고 정부 보조금의 격차도 크다.

그런데 미국은 미·일의 무역 전쟁과 코로나19, 러시아-우크라이나 전쟁을 겪으면서 '소비가 왕'이 아니라 생산이 없으면 소비도 없다는 것을 절감했다. 제조 능력을 잃게 되면 혁신 능력도 잃게 된다는 것을 알게 된 미국은 마음이 급해졌다. 개도국 중국 정도의 나라

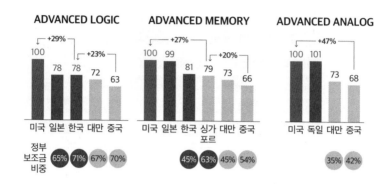

■ 주요 국가의 반도체 공장 운영 비용(TCO: Total Cost of Operation) 비교

자료: BCG, 주: 정부 보조금 35~71% 수준, 최근 10년간 TCO 추정

가 캠페인을 벌이고 자랑스러워해야 할 'MADE IN USA'를 미국이 직접 하겠다고 나선 것이다. 해외로 나간 지 이미 40년이 넘은 미국의 반도체 제조업이 'MADE IN USA'의 첫 손님인데 아직은 영 미덥지 않고 낯설다.

04

2025년 미국 반도체 생산점유율은 한 자릿수로 추락한다

3nm 첨단 반도체를 중국의 코앞에 있는 대만 반도체 공장에서 만들어진 제품에 의존하는 미국 첨단 산업의 운명은 미국이 아니라 중국이 쥐고 있다. 중국이 군사훈련을 가장해 드론이나 미사일로 TSMC의 첨단 반도체 공장 4개만 파괴하면 미국의 4차산업혁명은 중국과 다를 바 없는 수준으로 추락할 수밖에 없다.

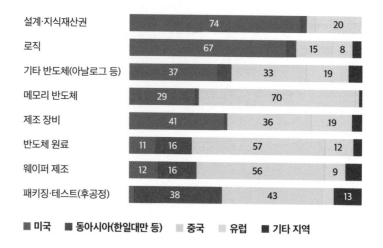

분야	미국	동아시아(한일대만 등)	중국	유럽	기타 지역
설계·지식재산권	74			20	
로직	67		15	8	
기타 반도체(아날로그 등)	37		33	19	
메모리 반도체	29		70		
제조 장비	41		36	19	
반도체 원료	11	16	57	12	
웨이퍼 제조	12	16	56	9	
패키징·테스트(후공정)	38		43	13	

■ 미국 ■ 동아시아(한일대만 등) ■ 중국 ■ 유럽 ■ 기타 지역

자료: BCG

그리고 중국이 대만을 흡수한다는 것은 통일의 대업을 완성하는 명분을 세우는 것도 있지만, 세계 최고의 반도체 공장을 차지하여 4차산업혁명에서 미국을 따돌리고 미국을 원시 시대로 돌릴 기막힌 카드다. 중국이 무력 침공이 아니라 한 나라에 2개의 체제를 인정하는 '일국양제一國兩制'로 대만을 평화통일하겠다고 하면서 호시탐탐 대만을 노리는 이유가 여기에 있다.

반도체장비산업협회SEMI의 예측에 따르면 300mm 웨이퍼에서 중국이 무지막지하게 투자하고 아시아 국가들의 생산 증설을 그냥 방치하면 미국의 2021년 현재 11%대의 세계 반도체 생산점유율은 2025년이 되면 10%대 아래로 추락할 것이라는 전망이다. 이것이 미

■ **300mm 팹 생산 능력 나라별 점유율 추정**

	2021	2025	증감
중국	19%	23%	4%
대만	20%	21%	1%
한국	23%	24%	1%
일본	15%	12%	-3%
미국	8%	9%	1%
유럽	6%	7%	1%
기타	5%	5%	0%

자료: SEMI

국이 당면한 심각한 문제다.

미국 백악관이 반도체 공급망 정책을 내놓기 전에 사전조사의 성격이 강한 조사보고서를 BCG와 미국반도체협회를 통해 발표했다. 미국은 자국 반도체의 생산 약소국 전락을 여타 국가의 강력한 정부 보조금 정책 지원 대열에서 미국이 빠졌기 때문이라고 판단했다. 미국 정부가 파격적인 보조금 정책을 쓰지 않으면 2030년까지 미국의 점유율은 더 떨어지고 장기적으로 10%대 이하로 추락한다고 본 것이다.

그래서 지금 보이는 세계 1위의 반도체 강국 미국이 대만과 한국의 반도체 회사들을 겨냥해 파격적으로 반도체 보조금 지원 정책을 펼치는 내면에는 '반도체 기술 강국 미국, 생산 약국 미국'의 초조함이 깊이 자리 잡고 있다.

■ 세계 반도체 지역별 반도체 생산 비중 추정(2020~30)

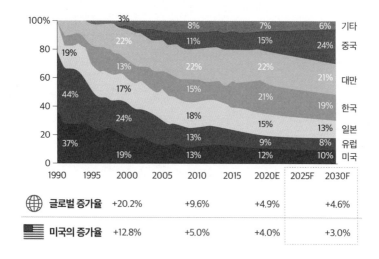

자료: SIA, BCG

　표면상으로는 중국과의 기술 전쟁을 말하지만 미국의 진짜 속내는 인텔의 '인텔 인사이드Intel Inside'처럼 미국에 '반도체 인사이드 Chip Inside'를 하는 것이다. 이는 40여 년 선에 해외로 떠나보낸 반도체를 다시 미국 공장으로 불러들이려는 전략이다. 파격적인 정부 보조금과 세금 감면을 내걸고 여기에 외교와 안보까지 동원해 대만과 한국을 '강제 양자'로 들이는 방법을 쓰는 것이다. 미국의 계산으로는 첨단 로직 제품의 경우 16~38%의 보조금을, 첨단 메모리의 경우 14~33%의 보조금을 지급해야 미국에서 생산 경쟁력이 있다고 보고 보조금을 들고 나선 것이다.

■ 미국의 정부 보조금 분야별 지급 비율 추정

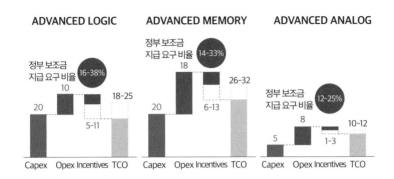

주: TCO-총 운영 비용
자료: BCG Analysis

PART 2

반도체 신냉전의
목표물은 중국이 아니라
한국과 대만이다

01

미국 반도체법의 진짜 의도는 반도체 내재화다

2022년 7월 28일 미 의회는 5년간 총 2,800억 달러의 예산이 투입되는 '반도체법'을 통과시켰다. 전후 유럽을 살린 유명한 마셜 계획은 총 131억 5,000만 달러였는데 이를 구매력으로 환산하면 현재 통화로 1,616억 달러에 불과하다. 따라서 반도체법은 미국 역사상 가장 영향력 크고 광범위한 법안 중 하나다.

이번 미국의 반도체법과 이와 연계한 반도체 Chip4 동맹에 대해 한국은 미국의 반도체 지원 정책에 부응해 미국과 협력할 경우 중국의 보복을 걱정한다. 그러나 이 미국의 반도체법은 대중국 견제는 명분이고 본질은 '반도체 미국 회귀법Semiconductor Pivot to America Act'이다. 오히려 한국으로서는 과거 일본 반도체 업계가 미국에 당했던 '제2의 미·일 반도체 협정'이 될 가능성을 경계할 필요가 있다.

바이든 대통령은 이 법안에 서명하면서 법안의 성격을 명확히 규정했다. 바이든 대통령은 반도체법 서명식에서 "반도체는 미국이 발명했다. 그러나 지난 수년간 해외에서 생산하도록 그냥 뒀다. 코로나19 대유행 기간에 반도체 공급이 끊기면서 경제는 멈춰 섰고, 가계는 높은 물가에 시달려야 했다. 이 법은 반도체를 바로 이곳 미국에서 생산하도록 하려는 우리의 노력을 배가시킬 것이다."라고 언급했다.

중국이 '중국제조 2025'에 보조금을 지급한다고 맹비난했던 미국이 이젠 앞장서서 반도체에 527억 달러의 보조금을 퍼붓는다. 앞뒤가 안 맞지만 강자가 하면 로맨스고 약자가 하면 불륜인 것이 지금의 국제 상황이다.

미국의 보조금은 인텔을 위한 보조금이고 '미국 반도체 내재화 전략Semiconductor USA Inside'이다. 한국과 대만 기업에도 보조금을 준다는 것은 당장 급하니 미운 놈 떡 하나 더 주는 것일 뿐이다. 중국의 견제는 명분이고 미국의 '반도체 인사이드' 전략이다.

미·중의 반도체 전쟁 과정에서 미국이 반도체를 보는 정의가 달라졌다. 지금 트럼프의 반도체와 바이든의 반도체는 다르다. 트럼프 대통령의 반도체는 '첨단 공산품 반도체'였지만 바이든의 반도체는 국가 안보를 책임지는 '전략 물자 반도체'다.

세계의 패권국 미국의 대통령이 한국에 직접 와서 스타일 구겨 가

■ 미국과 주요 국가의 정부 보조금 지급 비율 비교

분야별	세부 항목	미국	일본	한국	대만	싱가포르	아시아평균	중국	독일	이스라엘
설비투자	토지	50%	75%	100%	50%	100%	85%	100%	100%	75%
	건축유틸리티	10%	10%	45%	45%	25%	33%	65%	35%	45%
	장비	6%	10%	20%	25%	30%	20%	35%	5%	30%
운영비용	노동비용	5%	5%	5%	5%	15%	7%	33%	7%	5%
조세	법인세			60%		35%	75%	75%		74%
	주세	100%								
	재산세	100%	100%	100%						
전체		10~15%	~15%	25~30%	25~30%	25~30%	~25%	30~40%	10~15%	~30%

자료: BCG Analysis

며 반도체 동맹과 반도체 공장 유치를 했다. 기술 최강국 미국이 기술 후진국 대만과 한국에게 미국에 공장을 짓는다면 보조금과 세금 감면 정책 지원을 아끼지 않는다는 유혹도 했다. 반도체 공장을 짓는 데 보조금이 결정적이라고 본 것이다. 아시아 국가와 미국과의 보조금 비율은 배 이상 차이 난다.

이렇게 아시아 국가에 반도체 생산 공장을 구걸하는 미국의 행태는 지금까지 보아 온 패권국의 태도가 아니다. 미국이 이런 파격적인 행동은 반도체의 성격 변화를 보면 간단히 이해된다. 지금 미국으로서는 첨단 반도체 생산은 펜타곤이 적을 공격하는 데 필요한 첨단 무기를 확보하는 것이기 때문에 체면이고 뭐고 없다. 지상 최고의 성능을 가진 반도체를 확보하는 것이 중요하기 때문에 이를 달성하기 위해 돈, 정치, 외교 모두 다 퍼붓는 것이다.

　미국이 반도체에 안보 논리를 넣으면서 중국과 거래하는 모든 반도체 가치사슬에 포함된 공급망 국가들은 한 줄에 다 꿰였다. 자유민주주의를 지키는 안보 상품으로 반도체를 정의하면서 우방이 아닌 가치동맹으로 공급망 국가들이 단 하나도 빠져나갈 수 없는 구멍을 만들었다. 안보라는 명분에 반대하면 모조리 매국노다.

■ 미국의 정부 생산 보조금 정책을 통한 2030년 반도체 생산 장기 목표

정부 지원	세계 신규 증설		미국 내 건설	2030년 생산점유율
	점유율	순위	팹 수	
0달러	6%	5	9	~10%
200억 달러	14%	3	14	~12%
500억 달러	24%	2	19	~13~14%

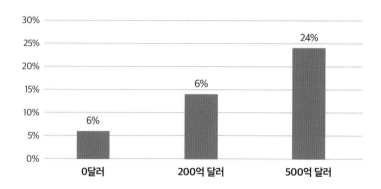

자료: VLSI, SEMI, BCG Analysis

가치동맹을 깨는 나라는 공산주의를 도와서 자유민주주의를 붕괴시키는 적으로 간주한다는 것이다. 미국의 위세에 눌린 작은 나라는 그냥 두어도 알아서 기는데 가치동맹이라는 프레임까지 씌우자 꼼짝하지 못하고 있다. 이것이 미국의 진짜 실력이고 패권국의 저력이다.

02

4차산업혁명을 주도하려면 반도체 내재화가 필수다

미국이 중국 반도체 기업을 제재하는 것은 상무부가 '수출관리규정 EAR'에 따라 만든 미국의 엔터티 목록Entity List만으로도 가능하다. 이 리스트에 포함되면 해당 기관에 대한 수출은 미국 정부로부터 허가를 받아야 하기 때문이고 허가를 신청해 봐야 승인이 나지 않는다.

그런데도 미국이 Chip4 동맹을 만들고 대규모의 보조금까지 준다는 것은 다른 의도가 있다고 봐야 한다. 미국의 창끝은 아직 14nm도 헤매는 중국이 아니라 3nm에 진입한 대만과 한국이다. 7nm에서 교착 상태인 미국의 기술을 3nm 이하에서는 대만과 한국을 따라잡을 묘수를 쓰자는 것이고 그 배후에는 인텔이 있다.

■ 인텔, TSMC, 삼성의 파운드리 기술 로드맵

연도	2011	2012	2013	2014	2015	2016	2017	2018	2019	2020	2021e	2022e	2023e	2024e	2025e
인텔		22nm FinFET	14nm FinFET						10nm FinFET		Intel 7 FinFET	Intel4 (EUV)	Intel 3		Intel 20A GAA
										10mm			7mm	5mm	
TSMC	28nm		20nm		16nm FinFET	10nm FinFET		7nm	7nm Pro	5nm	5nm Pro	3nm FinFET			2nm GAA
						16nm+ FinFET	12nm		7nm+ (EUV)		6nm	4nm	N3b	N3e	
											22nm				
삼성	32nm	28nm			14nm FinFET	10nm FinFET		8nm	7nm (EUV)	5nm		3nm GAA			
						28FDS	28FDS-RF	14nm+LPU	28FDS-eMRAM		4nm	4nm			
												18FDS			

자료: 각 사 발표, 언론 자료

메모리는 한국, 로직 제품은 대만에 생산을 의존하는 미국은 중국의 부상 이후 이를 좌시할 수 없게 되었다. 대만은 중국, 한국은 북한으로 인한 지정학적 리스크가 크다. 만일 유사시에 이들 지역에 문제가 생기면 대만과 한국은 물론이고 미국의 첨단 산업도 원시 시대로 돌아가기 때문이다.

4차산업혁명은 이제 스마트폰이 아니라 자율주행 전기차가 주도 품목이다. 반도체 소요량을 기준으로 보면 핸드폰이 '반도체 통조림'이라면 자율주행 전기차는 '반도체 드럼통' 수준이다. 내연기관 자동차에는 반도체가 200여 개 필요하지만, 전기차에는 400~500개, 자율주행 전기차에는 1,000~2,000개 정도가 필요하다. 그래서 미국이 4차산업혁명을 주도하려면 반도체 생산을 반드시 미국 안에서 해야 한다.

세계 반도체 시장의 생산과 소비 구조를 보면 미국은 전체 반도체 밸류체인의 38%를 장악하고 반도체 소비의 25%를 차지하고 있다. 하지만 반도체 생산 단계에서 미국의 반도체 웨이퍼 가공Wafer Fabrication의 점유율은 12%에 불과하고 조립 테스트Assembly and Packaging Test는 2%에 그치고 있다. 유사시에 반도체 웨이퍼 가공의 72%를 담당하는 한국, 대만, 중국, 일본 등 아시아 국가들에 문제가 생기면 미국의 IT 산업은 대책이 없다.

03

두려워할 것은
대통령이 아니라
'고졸신화 CEO'다

미·중의 반도체, 배터리 전쟁에서 기억할 것은 '무시하다 당하고 무서워하면 이긴다.'는 말이다. 세계 1위 반도체 기업을 가진 한국도 교만하면 다친다. 고수는 교만이 없고 하수는 겁이 없다. 고수는 길바닥의 개미에게도 지혜를 배운다고 한다. 자세를 낮추고 귀를 기울여 반도체 업계의 얘기를 진지하게 들어야 한다.

지금 한국이 두려워해야 할 것은 중국의 보복이나 미국의 협박이 아니다. 정치가 아니라 기술을 봐야 한다. 미국에서 IT의 역사를 바꾼 빌 게이츠, 스티브 잡스는 최종 학력이 고졸이다. 미국은 하버드대 출신이 아니라 고졸 신화가 더 무섭다.

한국은 세계 2위 반도체 업체인 인텔의 고졸 출신 CEO 팻 겔싱어를 주목할 필요가 있다. 인텔은 1985년에 D램을 포기하고 일본에 넘긴 대신 CPU에 목숨을 걸어 CPU 제국을 건설했다. 고졸 출신 CEO의 신화를 쓴 인텔 CEO 팻 겔싱어는 2021년에 포기했던 파운드리 재건을 선언했다. 지금 한국 반도체의 적은 중국의 허접한 3~4류 반도체 기업이 아니라 세계 최강의 반도체 기술을 가진 인텔이다.

미국의 정치는 4년마다 바뀔 수 있지만 인텔은 그대로다. 정치가 바뀌면서 더 반도체에 절박해진 미국 정권의 인텔에 대한 지원은 경쟁적으로 더 커질 수밖에 없다. 반도체 분야의 원조 인텔의 귀환을 무섭게 봐야 한다. 원조가 잠시 한눈팔고 있는 걸 뒤처졌다고 안심하면 안 된다.

미국의 반도체 지원책을 살펴보면 인텔의 의도와 입김이 깊게 들어가 있다. 미국 정부는 작정하고 '인텔 일병 구하기'에 나섰다. 미국 정부의 인텔 지원보다 더 센 한국 정부의 반도체 지원이 없으면 한국의 1위 기업은 결국 인텔에 당할 것이다.

실력은 시력視力이다. 보는 눈, 통찰력이 승부의 관건이다. 한국은 이길 수 있는 싸움을 해야 한다. 반도체 산업을 잘 모르는 언론과 정치권은 세계 정상인 한국 반도체 업계에 어설픈 훈수를 두지 말고 반도체에 목숨을 걸어 세계 반도체 1, 3위의 반열에 오른 한국 반도체 기업의 판단을 믿어야 한다.

미국이 인텔에 귀 기울여 한국과 대만 기업을 당황하게 한 반도체 지원책을 만든 것처럼 한국도 반도체 지원책을 만들 때 세계 1, 3위

기업의 의견을 잘 들어야 미국을 이길 수 있다. 세계 1위 기업을 가진 한국 정부는 눈을 크게 뜨고 귀를 활짝 열어야 한다. 제대로 된 대책이나 확실한 실행 방안 없이 먼저 입을 크게 열면 다친다.

04

미국 반도체 보조금의
유혹을 경계해야 한다

미국 반도체법은
중국과 너무나 유사한 이란성 쌍둥이다

자유 시장 경제에 보조금은 나쁜 것이고, 정부의 시장 개입은 독이라고 가르치던 미국이 지난 40여 년간 주장했고 강요했던 모든 것을 홀랑 뒤집었다. '우리 것은 좋은 것이여'라는 광고 카피처럼 '미국 것은 좋은 것이여'라며 미국식 반도체 프렌드쇼어링 정책을 내놓았다. 누가 봐도 무리수인데 미국의 반도체 정책에 토를 달지 말라는 식이다.

미국은 정부 보조금을 주지 않아서 반도체 제조 경쟁력이 없다고

■ 주요국 반도체 보조금 지원 비교

	중국	한국	싱가포르	일본	대만	유럽	이스라엘	미국
300mm 웨이퍼 점유율(2019)	12%	26.7%	6.5%	16.3%	22.9%	2.8%	0.8%	12.0%
보조금지급액 (2000~20)	~$50B	$7-10B+	$5B+	$5-7B+	$0.5B+	$2.5B+	$2.5B+	0
300mm 웨이퍼 생산 캐파 증가율 (2013~20)	15.7%	11.3%	10.0%	7.4%	6.5%			2.2%

자료: OECD Semiconductor Report(2019)

판단한 것이다. 미국이 만들었던 것을 미국으로 다시 되돌리겠다는 것에 수단과 방법을 가리지 않겠다는데 무슨 잡소리가 많냐는 것이다. 분업의 원리, 산업의 국제적 이전, 자유무역의 이점, 인류 공동체 어쩌고 하는 것은 미국에 유리하면 원칙이고 이론이지만 미국에 불리하다고 모조리 엎어 버린 것이다.

미국의 이론과 정책을 모델, 교과서로 그대로 베낀 아시아는 황당하다 못해 황망하다. 갑자기 멘붕이 왔다. 우리가 알던 미국이 아니고 그간 그렇게 욕했던 기술 후발국 사회주의 국가 중국의 행태와 너무나도 유사한 이란성 쌍둥이를 보는 듯하다.

해외 투자를 겁주면서 유치하는 것은 듣도 보도 못한 초유의 일이어서 미국에 공장 짓겠다고 삽질을 시작한 한국과 대만은 당혹스럽다. 급한 쪽이 양보하는 것이 모든 거래의 기본인데 전례 없는 보조금 지원 조건이 나왔다. 미국의 반도체 보조금 정책은 미국이 뭐라고 둘러대도 공장을 지어 생산 기술을 미국에 제공하고, 이익은 나누어 가지라는 것이 골자이자 핵심이다. 그리고 더 많은 수익이 나는 지역에는 10년간 투자하지 말라는 것(가드레일 조항)이다.

이 조치에 대해 세계와 특히 한국의 반발이 심해지자 2023년 3월 21일 미국 상무부는 당초보다 완화된 가드레일 조항을 내놓았다. 10

■ 미국 반도체지원법 보조금 신청 주요 조건

신청 절차	광범위한 기업 실사	기업이 제출한 재무 계획서에 대한 투자 성과 기준 지표, 비교 가능한 과거 투자 성과 및 수익 등 철저 조사
	초과이익 공유	1억 5,000만 달러 이상 직접 보조금 지원 기업의 경우 예상치를 초과하는 수익의 일부를 미국 연방 정부와 공유
	기업 제공 정보 인증	기업의 허위사실 제출과 관련하여 형법, 허위청구법 등 기타 법률에 해당되면 당국에 집행 조치
납세자 보호	민간 자본 활성화 및 투자 규모 확대	
	주식 환매 제한	보조금 신청 기업은 향후 5년간 자사주 매입계획을 상세히 설명, 자사주 매입 및 배당금 지급 금지
	지역 인센티브 사업	지역 경제 회복 및 반도체 생태계를 지원할 수 있는 사업에 우선권 부여
보조금 감시	보고 의무	보조금 수령 기업에 반기별 재무 보고서 요구
	보조금 수령 시 조건 준수	조건 미준수 시 보조금 지급 일시 보류 및 중단, 보조금 종료, 자금 회수, 법적 조치

자료: 미국 상무부

년간 중국 투자 금지에서 첨단 반도체는 5%, 범용 반도체는 10%의 증설을 허용하는 쪽으로 선회했다.

첨단과 범용의 기준 그리고 증설의 기준이 여전히 명확하지 않아 논란의 여지가 있지만 2022년 10월에 발표한 로직 18nm, 낸드 128단, 메모리 FinFET 기술을 이용한 14~16nm 이하 제품과 증설 기준도 웨이퍼 투입량 기준이 될 가능성이 있다.

전면 금지에서 5~10% 증설 허용으로 중국에 낸드와 D램의 생산 비중이 높은 한국은 당장은 숨통이 트였지만, 장기적으로는 5~10%의 증설로는 규모의 경제를 맞출 수 없다. 이는 코끼리에게 비스킷

■ **한국의 반도체 생산 규모(2022)**

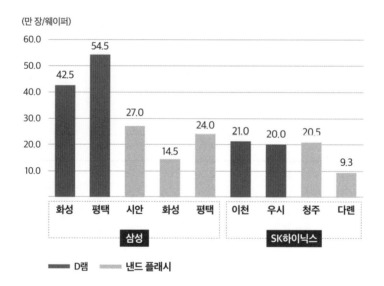

자료: 이베스트증권

주는 격으로 우는 놈에게 당장 떡 하나 더 주면서 달래는 것일 뿐 근본적으로는 중국에서 반도체 생산을 하지 말라는 미국의 의도는 변한 게 없다.

더 황당한 것은 2023년 3월 27일 공개한 미국 상무부 산하 국립표준기술연구소NIST의 미국 투자 기업 보조금 신청 기업의 신고 자료 목록이다. 기업의 현금흐름과 예상이익은 물론이고 웨이퍼 종류별 생산 능력, 가동률, 수율 등의 생산 정보, 소재, 인건비, R/D 등의 원재료와 원가 정보, 판매 가격을 모두 엑셀 파일 형태로 제출하게 되어 있다. 해당 파일 템플릿을 보면 반도체 애널리스트의 수익 예상 모델보다 더 정교하다. 초과이익 공유를 산출하기 위한 근거라는 명

■ 미국 반도체법 가드레일 조항과 신고 목록

경제 및 국가 안보 강화	반도체 기업 신고 목록	
보조금 수령 시 타국에서 사용 금지	수익성 지표	- 예상 현금 흐름 - 예상 이익 - 대차대조표
보조금 수령 후 10년간 우려국에서 생산 능력 확장 금지	생산 정보	- 웨이퍼 종류별 생산 능력 - 공장 가동률 - 웨이퍼 수율(양품 비율)
- 보조금 전액 반환 - 우려국: 중국, 러시아, 이란, 북한 - 첨단 반도체: 10년간 5% 이상 확장 불가 - 범용 반도체: 10년간 10% 이상 확장 불가	비용 정보	- 공정 소재소모품화학품 - 인건비, 공공요금 - R&D 비용
미 안보 위협 단체와 연구 개발 협업 제한	판매 정보	- 생산 첫 해 판매 가격

자료: 미국 상무부

분으로 반도체 기업의 기밀로 분류되는 가장 민감한 비밀 정보를 모두 미국 정부에 제출하라는 것이다.

그리고 이를 검증하기 위한 미국 상무부의 반도체법팀에 전직 반도체 전문가와 금융 전문가를 대거 배치해 송곳 검증을 하겠다는 것이다. 결국 이것은 명분은 뭐라고 했던지 간에 1986년 미·일 반도체 협정에서 미국이 일본 기업에 요구했던 것과 같은 내용으로 이름만 지원법이고 이를 통해 한국과 대만 기업의 첨단 공장 기밀을 모두 확보하겠다는 뜻이다.

미국 반도체법의 치명적 자충수

전 세계 모든 나라에서 소비하는 글로벌 상품인 반도체 시장 경제에 미국은 국가 안보를 슬쩍 끼워 넣었다. 미국의 반도체 본토 유인 정책에 동조하지 않으면 자유민주주의 동맹이 아니라는 가치동맹을 덮어씌워 동맹에서 제외하겠다는 암묵적인 위협을 하고 있다. 그러나 지금 미국의 반도체법은 무늬만 지원이지 본질은 무리한 '반도체 패권법'이다.

기술을 보조금으로 살 수 있다는 착각, 패권자의 오만이 패착을 부른다. 스마일 커브가 깨졌는데 여전히 설계와 판매가 왕이라고 생각하는 것은 오산이다. 부리던 머슴들이 가세가 기운 쇠락한 양반을 버렸는데 양반이 창고 털어 돈 몇 푼 준다고 다시 돌아올까?

기술과 지분만 있으면 설계도면과 자본 시장의 메커니즘으로 공장이 없어도 반도체의 모든 밸류체인을 통제할 수 있었고 그게 경쟁력이었던 건 코로나19 이전 이야기다. 코로나19와 미·중 전쟁 이후, 이젠 공장이 없으면 기술도 소용없고, 공장이 있어도 원자재가 없으면 손가락 빨고 있어야 한다는 것이 냉혹한 현실이다.

경영학원론, 경제학원론을 싹 무시한 미국식 반도체 정책은 분명 자충수다. 공장은 시장 가까운 데 짓고, '보이지 않는 손'이 최고의 정책이라는 애덤 스미스의 고전을 싹 무시한다. 정치와 외교의 힘을 무기로 '보이는 손'이 최선이라는 미국식 반도체 경제학에 어안이 벙벙해진다.

첨단 산업의 역사를 돌아보면 이미 종착역까지 간 기차를 시발점으로 다시 돌리겠다는 미국의 반도체 정책은 무리다. 시발점에서

■ 글로벌 IC 생산 캐파 점유율(2022)

	Leading Edge		Lagging Edge		Mature		Large Features	
	기업명	점유율	기업명	점유율	기업명	점유율	기업명	점유율
1	삼성	32%	삼성	31%	TSMC	20%	TI	11%
2	마이크론	25%	Kioxia/WD	16%	삼성	9%	TSMC	10%
3	하이닉스	19%	TSMC	16%	UMC	9%	UMC	7%
4	TSMC	9%	하이닉스	14%	SMIC	8%	STMicro	5%
5	Kioxia/WD	5%	인텔	9%	Sony	7%	SMIC	5%
합계		90%		86%		53%		38%

자료: Knometa Research, Global Wafer Capacity 2023

KTX보다 더 빠른 자기부상열차를 출발시켜 KTX 고객을 뺏어야지 KTX를 지연 출발시켜 손님을 못 타게 하는 것은 미봉책일 뿐이다.

반도체법은 미국 기업 맞춤법이다

표면적으로 반도체법은 국제 기업이 미국에 공장을 건설할 수 있도록 허용하지만, 실제로 이러한 보조금 프로그램은 미국 기업에 맞춤화된 것이다. 법안 시행 기간이 5년에 불과하고 자금도 한정돼 있어 아시아계 기업보다 미국 기업은 빠른 행보를 보인다. 인텔이 420억 달러를 투자하고, 마이크론도 350억 달러, TI도 410억 달러의 신규 투자를 발표하고 공장 건설 보조금을 신청할 예정이다.

■ 반도체 보조금 수혜비 중 추정

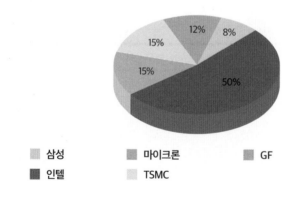

자료: IC WISE

70

이 법안의 가장 직접적이고 가장 큰 수혜자는 인텔, 마이크론, GF 등 미국 국내 유수의 웨이퍼 제조 업체들이다. 이는 미국에서 선진 제조업의 복귀를 실현하고 미국 공급망의 보안을 보장할 뿐만 아니라 미국 기업이 아시아 기업과의 경쟁에서 우위를 점할 수 있도록 해줄 것이다.

반도체 조사기관 IC WISE의 예측에 따르면 인텔이 절반, 라이벌 TSMC는 15%, 마이크론이 15%, 삼성이 8%를 받는 것으로 추정한다.

TSMC나 삼성이 기술 면에서 선도적인 위치에 있지만, 선진 생산 능력이 미국으로 이전되면 인력 이동으로 인한 기술 유출은 불가피하다. 산업적 관점으로 보면 미국의 엔지니어 문화와 반도체 문화의 차이는 높은 비용과 현지 재정 및 조세 손실 등의 우려를 불러일으켰고, 이것이 그간 세계 1위 파운드리 업체인 TSMC가 미국 공장 건설을 주저했던 진짜 이유다.

미국의 이번 조치는 그간 미국이 중국과의 전쟁에서 제기했던 보조금 지급으로 인한 공정무역 문제에 정면으로 반하는 조치다. 자유로운 시장 경제가 중국과 같은 명령 경제보다 우위라는 것을 부정하는 것이고, 미국에 공장을 짓지 못하는 나라의 기업이나 미국 기업들이 보조금을 받지 못하는 불공정의 문제도 생기고 이들 기업의 생산 격차 문제도 대두한다.

한국은 미국의 보조금에 혹하지 말아야 한다. 미·중의 반도체 전쟁과 미국의 '반도체 내재화 전략'에 한국이 할 일은 공장이 미국에 있든, 중국에 있든 간에 월드 클래스급의 절대적인 기술 수준에서 금메달을 유지하는 것이다. 일본이 타산지석이다. 일본도 돈에 취해 1986년부터 미·일 반도체 협정을 2번 연장하면서 결국 반도체 산업에서 밀려났다. 한국은 일본의 길을 가면 안 된다.

지역별 국산화는
반도체 원가를 35~65% 올린다

반도체는 애덤 스미스의 분업 이론을 가장 충실하게 지켜 생산의 최적화를 이룬 제품이다. 40여 년에 걸친 국제 분업의 역사가 세계 반

■ **세계 반도체 산업의 지역별 분업 구조**

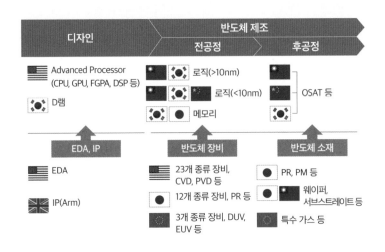

자료: VLSI, SEMI, BCG Analysis

도체 산업의 효율성을 만들어 냈다. 그 과정에서 스마일 커브의 좌측 상단인 설계와 연구 개발, IP와 장비를 미국이 주도하는 것은 변함이 없었다.

하지만 스마일 커브의 하단, 생산 지역과 소재 그리고 조립 검사는 계속 진화했다. 미국에서 일본, 일본에서 한국, 그리고 대만과 중국으로 기러기가 날아가는 방향으로 국제 이전이 이루어졌다. 반도체가 미·중 경제 전쟁의 수단이 되기 전까지는 이런 구도는 아무 문제가 없었고 세계화와 국제 분업의 최대 수혜자로서 반도체는 세계 IT 산업의 발전에 기여했다.

미·중의 경제 갈등과 미국이 반도체를 국가 안보 산업으로 규정하고 첨단 반도체의 생산 내재화를 내건 이후 세계 반도체 산업 구도에 대풍랑이 몰아쳤다. 미국과 유럽의 자국 영토 내 생산, 중국의 국산화 전략이 맞물리면서 전 세계에는 반도체 산업에 정부 보조금과 생산 설비 증설 경쟁이 벌어지고 있다.

반도체가 국가 안보 산업으로 격상되면서 투자나 비용이 문제가 아니라 최고의 기술과 안전한 생산이 중요해지면서 기존의 자유 시장 경제, 공정 경쟁, 경제성의 문제는 뒤로 가고 모든 국가가 보조금 경쟁과 투자 경쟁으로 내달리고 있다.

그러나 기본적으로 미국 반도체 공장 투자는 돈이 안 되는 투자다. 돈이 되는 시장이었으면 인텔이나 마이크론이 해외로 나갔을 리가 없다. 장사꾼은 돈 냄새를 귀신같이 맡는다. 미국 공장이 돈이 된다면 대만과 한국의 반도체가 중국이 아니라 미국에 공장을 짓고 대

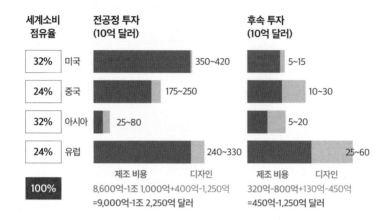

■ 전 세계 반도체 국산화 투자 비용 추정

세계소비 점유율		전공정 투자 (10억 달러)	후속 투자 (10억 달러)
32%	미국	350~420	5~15
24%	중국	175~250	10~30
32%	아시아	25~80	5~20
24%	유럽	240~330	25~60
100%		제조 비용 디자인 8,600억-1조 1,000억+400억-1,250억 =9,000억-1조 2,250억 달러	제조 비용 디자인 320억-800억+130억-450억 =450억-1,250억 달러

자료: BCG Analysis

대적인 증설을 했을 것이다. 미국 기업이 해외로 나가고 세계 정상의 기업들이 눈길도 주지 않는 곳에 공장을 지어서 돈을 번다는 것은 낙타가 바늘구멍에 들어가는 것보다 어려운 일이다.

　문제는 미국이 40여 년간 구축된 반도체 생태계를 무시하고 자국 수요를 스스로 충족하는 국산화 전략으로 가면 반도체 산업에는 엄청난 비효율적인 투자와 비용 증가가 수반된다는 점이다. 미국의 BCG가 분석한 보고서에 따르면 지역별로 필요한 반도체의 자급 체계를 갖추려면 세계 반도체 업계는 900억~1조 2,250억 달러의 투자를 해야 하고 매년 450~1,250억 달러의 운영비를 써야 한다. 문제는 이런 투자를 할 경우 전 세계 반도체 원가는 35~65%나 올라간다는 것이다.

미국 기업이라면
'같은 조건의 한국'에 투자할 것인가?

한국은 미국의 불합리한 반도체 보조금 지원 조건에 대해 구구절절한 사정을 말할 필요 없다. 미국의 AMT, 램리서치, KLA 같은 반도체 장비 회사들에게 미국과 같은 투자금 대비 보조금 비율을 지급한다고 하고 지금 미국이 내건 보조금 지원 조건을 한국이 내걸면 미국 반도체 장비 회사들이 한국에 투자할지를 물어보라.

미국 기업은 'No'라고 하는데 아시아 기업은 'Yes'라고 해야 한다

■ 중국, 아시아 대비 미국의 반도체 제조 비용 비교

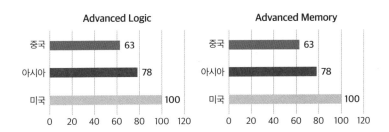

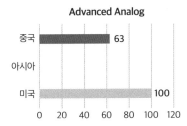

자료: BCG Analysis

■ 중국, 아시아 대비 미국의 반도체 운영 비용 비교

반도체 공장 지역별 운영 비용 비교(10년간)

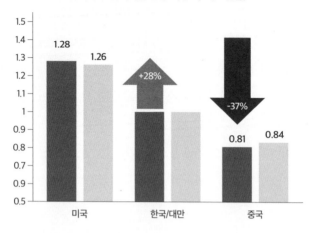

미국 공장 운영 비용이 높은 이유

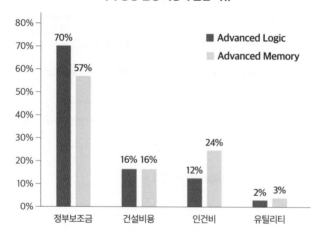

자료: BCG Analysis

는 것은 난센스다. 미국의 IRA에 이은 반도체법은 시장 경제에 역행하고 연구 개발과 투자를 저해하고 미국의 우방 동맹국들이 공급망 재편에 동참하는 것을 미국 스스로 막는 조치다.

만약 한국에 투자하는 미국의 대표 반도체 장비 회사 AMT에게 같은 조건의 보조금 지원 조건을 제시한다면 과연 AMT는 한국에 투자할까 생각해 보면 답은 간단하다. 미국의 투자 유치 조건이 얼마나 자국 중심적이고 황당한 자충수라는 것을 바로 알 수 있는데 강자의 오류에 빠진 미국은 알지 못한다.

선거를 앞둔 미국의 정치가 만든 기형적인 반도체 지원책에 대해 미국 내에서, 그리고 유럽에서도 비판과 비난의 목소리가 터져 나오고 있다. 표심에 목숨을 걸어야 하는 지지율 낮은 바이든 정부의 속사정, 그리고 자기 합리화가 필요한 미국 정부의 애국심은 이해되지만 돈에는 애국심이 없다. 돈이 되면 되돌아가는 것이고 돈이 안 되면 떠나는 것이다.

미국과 피 한 방울 섞이지 않은 한국과 대만은 돈이 되면 미국의 양자가 되는 것이고 돈이 안 되면 파양하고 떠날 수밖에 없다. 대만과 한국의 미국 반도체 공장은 527억 달러라는 보조금 약발이 떨어진 다음에는 수익성을 따질 것이다. 시장의 65%가 아시아와 중국에 있고 제조 원가도 아시아가 싼데 계속 미국에서 증설하고 확장할 이유가 있어야 한다.

미국 반도체 공장의 환상을 냉정하게 볼 필요가 있다. 미국 반도체 산업이 40여 년 전에 해외로 나간 이유가 있다. 365일 3교대를 돌러야 하는 반도체 공장은 1인당 국민소득 3만 3,000달러대의 한국에서도 어려운데 7만 5,000달러대의 미국에서 원가를 맞추기는 더 어렵다.

미국반도체협회SIA가 BCG와 공동으로 조사한 보고서에 따르면 미국을 100으로 했을 때 미국에서 로직 제품을 생산하는 반도체 공장의 운영 비용은 한국과 대만보다 22%, 중국보다는 37%가 높다. 메모리의 경우도 한국과 대만 대비 21%, 중국 대비 34%가 높다.

역사적으로 첨단 산업은 시발역과 종착역이 같은 적이 단 한 번도 없다. 미국이 종착역에 이른 반도체 산업을 다시 시발점으로 돌리려는 노력은 패착이다. 예를 들면, 반도체Semiconductor를 넘어서는 신기술 초전도체Superconductor를 만드는 것이 답이지 정거장을 한참 지난 기차를 다시 역주행하려면 엄청난 혼란과 비용이 든다.

PART 3

미국의 Chip4 동맹은 중국 봉쇄에 성공할까?

01

강대국의 자기우선주의는 절대 패권의 균열 현상이다

미국이나 중국은 모두 자기우선주의다. 트럼프의 MAGA^{Make America Great Again}도, 시진핑의 '위대한 중화민족의 부흥^{Great China Again}'을 기치로 세운 중국의 꿈^{中国梦: China Dream}도, 바이든의 BBB^{Build Back Better}도 모두 자기우선주의다.

강대국이 서로 자기우선주의를 내세우는 것은 절대 패권의 균열 현상이다. 미국은 글로벌 금융위기 이후 70여 년간 미국의 절대 패권에 균열이 가면서 자국우선주의가 노골적이다. WTO든 기후협약이든 미국에 불리하면 무시하고, 반도체든 배터리든 미국에 유리하면 무조건 동맹이다. 중국은 이 틈을 노려 입만 열면 '인류 운명 공동

■ 미국 바이든 정부의 지정학 경제협력체제 구축 현황

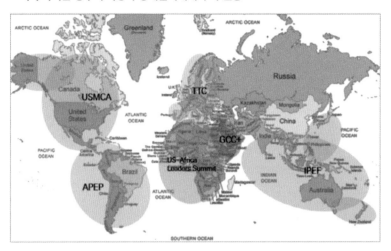

자료: KOTRA 워싱턴무역관

체'를 떠들지만 실제는 미국보다 더 센 자국우선주의다.

미국은 IPEF에 1번으로 가입한 한국에 Chip4 가입을 요구하는 한편 IRA를 통해 전기차 보조금 지원 대상에서 뒤통수를 쳤다. 한국에게 IRA가 그렇게 중대한 사안인 줄 몰랐다는 미국 상무부 동아시아태평양 차관보의 반응을 주목해야 한다. 동아시아태평양 지역을 담당하는 차관보가 몰랐다면 무능이고 알았다면 사기다.

미국의 한국 전기차 보조금 제외는 기시감이 있다. 이미 중국에서 한국의 배터리 회사가 최첨단 삼원계 배터리를 생산하고도 중국 배터리 업체 보호를 위한 중국 정부의 정책에 걸려 보조금 지원을 받지 못해 거의 공장 문을 닫는 상태까지 갔던 것과 비슷하다.

첨단 산업에서 자국 산업 보호는 지금 중국이나 미국이나 별 차이가 없다. 한·미 동맹은 여전히 강하다고 하지만 정작 미국이 사드 사태와 배터리 사태에서 한국에 보여 준 신뢰도는 지속해서 떨어지고 있다.

중국이 그동안 행해 왔던 'Buy China, Made in China, China Inside' 전략에 China 대신 USA를 대입해도 답은 같다. 중국은 반도체가 없고 미국은 배터리가 없다. 4차산업혁명은 다가오고 있고 중국은 배터리에서는 세계 1위지만 반도체가 아킬레스건이다. 미국은 반도체 기술은 세계 최고지만 양산 기술과 첨단 반도체 공장이 없다. 미·중 양국은 발등에 불이 떨어진 판에 남 생각할 여유가 없다. 이런 상황에서 작은 나라들에 대한 대국의 관용이나 동맹 우대는 그냥 소설이다.

02

미국 프렌드쇼어링 전략의 핵심은 반도체다

절대강자는 동맹이 필요 없다. 절대강자는 지배할 뿐이다. 지난 70 여 년간 세계에서 유일한 무소불위의 나라였던 미국이 뜬금없이 동맹과 가치를 강조하고 있다. 미·중의 무역 갈등과 코로나19로 인한 팬데믹 그리고 러시아-우크라이나 전쟁으로 촉발된 전 세계적인 공급망 혼란을 미국이 더 이상 독자적으로 수습할 수 없는 한계가 드러난 조치다.

절대강자의 지위가 흔들리는 미국은 표면상으로 중국이 특정 시장에서 지위와 지정학 권력을 남용하니 더 이상 방관할 수 없어 이를 통제하고 관리해야 한다는 명분을 내세운다. 하지만 세계 경제 질서

회복에 미국 주도의 일방주의적^{Unilateral} 접근이 한계에 도달했고, 이젠 우방 협력에 기반을 둔 복수국 체제^{Plurilateral}로 대응이 불가피해졌다.

미국이 절대강자였던 1990년대부터 미국 중심의 세계는 자유무역과 국제 분업의 효율성에 기반을 둔 '오프쇼어링^{Off-shoring}'과 '아웃소싱^{Outsourcing}'이 대세였다. 2008년 글로벌 금융위기 이후 자국 내 제조업 육성과 일자리 확대를 목적으로 하는 제조업 회귀 정책인 '리쇼어링^{Re-shoring}' 혹은 '니어쇼어링^{Near-shoring}'이 대두되었지만 성과는 미미했다.

■ 미국 반도체법 보조금 신청 주요 조건

구분	아웃소싱	오프 쇼어링	리쇼어링	니어쇼어링	프렌드 쇼어링
시기	1980~2000년대		오바마~트럼프 정부		바이든 정부
목적	외주를 통한 비용 절감	국제 분업의 효율성	국내 제조업 일자리 중심	공급 안정성 확보	경제 안보 지정학 우위 점유
강점	- 낮은 생산 비용과 현지 규제 - 저렴한 노동력 - 24시간 영업 모델	- 높은 접근성 - 정부 지원책 - 국내 경제 효과	- 낮은 물류 비용 - 짧은 공급망 - 공급망 안정성	- 국제 공조 획득 - 공급망 안정성 - 대중국 경쟁력
약점	- 장거리 운송 리스크 - 문화/시차/소통 문제 - 예기치 못한 공급망 혼란	- 고비용 - 자원 부족 - 효율성 저하	- 상대성 고비용 - 선택의 제한	- 효율성 저하 - 선택의 한계 - 높은 외교 비용

자료: KOTRA,워싱턴무역관

바이든 정부 출범 이후 경제 안보와 지정학적 문제가 급변하자 미국은 가치를 공유하는 동지 국가 또는 동맹국 간 협력을 통해 잠재적 공급망 위험을 최소화하는 방안으로서 '얼라이쇼어링Ally-shoring'인 '프렌드쇼어링'을 제안했다. 신뢰할 수 있는 다수 파트너 국가와 공급망 다변화 협력을 통해 글로벌 경제 리스크를 관리하는 방안이다. 이를 실현하기 위한 수단으로 무역·투자 규제(관세, 수출 통제, 투자 감시), 지정학적 정책(지역 경제·안보 협정), 산업 정책(제조업 육성, 기술 투자, 정부 조달)을 동원하고 있다.

미국은 가치공유 국가 간 공급망과 첨단 기술 개발에 협력함으로써 미국의 글로벌 경제, 지정학 리더십을 확대하는 한편 자유무역 국제 분업 효율성은 지향하되 지정학 리스크를 최소화하려 한다. 이를

■ 바이든 정부 공급망 회복 전략 추진도

전략 근거	대통령 행정명령(E.O. 14017, 2021.2.24.)	
주무 기관	백악관(경제·안보 보좌관)	범정부 공급망 테스크포스 (상무·교통·농무 장관 주관)
전략 수립	**100일 공급망 분석 보고서** - 4대 핵심 품목 분석 ① 반도체 ② 배터리 ③ 핵심 광물 ④ 의약품	**1주년 공급망 전략 보고서** - 6대 섹터별 전략 ① 에너지 ② 교통 ③ 농업 식량 ④ 보건 ⑤ 정보통신 ⑥ 국방
취약점 분석	- 국내 제조·생산 역량 부족 - 정부 인센티브의 비효율적 배분 - 기업의 단기 실적 위주 사업 운영 관행 - 해외 파트너 또는 경쟁국들의 산업 정책 - 글로벌 소싱의 지리적 편중 및 국제 공조의 한계	

자료: 백악관, KOTRA

위해 중국, 러시아에 대항하는 자유 시장 경제, 민주주의 수호 동맹 결성을 주요 우방국들에게 설득하고 동조하도록 바이든 대통령을 비롯하여 모든 각료가 나서고 있다.

미국은 중국의 부상과 러시아의 재등장으로 발생한 공급망 불안과 지정학적 갈등을 단독으로 해결할 수 없음을 자인하고, 중국의 부상을 막기 위해 미국, 유럽, 인·태 지역을 아우르는 경제·안보 블록 구상을 구체화하고 실행하고 있다.

구체적으로는 제조업, 공급망, 기술 교류 등 모든 무역 투자 활동을 블록 내로 한정하고 ① 지정학적 측면에서 유럽, 인·태, 북미, 중남미, 중동, 아프리카 등 전 세계적 경제·안보 협력 체제를 통한 대중·대러 봉쇄 전략을 구사하고, ② 공급망 측면에서 백악관 주도로 경제·안보, 기술 우위를 위한 공급망 전략을 수립하고, ③ 산업 정책 측면에서 반도체 산업 육성, 첨단 기술 국제 표준 투자, 희토류 광물 개발, 미국 내 인프라 정비, 미국 정부 조달을 활용한 공격적 재정 투입, ④ 무역 투자 규제 차원에서 국가 안보 차원의 '수출입 통제' 규정의 전략적 활용, ⑤ 미국 기업의 대중국 투자에 대한 당국의 감시 감독 권한 강화를 추진하고 있다.

카네기 국제평화재단은 이러한 일련의 미국 정책을 명확하게 3가지로 정리했다. 미국의 전략은 ① 미국 우선주의America First, ② 프렌드쇼어링Alliance Economics, ③ 세계화 2.0Globalization 2.0이다. 미국의 전략은 동맹 중심 경제 협력과 세계화 2.0을 유기적으로 결합한 것으로 프렌드쇼어링을 통해 규모의 경제를 향유하고, 우방국 협력을 통

■ 미국의 경제 전략 3대 옵션의 장단점

	미국 우선주의	프렌드쇼어링	세계화 2.0
장점	- 국가 안보에 위협이 되는 산업 기술 유출 차단 가능 - 국내 경제 불평등 완화 - 자본, 기술, 무역 참여 규제를 통해 대중국 견제	- 규모의 경제 향유 가능 - 첨단 민감 기술 경쟁에서 중국 견제 - 동맹 우방국과 연계 강화 - 중국의 부상 속도 조절	- 중기적으로 미국의 경제 이익에 가장 부합 - 미국의 국제 리더십 확대 - 패권적 경쟁 압력 완화
단점	- 미국의 경제적 이익에 가장 부정적인 영향 - 우방국과 관계 훼손 - 미국 기업의 국제 경쟁력 약화 - 국제 경제에서 미국의 리더십 실추	- 중국 경제와의 분리에 따른 외교 안보적 손실	- 중국의 경제 성장과 지정한 부상 허용 가능 - 국내 정치적 부담 가중으로 외교 정책 혼란 초래

자료: Carnegie Endowment for International Peace(2022. 4.)

해 중국의 경제 기술 부상을 지연시키는 동시에 세계화 2.0을 통해 다자 체제 국제 질서를 회복해 미국의 리더십을 유지하자는 것이다.

미국 등 서방 국가들은 미국의 프렌드쇼어링 전략에 찬성하고 동조하는 여론이 압도적이고 국제 경제의 동반 성장과 민주주의 확산을 위한 묘수라고 평가한다. 하지만 경제성, 현실성 측면에서 부정적 시각도 존재한다. 세계 경제의 향방과 관련해 미·중의 분쟁은 미·중에만 국한한 것이 아니고, 무역만이 아니라 기술이나 안보에 이르기까지 광범위하게 전개되고 있어 세계 대공황의 충격처럼 헤게모니의 공백에 따른 '지정학적 불황'의 가능성도 배제하기 힘들다는 것이다.

그리고 시장을 미국이 아닌 중국에 의존하는 미국 기업들 사이에서 '해외 생산 전략 수정'이 중대한 문제가 되었다. 미국 등 프렌드쇼어링 전략에도 아시아의 제조업 허브는 건재하고, 미국의 배타적 대중 정책에 따른 '차이나 리스크'로 세계적인 공급망 혼란과 생산 원가 인상 등의 악영향도 생기기 때문이다.

지금 미국의 프렌드쇼어링 핵심이자 선두는 반도체이다. 지금 전통 제조업에서 중국은 미국을 한참 전에 넘어섰고 지금은 세계 최강이다. 그러나 반도체가 핵심인 첨단 산업에서 중국은 치명적인 약점이 있다. 그래서 미국은 일단 프렌드쇼어링을 통해 한국과 대만의 첨단 반도체 공장을 미국 내로 유치해 첨단 반도체의 생산을 내재화

■ **미국 상무부의 반도체 산업 육성 청사진(2022)**

반도체 금융 지원 프로그램(Semiconductor Financial Assistance Program)
국내 반도체 제조 시설의 설립, 증설, 현대화를 추진하는 민간 또는 공공-민간 합작 사업에 대해 보조금/ 신용 제공 등 금융 지원 제공
국립 반도체 기술 센터 설립 운영(National Semiconductor Technology Center)
신설되는 NSTC는 첨단 반도체 제조 R&D 촉진, 투자기금 조성, 기술 상용화, 지적재산권 보호, 대학-정부 연구소 협업 주관 등 전담
첨단 패키징 제조 프로그램(Advanced Packaging Manufacturing Program)
첨단 패키징 기술을 통해 제조 생산성, 에너지 효율, 비용 절감 등 국내 반도체 산업 전반에 걸친 혁신 제고
반도체 산업 분야 인재 개발(Workforce Development Needs of the Industry)
반도체 산업 미래를 위해 민간·공공 영역에서 필수 노동력 육성 프로그램 운영

자료: 백악관, KOTRA

하는 동시에 중국에 대한 반도체 장비, 기술 제품의 수출 규제로 중국 반도체 산업의 발목을 잡고, 첨단 산업과 4차산업의 발전을 지연시키려는 전략을 구사하고 있다.

미·중의 무역 전쟁 3년간 미국은 중국을 좌초시키지 못했다. 오히려 미국의 대중국 무역적자는 늘어났고 대중국 의존도도 줄지 않았다. 반면 중국은 대미국 무역흑자는 늘었지만 대미국 비중은 줄어들었다. 미국이 탈중국을 한 것이 아니라 중국이 탈미국하고 있다.

미·중의 2라운드 전쟁은 기술 전쟁이다. 바이든 정부는 취임하면

■ **미·중 전쟁과 미·중 무역**

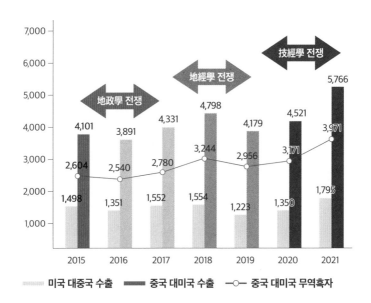

자료: www.trademap.org

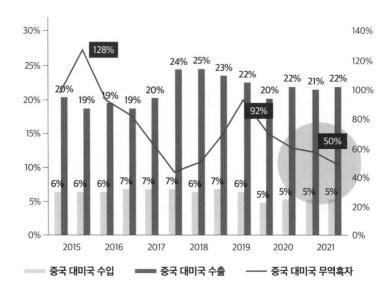

자료: www.trademap.org

서부터 실리콘 웨이퍼를 들고 미·중 전쟁을 시작했다. 바이든 정부 3
년간 미국은 트럼프 정부가 노래를 불렀던 통상 문제, 보복 관세, 무
역적자 문제는 언급도 하지 않았다.

　지금 미·중의 전쟁은 지정학地政學 전쟁에서 지경학地經學 전쟁으로
전이되었고, 바이든 정부 들어서는 기경학技經學 전쟁으로 확전되었
다. 경제 안보가 모든 외교의 중심 키워드가 되었고 기술 전쟁이 수
단이고 그 중심에 반도체가 들어 있다.

03

반도체가 대만의 실리콘 방패라면 한국에는?

미국이 반도체법과 Chip4 동맹을 통해 대중국 반도체 공급망 봉쇄를 시작했다. 5nm 이하의 첨단 반도체를 생산하는 대만은 미국 첨단 반도체의 심장으로 유사시에 중국이 대만을 공격하면 반도체 때문에 미국이 자동 개입해야 하는 수밖에 없어 '대중국 실리콘 방패Silicon Shield'를 하나 가졌다. 미국 역시 중국의 코앞에 가라앉지 않는 항공모함, 불침항모를 하나 가지게 되어 서로 윈-윈이다.

파운드리 시장에서 대만은 66%, 한국은 17%를 점유하고 있다. D램 시장에서 한국은 72%, 미국은 23%, 대만은 4%를 점유하고 있다. 미국은 파운드리에서는 대만이 없으면 문제가 커지지만 D램에서는 마이크론이 있어 '이가 없으면 잇몸으로도 살 수 있다.' 그래서 파운드리에서 대만의 1/3 수준인 한국은 대만을 통제하는 수단으로 필요하고 D램에서는 중국을 잡는 데 필요하다.

한국의 새 정부가 들어서면서 안미경중安美經中은 수명이 다했다는 얘기가 나오자 미국은 한국에 여러 가지 압력을 넣고 있다. 미국 대통령이 방한해 반도체 공장에 가고 재무장관이 방한해 배터리 공장에 가는 일이 일어났다. 한국이 필요한 북핵 문제나 통화 스와프 문제는 뒷전이고 미국이 필요한 반도체와 배터리에만 관심을 보인 것이다.

한국은 이에 맞추어 한국의 대표 반도체 기업이 170억 달러, 배터리 3사가 140억 달러, 자동차 대표 기업이 74억 달러 투자를 발표했다. 물론 세금 혜택을 받기 위한 조치이긴 하지만 삼성이 향후 20년간 1,921억 달러를 투자해 반도체 공장 11개를 짓는다고 발표했고, LG에너지솔루션도 2025년까지 미국에 7개의 배터리 공장을 짓는다

■ **국내 기업의 대미 투자 규모와 내용**

분야	기업	규모	내용
반도체	삼성전자 SK하이닉스	170억 달러(약 20조 원) 10억 달러(약 1조 원)	반도체 위탁 생산 AI 등 R&D 센터
배터리	LG에너지솔루션, SK이노베이션 등	140억 달러(약 16조 원)	전기차 배터리 합작 법인 및 공장
전기차	현대자동차	74억 달러(약 8조 원)	전기차, 도심항공 모빌리티(UAM) 등

자료: 각 사, 언론 보도자료

고 발표했다.

미국 상무부에서는 IRA의 배터리 보조금 문제가 한미 간의 새로운 대형 쟁점이 되고 반미정서가 고조되자 14nm 이하 반도체 첨단 장비의 대중국 수출 금지 조치를 한국 기업에게는 1년간 유예해 풀어주겠다는 뜻을 밝혔다. 메모리의 경우 14nm 이하 제품에서는 EUV 노광장비가 필요한데 지금 DUV 장비도 규제하려는 미국이 한국 기업에게는 메모리 생산을 위한 대중국 핵심 장비의 수급을 풀어주어 Chip4 동맹의 한 축인 한국을 달래겠다는 속내를 보인 것이다.

첨단 장비의 반입이 어려우면 대미 투자보다 더 많은 투자를 한 대중국 반도체 투자를 스크랩하는 문제를 고민해야 하는 한국 반도체 업계에는 희소식이지만 배터리 업계에는 악재다. 미국에서는 보조금을 받지 못하고, 중국에서는 Chip4 동맹 가입 시 보복으로 반도체가 아니라 배터리 소재가 대상이 될 수 있기 때문이다. 결국 미·중 싸움에서 배터리의 희생에 반도체가 어부지리를 얻게 된 이상한 형국이 되어 버렸다.

04

Made in China보다 Made in USA가 더 무섭다

세계의 공장인 중국이 고민에 처했다. 산업의 쌀인 반도체를 미국이 전면 봉쇄하기 시작했기 때문이다. 중국 1위 IT 업체인 화웨이와 중국 1위 반도체 업체인 SMIC를 엔터티 목록과 해외 직접 생산품 규칙 FDPR: Foreign Direct Product Rule으로 봉쇄했지만 중국의 반도체와 IT 산업은 좌초되지 않았고 여전히 성장했다.

2020년 미국은 화웨이, ZTE, SMIC를 비롯한 275개 기업을 거래 제한 명단에 올리고 미국산 반도체 장비와 기술 수출을 통제했다. 2021년 7월에는 네덜란드의 독보적인 노광장비 업체인 ASML에게 EUV 장비의 대중국 수출 금지를 요청했다.

2022년 7월에는 미국의 주요 반도체 장비 업체들에게 14nm 이하 첨단 장비 대중국 수출을 금지하는 통보를 했고, 2022년 8월에는 엔비디아와 AMD에게 AI와 슈퍼컴용 고성능 그래픽카드^{GPU}의 대중국 수출을 금지시켰다. 2022년 10월에는 기존의 시스템 반도체와 AI 반도체뿐만 아니라 D램과 낸드 같은 메모리 반도체 업체들에 대해 18nm 이하의 첨단 장비와 128단 이상의 첨단 장비 공급을 중단시키는 조치를 시행했다.

2023년 1월에는 네덜란드, 일본, 미국이 대중국 반도체 장비 수출 규제에 동참하기로 했고, 2월에는 미국 기업의 대중국 첨단 반도체 투자를 금지하는 조치를 발동했다. 3월에는 대중국 제재에 미적지근한 반응을 보이던 네덜란드가 EUV 장비에 이은 DUV 장비의 대중국 수출 규제에 동참하기로 했다. 일본도 3월 31일 "첨단 반도체 제조장치 23개 품목에 대해 수출 규제를 강화하겠다."고 밝혔다. 외환 및 외국무역법 시행령을 5월 공포하고, 7월부터 시행할 방침이다. 수출 규제 대상에 오른 것은 반도체 제조용 노광장치, 세정·검사 등에 사용하는 장비 23개 품목이다.

미국은 중국의 반도체 산업 굴기를 막기 위해 과거에는 특정 기업에 국한하던 대중국 반도체 수출 규제를 이제는 포괄적으로 명기하고 있다. 그리고 미국 장비 업체뿐만 아니라 해외 반도체 업계 전반으로 대중국 수출 금지를 확대하는 추세다.

미국의 보조금 지급, 대중국 공장 증설 금지, 14nm 이하 대중국 반도체 장비 수출 금지는 모두 미국이 반도체에서 'Made in USA'로 되돌리려는 전력이다. 중국 규제는 명분이고 실리는 반도체 공장의 미국 내재화다. 미국은 무소불위의 패권국이고 하겠다고 마음먹으면 실행하는 나라다. 미국의 금리인상으로 전 세계가 환율위기, 외환위기를 맞고 있지만 미국은 아랑곳하지 않는다. 미국의 이익에 부합하면 나머지 세계가 감당해야 하는 것이지 미국이 양보하는 것은 없다.

반도체도 마찬가지다. 미국의 공급망 재구축 전략에 세계 다른 나라의 피해는 안중에 없다. 반도체 공급망이 흔들리면 전 세계 주요 산업의 대혼란이 불가피하지만 미국은 아랑곳하지 않는다. 미국 반도체 장비 회사들이 세계 최대의 반도체 장비 시장인 중국 시장을 포기하는 손실도 그냥 감내하라는 것이다. 자기 살을 도려내면서 뼈를 심는 전략이 지금 미국이 주도하는 'Made in USA' 전략이다.

05

공급망은 관리하는 것이지 소유하는 것이 아니다

반도체의 원조집 미국은 인텔이라는 아들이 미덥지 않아 한국과 대만을 금융, 외교로 유혹하고 압박해 양자로 들여 반도체의 가통을 잇는 프렌드쇼어링을 도모하고 있다.

미국은 미국 기술이 10% 이상 들어간 반도체 관련 장비, 소재, 소프트의 대중국 수출은 모두 통제할 수 있다. 그런데도 한국·미국·일본·대만의 Chip4 동맹을 통해 중국을 봉쇄한다는 것은 지나치다. 미국에 공장을 지으면 527억 달러의 돈과 투자금에 대해 25% 세액공제를 해 준다는 것은 주의할 필요가 있다.

Chip4는 외견상으로는 한·미 기술 동맹의 강화와 대중국 공급망 봉쇄지만 반도체법을 통해서 본 진짜 미국의 속내는 40년 전 해외로 나간 반도체 산업의 리쇼어링과 첨단 반도체 생산 기술의 '미국 반도체 내재화' 전략이다.

그러나 세상에 공짜는 없다. 세계 최고의 기술을 가진 미국이 후진국에 돈까지 주며 공장을 유치한다는 건 이상하다. 미국의 이런 정책은 '자신의 살을 베어 내주고 상대의 뼈를 끊어낸다.'는 육참골단肉斬骨斷의 전략이다.

'새는 모이에 목숨을 걸다 죽고 사람은 공짜 돈을 탐내다 죽는다.'고 한다. 미국의 반도체 보조금 527억 달러가 큰돈 같지만 세계 상위 10대 반도체 제조 회사가 나누어 갖는다면 이는 이들 회사 연간 순이익의 5~7% 수준에 불과하다.

미국의 보조금은 외국 기업에 주는 백지수표가 아니다. 반드시 대가를 치러야 한다. 세계 최대 반도체 소비 시장인 중국에 투자를 금지하라는 조건이 붙어 있다. 미국은 자국 납세자의 돈을 외국 기업에 마구 퍼 주지 않는다. 미국의 공급망과 국가 안보를 약화시키는 중국에 대한 투자는 철저하게 봉쇄한다.

반도체 산업은 기술은 미국, 소재와 장비는 미국·일본·유럽, 생산은 한국·대만, 조립은 중국·동남아로 분산된 글로벌 생산 체제가 갖추어진 대표적인 품목이다. 어느 한 분야를 공급망에서 제외하면 반도체 밸류체인이 바로 충격을 받는 구조다.

글로벌한 국제 분업이 완벽히 이루어진 반도체 산업에서 미국은 미국에서 태어난 반도체 기술의 소유권을 주장하면서 반도체 생산

국가들에게 전세권을 행사하고자 하는 것이다. 시장의 대중국 의존도를 낮추라는 명분을 걸었지만 실제로는 생산의 대미국 의존도를 높이라는 것이 핵심이다.

미국의 반도체법과 Chip4 동맹은 최대 시장인 중국을 봉쇄하고 중국에서 첨단 공장을 빼내는 것이지만 세계 반도체 산업의 구조를 뿌리째 흔들 수 있는 조치이고 중국이라는 최대 시장을 잃어버리면 미국 반도체 산업의 경쟁력도 약화할 수 있는 조치다.

그리고 이번 조치는 국가간 협력이라고 하지만 실제로는 강요이다. 한국의 경우 반도체 수출의 63%가 중국으로 가고 이미 삼성전자와 SK하이닉스는 중국에 공장이 있는데 보조금을 대가로 이들 공장에 추가적인 투자를 금지한다는 것은 한국의 중국 공장을 장기적으로 스크랩하라는 의미다.

전기차 보조금의 사례에서 적나라하게 드러났지만, 미국은 자국의 이익에 따라 필요하다면 언제든지 미국에 공장을 지은 외국 기업들에게 족쇄를 채울 것이다. 보조금이라는 당근은 미국이 마음대로 결정하는 것이고 이것이 외국 기업을 찌르는 창이 될 수도 있다.

공장을 짓고 나서 더 이상 빼도 박도 못하는 상황이 오면, 다음은 미국 내 첨단 기업에 대한 정보 공개 의무를 법안으로 만들어 기술 공개를 요구할 가능성도 있기 때문이다. 중국이 미국의 공짜 점심을 못 먹게 하는 것이 1차 목표지만 장기적으로는 다른 나라들 역시 미국의 공짜 점심에 대가를 치러야 할 수도 있다.

미·중은 대만이라는 세계 최고의 파운드리 생산국을 사이에 두고 날 세운 표현을 하고 있다. 중국은 무력 침공 협박을, 미국은 끊임없는 의도된 대만 방어 언급을 하며 논란을 일으키고 있다. 그리고 이는 세계 반도체 시장의 새로운 구조 변화로 이어지고 있다.

2022년 TSMC의 미국 현지 공장 가동을 위해 대만 TSMC의 반도체 엔지니어와 가족들을 태운 비행기가 미국으로 향했다. 숙련된 미국 엔지니어를 구하기 어려운 점과 기술 보호를 위한 고육책이지만 중국의 대만 공격 협박은 장기적으로 대만 반도체 엔지니어의 탈출을 불러올 수 있다.

중국은 서방으로부터 첨단 반도체와 장비를 공급받는 것이 어려워지자 반도체 국산화에 국가 자원을 총동원하는 거국체제擧国体制를 가동하기 시작했다. 1959년에 핵폭탄을 개발해 주던 구소련이 갑자기 철수하자 중국은 상하이교통대 출신으로 MIT에서 석사, 칼텍에

■ **스마트폰 AP칩으로 본 글로벌 반도체 공급망의 구조**

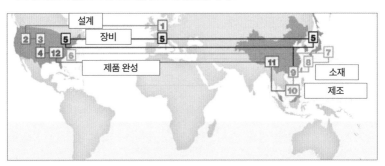

1 영국 IP   2 미국 EDA   3 미국 디자인   4 미국 HP OEM 주문
5 미국, 일본 반도체 장비 6 미국 실리콘 채굴 7 일본 Ingot 제조 8 한국 Wafer 생산
9 대만 파운드리 10 말레이시아 OSAT 11 중국 HP AP 장착 12 미국 HP 판매

자료: SIA, BCG

서 박사를 받은 천재과학자 첸쉐썬 박사의 지휘하에 거국체제를 동원해 맨땅에 헤딩해서 1964년에 원자폭탄을 개발하는 데 성공했다.

물론 반도체는 원자폭탄보다 만들기 어렵다. 반도체 소재, 장비, 생산, 조립에는 전 세계 10여 개 나라 이상이 공급망에 참여해 있고 이중 하나라도 문제가 되면 생산이 어렵기 때문이다. 반도체 공급망은 관리하는 것이지 소유하는 것이 아니다. 전 세계 어떤 나라도 반도체 공급망을 모두 소유한 나라는 없다.

06

미국 반도체의 적은
미국이다

미국의 대중국 반도체 봉쇄는 반도체법과 Chip4 동맹이 무기다. 그러나 미국의 반도체법과 Chip4 동맹의 이면에 있는 미국의 속내는 반도체 기술에서 아직 초보 단계인 중국 견제는 명분이고 4차산업혁명을 대비하여 미국 내 반도체 생산 내재화 전략이다. 한국은 미국 반도체법으로 주는 보조금에 혹할 때가 아니고 미국의 반도체법이 만들어 낼 세계 반도체 업계의 파장을 생각해 봐야 한다.

첫째, 365일 3교대 산업인 반도체 산업이 1인당 국민소득 7만 5,000달러대의 나라 미국에서 생산성이 나올지 의문이다. 미국은 세계에서 가장 안전하고 연구 개발력이 좋은 나라지만 반도체를 생산하기 좋은 나라는 아니다. 일본, 한국, 대만이 반도체 산업 생산이 가장 강했던 때는 1인당 국민소득 1만 2,000~2만 5,000달러대이다. 미국에 투자는 하지만 생산성과 수익을 내는 것은 다른 문제다.

둘째, 이미 1980년대 중반부터 반도체 산업의 해외 이전이 시작된 미국 현장에서 일할 숙련공의 조달도 문제다. 한국도 이미 3교대 산업은 아시아로 이전했는데 미국 반도체 공장에서 일할 숙련된 오퍼레이터를 구할 수 있을지는 의문이다. 1인당 국민소득 3만 3,000달러의 한국도 반도체 인력 부족이 심각하다.

대만 TSMC의 창업자 장충모 회장이 대만의 한 반도체 포럼에서 한국과 대만에 첨단 반도체 공장이 집중된 이유를 말했다. 바로 사람과 작업 문화다. 한밤중인 2시에 반도체 설비가 고장 나면 미국에서는 다음날 8시에 수리하러 오고, 대만은 한밤중이라도 바로 쫓아와 수리한다는 것이다. 대만 반도체 엔지니어가 한밤중에 전화를 받고 외출 준비를 하자 잠에서 깬 부인이 한밤중에 어디를 가느냐고 묻는다. 남편이 기계가 고장 나서 수리하러 가야 한다고 하면 부인이 더 이상 묻지 않는다. 이것이 대만의 반도체 생산 문화라는 것이다.

셋째, 반도체 시장의 63%가 아시아에 있다. 그래서 미국에서 반도체를 생산하더라도 결국 다시 아시아로 돌아가야 한다. 생산은 시장 가까이에서 하는 것이지 보조금 주고 세금 깎아 준다고 공장을 세우면 망한다. 한국의 삼성도 미국의 강요로 미국에 공장을 짓는다고 발표했지만 그렇다고 미국 기업이 TSMC를 버리고 삼성에 주문할 가능성은 적다.

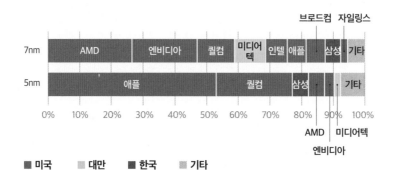

■ 반도체 공정 기술별 고객 비중(2021)

자료: Jan-Peter Kleinhans, The lack of semiconductor manufacturing in Europe Why the 2nm fab is a bad investment. April, 2021.

애플, AMD, 엔비디아 같은 회사들이 첨단 파운드리의 큰 고객인데 애플이 스마트폰 경쟁사인 삼성에 AP를 주문할 리 만무하다. 피는 물보다 진하다. AMD와 엔비디아의 리사 수, 젠슨 황은 대만 출신이다. 정말 삼성이 특별한 성능과 가격을 제시하지 못한다면 동포 기업을 제치고 삼성에 주문할 것인가는 물어보나 마나다.

넷째, 반도체법은 527억 달러의 보조금 지원 대신 중국에 14nm 혹은 28nm 이하의 생산 설비 증설을 10년간 금지한다. OEM 생산까지 포함하면 세계 반도체 소비의 63%를 차지하는 중국으로 수출과 생산을 중지하는 것은 반도체 장비, 재료, 소재, 디바이스 업계의 심각한 공급 과잉을 초래하게 되고, 자본 시장에서 반도체주의 폭락 사태로 이어질 수 있다. 이는 금융소득이 높은 나라의 민간 소비에 충격을 줄 수 있는 사안이다.

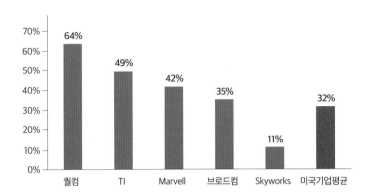

자료: CHIP Insight

기업의 이익과 국가의 이익은 반드시 일치하지 않는다. 미국의 국익을 위해서는 중국에 대한 반도체와 장비 금수 조치는 당연한 것이지만 반도체 장비와 디바이스 업체로서는 중국 시장을 장기적으로 버려야 하는 이해 상충 문제가 걸린다. 미국의 반도체 장비 업체는 대중국 봉쇄를 철저히 한다면 적게는 26%, 많게는 35%의 매출 감소를 감내해야 하고 반도체 기업들도 25~60%의 매출 감소를 각오해야 한다.

2022년에 대중국 반도체 봉쇄는 아직 본격화되지 않았기 때문에 반도체 장비 기업과 디바이스 업체의 실적에 큰 영향이 없었다. 하지만 2023년에는 매출 감소와 수익 악화가 본격적으로 나타나고 2024년에는 더 나쁜 상황이 올 수밖에 없다.

미국의 반도체 업체들도 정부파와 시장파로 나누어질 판이다. 중국 견제를 핑계로 보조금의 수혜를 크게 받는 정부파 디바이스 업계와 대중국 수출 금지로 손해를 보고 보조금 수혜를 받지 못하는 소재, 장비 회사 같은 시장파들의 입장은 완전히 다르다. 아이러니지만 실적 악화로 곤경에 빠진 미국 반도체 기업들이 2024년 대통령 선거철에 대중국 봉쇄 제한을 일정 수준으로 풀어야 한다고 로비를 할 가능성도 있어 보인다.

좋은 사례가 배터리다. 바이든 대통령이 IRA법을 통해 중국산을 배제하고 자국산 배터리 혹은 동맹국 배터리를 쓰면 7,500달러 보조금을 준다는 제한을 하자 배터리 생산을 하지 못하는 미국에서는 한국 배터리 업체를 양자로 들이는 전략을 썼다. 하지만 기업은 달랐다. 포드와 테슬라가 중국의 CATL과 합작을 한 것이다. '정부에 정책이 있으면 기업에는 대책이 있다.' 포드와 테슬라는 지분은 100% 미국이 갖고 기술은 CATL의 것을 사용해 배터리를 만들어 'Made in USA' 조건을 충족시키겠다는 것이다. 이는 바이든 정책 물 먹이기다. 기업들이 이런 행태를 보이는 이유는 기업은 국익보다 주주 이익이 우선이기 때문이다.

과거 미국이 일본 반도체를 좌초시키고 일본을 플라자 합의로 엔고를 유도해 죽인 데에는 공화당의 3연속 집권이라는 정책의 일관성이 있었다. 1981년부터 1993년까지 레이건 대통령 2회(1981~89년), 조지 부시 대통령 1회(1989~93년) 총 3기 12년에 걸친 공화당의 연속 집권이 있었기에 가능했다. 미국은 공화당 트럼프 대통령 4년

(2017~21년), 민주당 바이든 대통령 4년(2021~25년), 다음에 다시 공화당 대통령 4년(2025~29년)이 교대로 이어진다면 미국이 일본처럼 중국을 죽이기 위해서는 훨씬 긴 시간이 소요될 수밖에 없다.

지금 미국 바이든 대통령의 지지율이 형편없다. 최근에 집권한 10명의 대통령 중 최악이고 트럼프 대통령보다 낮다. 이 추세라면 2024년 대선에서 바이든의 재선은 어렵다. 표심과 선거자금에 목숨을 걸어야 하는 미국 정치가 실적 악화의 덫에 빠진 기업들의 로비에 흔들릴 가능성을 배제하지 못한다. 미국의 적은 중국이 아니라 미국 내부에 있을 수 있다.

07

레이건 반도체와 바이든 반도체의 다른 점 10가지

미국은 동맹과 우방에게 무한대의 애정을 쏟는 키다리 아저씨 같은 이미지지만 속을 들여다보면 무서운 나라다. 미국의 첨단 기술과 이익을 지키기 위해서라면 동맹도 가차 없이 죽인다. 미국은 제2차 세계대전 때 미국을 공격한 일본을 원자폭탄으로 폭격한 후 다시는 미국에 대들지 못하도록 사지를 묶어 두고 미국에 필요한 가전, 자동차 등 제조업 하청공장으로 만들었다.

미·일 관계에서 미·일 동맹, 즉 미·일 안보 체제는 일본 안보에서 가장 근간이 되는 것이다. 1960년 1월 19일 양국 간에 체결된 미·일 안전보장조약에 그 바탕을 두고 있다. 이것은 냉전 시대에 국가 안보 면에서 최대 위협이었던 구소련으로부터 일본을 지켜내고, 일본에서 민주주의가 발전하게 하고, 일본을 세계 제2대 경제대국으로 성장시킨 1등 공신이다.

전문 및 본문 10개 조항 등으로 구성된 동맹조약에는 '일본에 대한 무력 공격이 있을 경우 미·일 양국이 공동으로 대처'하는 것과 '일본 안전의 기여와 극동에서의 평화와 안전의 유지에 기여하기 위해 미군이 일본의 시설 및 기지 사용을 허가'하는 것 등 미군의 일본 주둔을 명시하고 있다. 일본의 국방은 미국이 쥐고 있다.

1985년 미국의 인텔은 NEC, 도시바, 히타치 등 일본의 6마리 반도체 늑대의 등쌀에 못 견디고 D램 사업을 포기하고 CPU 사업에만 전념하기로 결정했다. 그러나 1980년대에 천하를 호령하던 일본의 반도체 산업은 레이건 정부가 만든 1986년부터 시작된 미·일 반도체 협정의 덫에 걸려 2000년대 들어 세계 반도체 시장에서 사라졌다.

1947년 트랜지스터 개발 이후 1980년대 초까지 미국 기업이 장악했던 반도체 시장은 어느새 일본 천하가 됐다. 1981년부터 시작된 레이건 정부는 당시 전 세계 반도체 매출 TOP 10 기업 중 6개가 일본 기업이라는 데 큰 위기감을 느꼈다. 당시 NEC를 비롯해 도시바, 히타치, 후지쓰, 미쓰비시, 마쓰시타의 6개 일본 기업이 D램 시장의 80%를 차지했고 TOP 10 기업 중 미국 기업은 인텔과 TI, 모토로라 단 3개뿐이었다.

당시 공화당의 레이건 대통령은 일본 반도체 기업의 덤핑이 미국 기업의 경쟁력을 갉아먹고 있다고 압박했고, 미국 언론은 일본 반도체 기업의 저가 공세를 '제2의 진주만 공습'으로 비유하며 미국 정부의 대일본 초강공 정책에 힘을 실었다. 지금 트럼프 대통령과 바이든 대통령의 중국 기업에 대한 언급과 미국 언론의 대중국 보도와 판박이다. 단지 국가만 일본에서 중국으로 바뀌었을 뿐이다.

미국 반도체 기업이 일본 기업으로 인해 절대 수세에 몰리자 미국 정부는 일본 정부를 압박해 강제적으로 일본 점유율을 하향시키는 극단적 조치를 일본 기업에 강요하였다. 1986년 미국은 제1차 미·일 반도체 협정을 맺었고 일본 반도체 업체는 미국에 생산 원가 공개와 자국 내 미국 반도체 업체의 시장점유율을 20%까지 높이는 데 동의했다.

그러나 미국은 일본 정부가 미·일 반도체 협정을 지키지 않는다며 1987년에는 슈퍼 301조(통상법 301조)를 통해 무역 보복을 실시했고,

■ 1980년대 이후 미·일 반도체 점유율

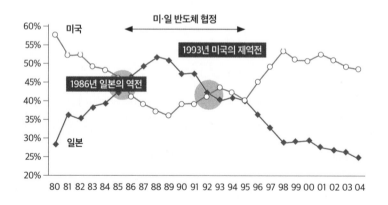

자료: 유노가미 다카시 저, 임재덕 역, 『일본 전자·반도체 대붕괴의 교훈』, 성안당, 2019년.

이어 1996년까지 이어지는 제2차 미·일 반도체 협정을 맺었다. 여기에 1985년부터 시작된 플라자 합의에 따른 엔고가 가세하는 바람에 가격경쟁력이 크게 훼손되어 일본 반도체 회사들은 결국 도태되고 말았다. 그러나 이는 뒤따라오던 한국의 삼성이 도약하는 결정적 계기가 되었다.

미·일 반도체 협정의 결과로 1997년 인텔은 세계 1위 반도체 기업의 자리를 되찾았고, 그 이후 2020년까지 1위를 지켰다가 2021년부터는 한국의 삼성에 1위를 내주고 있다. 2020년 전 세계 반도체 매출 TOP 10 기업에서 일본 기업들의 이름은 사라졌고, 도시바의 메모리

■ 세계 반도체 업체 순위 추이(1987~93)

분야	1987년	1988년	1989년	1990년	1991년	1992년	1993년
1	NEC	NEC	NEC	NEC	NEC	인텔	인텔
2	도시바	도시바	도시바	도시바	도시바	NEC	NEC
3	히타치	히타치	히타치	모토로라	인텔	도시바	모토로라
4	모토로라	모토로라	모토로라	히타치	모토로라	모토로라	도시바
5	TI	TI	TI	인텔	히타치	히타치	히타치
6	후지쯔	후지쯔	후지쯔	후지쯔	TI	TI	TI
7	필립스	인텔	미쓰비시전기	TI	후지쯔	후지쯔	삼성
8	NS	미쓰비시전기	인텔	미쓰비시전기	미쓰비시전기	미쓰비시전기	후지쯔
9	미쓰비시전기	미쓰비시전기	미쓰비시전기	필립스	미쓰비시전기	필립스	미쓰비시전기
10	인텔	필립스	필립스	미쓰비시전기	필립스	미쓰비시전기	IBM

자료: 코트라 도쿄 무역관

사업부에서 사명을 변경한 키옥시아 정도가 12위 수준에 머물러 있을 뿐이다. 1980년대 세계 TOP 10에 여섯 자리를 차지했던 일본 기업들의 자리에는 인텔을 비롯해 마이크론, 퀄컴, 브로드컴, 엔비디아, TI의 6개 미국 기업이 차지했다.

결국 미국의 레이건 정부가 1980년대 세계 최강이었던 일본 반도체를 죽인 것은 엔고와 반도체 협정이었다. 2023년 미국 바이든 정부는 대중국 반도체 봉쇄와 한국과 대만 기업의 대미국 투자 유치 지원책과 대중국 투자 제한의 가드레일 조항을 발표했다.

중국은 미국의 반도체 기술과 일본·유럽의 장비가 봉쇄되면 과거 일본의 전철을 밟을 수밖에 없다. 미국은 1986년에 일본에 요구했던 일본 반도체 기업들의 원가 공개와 시장점유율 제한을 통한 생산 통제를, 2023년에 한국과 대만 기업에 똑같이 요구하고 있어 한국과 대만의 고민이 깊다. 미국의 이익이라면 어떤 무리수라도 동원하는 반도체 정책에서 미국은 38년 전이나 지금이나 변한 게 없다.

2023년 바이든의 반도체와 1986년 레이건의 반도체는 정책은 똑같이 미국우선주의지만 문제는 정치 상황이 다르고 미국이 타도 대상으로 삼은 중국은 1985년의 일본과 10가지 부문에서 다르다는 데 있다.

첫째, 정책의 일관성이다. 미국의 일본 죽이기가 성공한 정치적 상황은 12년간 공화당이 집권해 대일본 정책에 일관성이 유지되었다. 반도체는 4년 주기 사이클이 적어도 3번 정도 지날 때까지 잡아야 상대를 완전히 죽일 수 있다.

미국은 2018년 트럼프 대통령부터 중국 때리기를 시작했지만 바이든의 대중국 정책은 트럼프의 대중국 정책을 홀랑 접었다. 2024년에 미국은 대선이 있지만 지금 바이든과 집권당의 지지율을 보면 공화당(트럼프)→민주당(바이든)→공화당(?)의 수순으로 갈 가능성이 커 보인다. 4년마다 한 번씩 대중국 정책 기조가 흔들리면 중국을 좌초시키기 어렵다.

둘째, 중국의 맷집이 1985년 일본과 비교하면 13배나 커졌고 대미국 의존도는 절반 수준으로 낮다. 중국은 일본과 달리 금융시장이 개방되어 있지 않아 미국의 최대 강점인 금융을 무기로 쓰기 어렵다. 그리고 지금 미국의 리더십을 보면 미국이 동맹으로 중국을 공격한다고 하지만 플라자 합의 같은 강한 대중국 금융동맹을 이끌어낼 가능성이 작다.

결정적인 것은 일본과 달리 중국은 외교와 국방을 미국에 의존하지 않는다는 것이다. 일본이 미국의 말도 안 되는 조건의 엔고와 미·일 반도체 협정을 찍소리 없이 받아들인 이유는 단 한 가지다. 국가 안보를 미국에 의존하고 있었기 때문에 목에 칼을 들이대고 안보를 무기로 위협하는 미국을 당할 수가 없었기 때문이다.

지금 미국의 반도체 정책은 표면상으로는 중국을 겨냥하지만 실제 속내는 한국과 대만의 생산 기술을 미국으로 내재화하는 것이다. 미국은 중국에는 써먹지 못하는 안보를 중국 본토와 대치 상황인 대만, 남북이 대치 상황인 한국에 무기로 사용할 가능성이 커 보인다.

■ 레이건 시대 일본과 바이든 시대 중국이 다른 점 10가지

	분야별		일본(1985)	중국(2022)	중국/일본(배)
1	대미국 수출 의존도		39%	22%	0.6
2	대미국 흑자 비중		99%	50%	0.5
3	인구(억 명)		1.3	14.3	11.0
4	경제 상호 의존성		중간(공장)	강함(공장+시장)	
5	환율 제도		변동환율	관리변동환율	
6	환율, 국제적 합의		플라자 합의	없음	
7	국제무역분쟁조정기구		GATT	WTO	
8	외교		미·일 동맹, 주종 관계	없음	
9	군사력	핵무기(기)	-	350	
		군사비(억 달러)	131	2,934	22.4
10	경제력	1인당 GDP (억 달러)	11,580	12,970	1.1
		GDP 총액 (조 달러)	1.4	18.3	12.8
		미국 대비 GDP 규모	33%	73%	2.2

자료: 중국경제금융연구소

08

미국의 Chip4는
구멍 숭숭 뚫린 그물이다

미국의 Chip4 동맹은 중국을 고립시키는 데 최고의 묘수지만 안을 들여다보면 구멍이 숭숭 뚫린 그물이다.

첫째, 경쟁자들끼리의 동맹은 필연적으로 내부 불화가 있을 수밖에 없다. 미국의 인텔과 한국의 삼성은 세계 1위를 놓고 싸우고, 대만의 TSMC와 한국의 삼성은 파운드리에서 싸우고, 미국의 마이크론과 한국의 삼성·SK하이닉스는 메모리를 놓고 싸우는 관계다. 적들끼리의 동침은 이해관계가 걸리면 언제든 돌아눕는다.

미국은 Chip4 동맹이라는 말을 쓴 적 없고 Fab4라고 한다지만 동맹이 아니라면 Chip4는 그냥 각자 노는 의미 없는 구호일 뿐이고 이 정도로는 중국을 봉쇄하지 못한다. 하여간 Chip4 동맹은 안을 보면 동맹alliance이 아닌 경쟁자들을 모아 놓은 반도체 업자 조합association이다. 경쟁자끼리는 한 팀을 만들어 승리하기 어렵다. 그리고 미국은 한국, 대만에서 빌린 기술로 1등은 하지 못한다. 테슬라를 흉내 낸다고 세계 1위의 전기차 회사가 되는 것은 아니다.

둘째, 기술은 시장을 이기지 못한다. 기술은 미국이 쥐고 시장은 중국이 쥐고 있다. 한국과 일본의 소부장 전쟁에서 봤듯이 일본 정부의 시장을 없애는 봉쇄 정책은 결국 자국 기업을 독 안에 든 쥐로 만든다. 미국 정부가 중국 반도체를 봉쇄하기 위해 반도체법, Chip4 동맹을 부르짖는데 정작 애플은 스마트폰에 들어가는 메모리 제품을 중국의 YMTC로부터 공급받기로 했다가 미국 정부의 압력으로 일단 취소했다. 미국 정부가 뭐라고 해도 기업은 자기 이해관계에 따라 행동한다.

셋째, 40년 전에 해외로 나간 반도체 산업을 4년 만에 되돌릴 수는 없다. 4~5년 주기로 어공(정치권 출신 공무원) 정부끼리 하는 정치 동맹은 오래 가지 못한다. 수명이 4~5년이다. 바이든 정부 이후에도 정책의 일관성이 있을지 의문이다. 50년 된 4년 주기 실리콘 사이클의 주기 법칙을 깨 버리고, 그간 완벽하게 구축된 산업 생태계와 국제 분업의 구조를 허물고, 각자가 반도체를 만들겠다고 투자하면 2027년 이후 세계 반도체 시장은 엄청난 공급 과잉과 자원 낭비로 신음할 수밖에 없게 된다. 정부가 시장의 실패를 고치는 것이 아니라 잘 돌아가는 시장 메커니즘에 손을 대서 시장의 실패를 만드는 불상사가 생길 수 있다.

넷째, 원자재 공급망을 잘못 건드리면 진짜 핵폭탄이다. 코로나19와 러시아-우크라이나 전쟁으로 산업 생태계의 갑과 을이 바뀌었다. 제품 생산 능력과 생산하는 기술력이 갑질을 하던 시대는 가고 완벽한 을이었던 원자재와 광물이 갑질을 하는 시대로 바뀌었다.

자동차에서 한국도 경험했지만 플라스틱 사출 부품 하나, 요소수하나에 자동차 업계와 운송 업계가 마비되는 시대가 왔다. 미국의 기술, 한국의 생산이 갑이 아니라 중국을 포함한 후진 개도국의 원자재가 갑이다. 중국이 원자재로 공급망의 복수를 할 때 대안이 있는지를 따져 봐야 한다. 특히 한국의 경우 반도체의 화풀이 대상이 배터리가 될 수 있다. 배터리의 핵심 원자재의 80% 이상을 중국에 의존하고 있기 때문이다.

PART 4

탁란(托卵) 전략의
대만은
어부일까 닭일까?

01

반도체로
대만 1인당 국민소득이
한국을 넘었다

한국은행이 2023년 3월 7일 발표한 '2022년 연간 국민소득(잠정)' 통계에 따르면 지난해 한국의 1인당 국민소득은 3만 2,661달러로 2021년 35,373달러보다 7.7% 줄었다. 한국은행에 따르면 대만 동세청이 공개한 2022년 대만 1인당 국민소득은 3만 3,565달러로 한국보다 904달러 높았다. 한국의 1인당 국민소득이 대만에 뒤진 것은 2002년 이후 20년 만에 처음이다.

대만의 1인당 국민소득이 한국을 추월한 1등 공신은 반도체다. 2012년까지만 해도 대만의 1인당 국민소득은 한국의 83% 선에 그쳤지만 코로나19가 터진 2020년 이후 한국은 저성장한 반면 대만은 반

자료: IMF, World Economic Outlook, 2023. 4.

도체 수요 급증에 힘입어 고성장을 이어가 2022년에는 101%에 도달했다.

대만은 시총 상위 10사 중 6개 기업이 반도체와 IT 기업이다. 파운드리 반도체 업체 세계 1위 업체인 TSMC를 중심으로 한 대만의 반도체는 대만 총수출의 40% 이상을 견인하는 대만 경제의 성장 엔진이다. 한국을 제친 대만의 1인당 국민소득은 2020년 코로나19 이후 재택근무 확산으로 전 세계로부터 IT 제품 수요가 늘면서 대만의 반도체와 IT 산업이 호황을 누린 영향이 가장 크다.

시총 1위인 TSMC는 글로벌 파운드리 시장에서 점유율 58.5%로 1위이고 2위인 삼성의 15.8%보다 42.8%p나 더 큰 회사이다. 그밖에 대만의 파운드리 업체를 보면 세계 3위인 UMC도 6.3%를 차지했고 7위인 PSMC도 1.2%를 차지해 전 세계 파운드리 시장에서 대만 업체의 비중은 67%나 된다.

2023년 3월 현재 TSMC의 시가총액은 4,640억 달러로 세계 시총 순위 11위이다. 세계 1위 반도체 매출액을 자랑하는 삼성전자는 시총 3,133억 달러로 세계 25위에 그치고 있다. TSMC의 시총은 삼성보다 1,507억 달러나 더 많고, 이는 세계 시총 67위인 버라이즌의 시총과 맞먹는 크기다.

한국을 추월한 대만의 오늘은 TSMC가 만들었다. 아이러니지만 TSMC는 중국 공산당이 만들었고 미국과 중국의 기술 전쟁이 TSMC를 스타로 만들었다. TSMC는 장충모 회장이 없었다면 존재하지 못했다.

TSMC 장충모 회장은 1931년에 저장성 닝보에서 태어났다. 국민당을 지지하는 부모를 따라 공산당의 핍박을 피해 홍콩과 대만으로 이주했고, 미국 하버드대에 입학했다가 다시 MIT에서 공부했다. 1958년부터 1983년까지 25년간 TI에서 일했고 부사장을 역임했다. 25년간 TI에서의 경험과 실력을 기반으로 대만 정부의 부름을 받고 돌아와 1987년 TSMC를 창업해 오늘날 세계 최고의 파운드리 업체를 만들었다.

■ 세계 파운드리 업체 점유율(2022. 4Q)

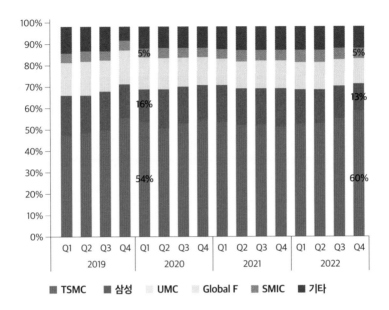

자료: TrendForce

　　중국 공산당의 핍박을 피해 미국의 반도체 업계에서 자리 잡았던 장충모 회장은 대만의 반도체 산업을 이끌었고, 미·중이 반도체 전쟁을 벌이면서 이젠 미국과 중국이 서로 TSMC의 공장을 절절히 원하게 되면서 대만을 슈퍼 을의 위치로 올려놓았다. 지금 중국의 목을 조르는 대만 반도체는 결과적으로 중국 공산당이 장충모를 통해 탄생시켰고 미국이 키운 것이다.

02

대만은
'반도체를 품은 닭'이다

'원숭이를 길들이려고 닭을 잡아 피를 보여 준다.'는 말이 있다. 미·중의 전쟁에서 사드 사태 때는 한국이 닭이었지만 이번 반도체 전쟁에서는 대만이 닭이 되었다. 중국은 힘센 미국을 때리는 대신 만만한 대만을 때리기 시작했다. 중국은 펠로시 미국 하원의장의 대만 방문 이후 대만으로부터 농산물 수입과 모래 수출을 제재하고 대만산 부품에 대만산이라는 원산지 표시를 제재하는 등 수입에 바로 제동을 걸었다.

미국이라는 든든한 병풍을 가진 대만은 한편으로는 든든하지만 법보다는 주먹이 무섭다는 것을 실감했다. 미국의 펠로시 의장이 떠나자마자 중국의 미사일이 대만 상공을 날아다니고 연근해까지 중국 전함이 몰려왔지만 미국은 이를 방관했다. 결국 국가 안보는 자기가 지키는 것이지 구걸로 얻을 수 있는 것이 아니다.

지금 미국은 7nm 이하 첨단 반도체를 만들지 못한다. 세계 7nm 이하 첨단 반도체는 한국의 삼성과 대만의 TSMC가 만들고 있는데 미국은 대만의 파운드리가 없으면 첨단 반도체가 없어 4차산업혁명에 차질이 생길 판이다. 정치인인 펠로시 미국 하원의장이 대만 기업인인 TSMC CEO와 면담한 이유도 바로 이 때문이다.

대만이 미국의 보호를 받는 중요한 이유 중의 하나는 첨단 반도체를 품고 있기 때문이다. 대만 영해와 가까운 지역에 TSMC의 첨단 반도체 공장들이 있는데, 이번 중국의 대만 지역 실탄 공격 훈련을 보면 첨단 반도체 공장 모의 폭격 실험이라고 해도 과언이 아닐 정도다. 매출액 750억 달러인 대만의 TSMC가 라인 하나당 170~250억 달러 이상 들어가는 첨단 반도체 공장을 미국에 6개나 짓겠다고 떠벌리는 것도 이 때문이고, 미국이 대만에 무기 판매와 유사시 군사 개입을 고려하는 것도 이 때문이다.

대만은 지금 미·중의 반도체 전쟁에서 어부지리를 얻는 것이 아니라 '반도체를 품은 닭'의 신세다. 만약 중국의 실탄 공격 훈련을 빙자해 TSMC의 첨단 공장 부근에 유탄 하나만 떨어트려도 대만 반도체는 난리 날 상황이다. 중국이 대만과 전면전 대신 군사 훈련을 가장해 TSMC의 반도체 공장만 정확히 타격해도 미국 IT 업계는 난리가 날 것이다.

■ 중국의 '대만 봉쇄' 군사훈련(4일)

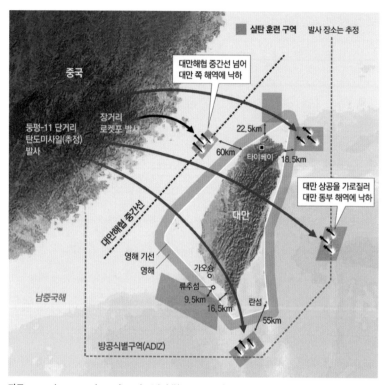

실탄 훈련 구역   발사 장소는 추정

중국

대만해협 중간선 넘어
대만 쪽 해역에 낙하

둥펑-11 단거리
탄도미사일(추정)
발사

장거리
로켓포 발사

22.5km

60km

타이베이   18.5km

대만 상공을 가로질러
대만 동부 해역에 낙하

대만

대만해협 중간선

영해 기선

영해

가오슝

류추섬

남중국해

9.5km
16.5km

란섬

55km

방공식별구역(ADIZ)

자료: www.donga.com/news/Inter/article/all/20220805/114817198/1

03

중국은 대만을 무력 침공할 수 있을까?

중국은 세계 2위의 경제대국이지만 한국과 마찬가지로 분단국가다. 중국은 대만을 통일하는 것이 건국대업의 완성이라고 한다. 그러나 경제적으로는 반도체를 빼면 대만은 중국에게 별 의미가 없다. 대만의 역사를 보더라도 중국 본토가 제대로 대만을 통치했던 적이 별로 없다. 오로지 공산당의 적수였던 국민당의 세력이 대만에 있기 때문에 조국 통일의 대업 완성이라는 명분 때문에 대만통일에 집착하는 것이다.

중국의 당대회나 여러 정부의 문건을 보면 중국은 항상 상투적으로 쓰는 일국양제一国两制를 통한 대만의 평화통일을 주장한다. 2022

년 10월 시진핑의 당대회 보고 중 홍콩, 마카오, 대만과의 양안 관계 관련하여 465자의 언급이 있었다. 대만 관련 부분 주요 내용을 보면 무력통일이 주가 아니고 양안 관계의 원론적 언급이다. 평화통일을 위해 노력하지만, 단서 조항으로 외부 세력이 통일을 방해한다면 무력 사용을 포기하지 않는다는 내용이다.

서방 언론에서는 중국이 대만을 무력통일한다는 쪽으로 기사를 썼지만 이는 단서조항만을 확대 해석한 것으로 보인다. 이 내용의 진짜 의도는 미국이 대만에 군사 지원을 하면 중국도 군사적 대응을 한다는 얘기다.

그러나 현재와 같은 군사력으로는 중국이 미국과 붙는다면 백전백패다. 실력 떨어지는 중국이 무력통일을 하겠다는 것보다는 미국의 개입을 경계하는 목소리라고 보는 것이 타당할 것 같다.

그래서 중국은 대만통일에 대해 말은 세게 하지만 미국이 병풍처럼 서 있기 때문에 구체적인 행동을 하기는 어렵다. 그리고 전쟁은 은밀하고 신속하게 공격하는 것이지 뉴스를 내보내고 하는 것이 아니다. 지금 중국의 대만통일에 대한 대대적 홍보는 진짜 공격하겠다는 것이 아니라 선전선동에 강한 중국의 대국민 홍보전이고 대대만 심리전이다. 그리고 언론에 난무하는 중국의 2025년, 2026년, 2027년 대만 공격 시나리오는 100% 미국산이지 중국산이 아니다.

중국이 대만을 무력으로 공격하기 어려운 이유는 다음과 같다.

첫째, 중국의 대만 공격은 미국의 대만관계법을 통해 미국의 자동 개입을 부른다.

■ **미국이 언급한 중국의 대만 공격 시기 예측**

	기관	발표일	공격 시기
미국	마이클 매콜 / 미국 하원 외교위원장	2023.2.17.	2025
미국	자유아시아방송(RFA), The World After Taiwan's Fall	2023.2.15.	2025
미국	마이크 미니한 / 미국 공군 대장	2023.1.27.	2025
미국	전략국제문제연구소(CSIS), The First batter of the next war	2023.1.9.	2026
미국	마이클 길데이 / 미국 해군 참모총장, 애틀랜틱카운슬 토론회	2022.10.19.	2027
대만	우자오셰 대만 외교부장 / 영국 스카이뉴스와의 인터뷰	2023.1.18.	2027
미국	필립 데이비슨 / 미국 인도태평양사령관, 상원 군사위원회 청문회	2022.3.	2027

자료: 각종 언론 자료, 중국경제금융연구소

둘째, 반도체 방패를 가진 대만의 반도체 산업 역시 미국의 자동 개입을 부른다. 반도체를 품은 닭인 대만을 지키려고 미국이 바로 달려올 것이기 때문이다. 지금 대만을 지키는 것은 미국의 무기가 아니라 대만의 첨단 파운드리 반도체 공장이다.

셋째, 지금 중국의 실력을 보면 군사력에서 게임이 안 된다.

넷째, 중국의 대만 공격은 필연적으로 일본의 개입을 부른다. 대만과 인접한 일본의 안보 위협에 일본이 절대 가만히 있지 않을 것이기 때문이다. 대만해협, 더 나아가 중국이 점유한 남사군도에서도 중국은 미국과 대치하고 있다.

다섯째, 이 지역은 중국과 대만 문제가 아니라 동북아 국가들의 해상 안보, 에너지 안보, 식량 안보 문제가 걸려 있다. 대만해협의 긴장은 대만, 중국의 문제일 뿐만 아니라 한국, 일본과 같은 동아시아 국가들의 물류망 위협이기도 하다. 대만 문제는 단순한 양안 관계가 아니라 동북아 전체, 더 나아가 미국과의 전쟁이기 때문에 중국은 대만을 쉽게 공격하기 어렵다

미국은 공화당 의원들의 발의로 '대만 무기대여법Taiwan Democracy Defense Lend-Lease Act'을 준비하고 있다. 만약 중국이 대만을 공격하면 대만이 미국의 첨단 무기를 사용해 본토에 대항할 수 있게 만드는 것이다.

바이든 정부의 펠로시 하원의장의 대만 방문 만류에도 불구하고 펠로시가 대만 방문을 강행한 것이 미국의 정치 난맥상처럼 보이지만 본질은 미국의 국익에 불리하지 않다는 것이다. 펠로시 하원의장의 방문은 대만의 공포를 이용한 미국의 실리와 명분 두 마리 토끼를 다 잡는 묘수였다. 중국의 과격한 행동을 유도하고 중국의 무력 시위가 강해질수록 미국은 대만에 무기를 더 팔고 돈을 챙길 수 있기 때문이다

그리고 미국은 중국의 대만 침공을 노래 부르지만 냉정하게 보면 중국의 입장에서는 대만의 공격 지연, 대만통일 지연은 닭을 키우는 전략이다. 반도체에서 중국이 독자 개발하려면 10~20년 걸려도 어려울 기술을 3~5년이면 완성하는 대만을 다치기 않고 먹으면 반도체에서 미국을 추월한다. 겁을 주려면 실탄 공격 훈련을 할 때 오발탄 하나를 TSMC 공장에 떨어트리면 된다. 대만의 공포는 극에 달하

고 미국이 오발탄에 중국을 바로 공격하기는 명분이 약하다.

미국은 중국의 금융을 먹고 중국은 대만 반도체를 먹고 싶다. 그러나 빨리 먹다 보면 체한다. 그리고 가만두면 동화 속에 나오는 잭의 콩나무처럼 커지니 일찍 먹을 필요가 없다. 중국은 대만 반도체가 더 커졌을 때 먹으면 된다. 빨리 서두를 이유가 없다.

중국은 대만의 독립을 좌시하지 않겠지만, 미국도 중국의 대만 무력통일을 절대 좌시하지 않을 것이다. 미·중 지도자의 입장에서는 대만의 현상 유지가 최선이다. 이는 정치인 시진핑이나 바이든 개인의 정치 이익의 극대화다. 정치적으로 보면 미국이나 중국이 대만을 빨리 통일할 이유가 없다.

중국 입장에서는 여러 가지 골치 아픈 복잡한 문제를 수반하는 대만 무력통일보다 친미 성향 민진당 정부를 낙마시키고 친중 성향 국민당 정부를 세우는 것이 훨씬 좋은 전략이다. 중국은 경제 교류 확대와 관광 확대 같은 방법을 통해 대만에 경제적 이득을 크게 제공함으로써 대만 내 친중 세력을 키워 민진당을 퇴출시키고 친중 성향 국민당 정부를 세우는 것이 대만의 무력 침공보다 훨씬 쉽고 비용도 싸게 먹힌다.

이는 미국과 대만의 갈등을 유발하고 대만 내 친중, 반중의 편 가르기를 가져와 대만 내부의 분열을 획책할 수 있기 때문이다. 2023년 양회의에서 대만 담당 외교책임자를 당에서 대외연락부장을 역임한 송타오로 교체한 것도 무력통일보다는 경제 교류를 통한 영향력 행사와 소프트파워를 통한 중국 본토의 이익 극대화를 꾀하기 위한 것으로 보인다.

2023년 3월 27일 대만의 마잉주馬英九 전 총통이 1949년 국공내전에서 국민당이 패해 대만으로 들어간 이후 74년 만에 대만의 최고위 지도자로는 처음으로 중국을 방문했다. 형식은 마잉주 전 총통이 후난성 상탄의 종가를 방문하는 개인 일정이었지만 중국 공산당 대만 판공실과 상하이시 책임자들이 마잉주 전 총통을 영접했다. 반면 민진당의 차이잉원蔡英文 현 총통은 3월 29일부터 중남미 방문길에 미국을 방문했다.

2024년 1월의 대만 선거에서 중국은 친미 반중 성향의 차이잉원 현 총통과 달리 대중국 온건파인 국민당의 마잉주 전 총통을 통해 양안화해=국민당, 양안갈등=민진당의 구도로 선거정국을 만들어 친중 정권을 세우고 싶어 했다. 마잉주 전 총통은 2008~16년 대만의 12, 13대 총통을 역임했고, 2015년 11월에는 싱가포르에서 시진핑 주석과 역사적인 양안정상회담을 했던 인물이다.

04

미국은
실리와 명분을 다 챙겼다

국가 간의 협약이든 조약이든 약속이든 그 이행은 힘 있는 자의 의지이지 약한 자의 항변이 먹히는 것이 아니다. 중국 대륙을 대표하는 나라는 '사회주의 중국' 하나라는 '하나의 중국^{one china policy}'의 원칙을 약속한 것도 미국이고 이 약속을 깬 것도 미국이다. 2022년 8월 펠로시 미국 하원의장의 대만 방문 사태로 중국은 아직 힘이 부치는 '약한 대국'의 전형을 보여 주었고 미국은 실리와 명분을 둘 다 챙겼다.

미국은 1979년 중국과 수교 후 대만과 단교하면서 중국을 중국 대륙을 대표하는 유일한 국가라는 '하나의 중국' 원칙을 인정했지만 미국 국내법으로 대만에 무기 공급과 대만의 안전을 보장하는 '대만관계법(1979)'을 통과시켜 유사시 언제든 대만에 '자동 개입할 수 있는 조건'을 만들어 두었다.

미국의 대대만 관련 법안과 주요 조치

- 1979년 대만관계법: 대만 안보 보장

- 2017년 대만안전법: 미·대만 간 무기 교역

- 2018년, 2019년 국방수권법: 미 군함 대만 정박의 법적 근거

- 2019년 국방부 보고서: 대만 국가로 언급

- 2020년 대만보증법: 대만에 무기 판매 정례화

- 2022년 국무부 홈페이지: 대만은 중국의 일부라는 문구 삭제

■ 중국의 반국가분열법과 미국의 대만관계법 주요 내용 비교

명칭	반국가분열법(중국)	대만관계법(미국)
입법 취지	- 대만 독립 분열 저지 - 대만해협 평화 안정	- 서태평양 지역(대만해협) 평화 안정 - 미·대만 간의 상업적·문화적 관계 지속
주요 내용	- 대만은 중국의 일부분으로 국가 통일은 중국의 내정 - 외국 세력의 간섭 불용 - 평화통일 조건이 완전 소멸되면 비평화적 방식과 필요한 조치 취함 - 이 조치는 국무원과 중앙군사위가 결정하고 전인대 상무위원회에 사후 보고	- 대만해협의 평화와 안정은 미국의 정치, 안보, 경제적 이익과 부합 - 대만의 미래를 비평화적으로 결정하려는 어떠한 조치도 미국의 심각한 우려 사항 - 대만에 방어용 무기 판매 - 미국 대통령과 의회는 대만이 위협을 받을 경우 헌법 절차에 따라 적절한 조치 취함
비고	2005년 3월 8일 전인대 회의에 법안 상정	1979년 4월 10일 제정

자료: www.donga.com/news/Inter/article/all/20050309/8167477/1

■ '하나의 중국'을 둘러싼 미·중 간 갈등 사례

2016년 12월	트럼프 미국 대통령 당선인, 차이잉원 대만 총통과 전화 통화(1979년 미·대만 단교 이후 처음)
2019년 7월	트럼프 행정부, 대만에 에이브럼스 전차 등 첨단 무기 판매 승인
2021년 8월	바이든 행정부, 미국 주력 팔라딘 자주포 등 대만 판매 승인
2021년 10월	바이든 대통령, '미국은 중국 공격에서 대만 방어할 것'. WSJ, '미국, 비밀리에 대만군 훈련시켰다' 보도
2022년 2월	바이든 행정부, 대만에 패트리어트 미사일 등 판매 승인
2022년 4월	국가서열 3위 낸시 펠로시 미국 하원의장 대만 방문 발표(코로나19 감염으로 일정 연기)
2022년 5월	미국 국무부, 홈페이지에서 '대만은 중국의 일부' 표현 삭제

그러나 2018년 미·중 관계가 악화되기 전까지는 대만관계법은 큰 의미를 갖지 못했다. 하지만 미·중 전쟁 이후 미국은 2018년 미국 공직자들의 자유로운 대만 여행을 허가하는 '대만여행법Taiwan Travel Act 2018'과 2020년 대만에 무기 수출을 상례화 하는 '대만보증법Taiwan Assurance Act 2020'을 통과시켰다.

미국은 2018년 군사적으로도 미국 군함이 가오슝에 정박하도록 법적 근거를 마련한 국방수권법에 서명하였고, 2019년 6월 7일 미국 국방부 보고서에서 대만을 국가로 언급하는 내용까지 나왔다. 2022년 5월 미국 국무부 홈페이지에서 '대만은 중국의 일부'라는 문구도 삭제했다.

대만여행법 통과 이후 미국은 2018년 3월 알렉스 웡 미국 국무부

동아태 부차관보가 첫 대만 방문을 했다. 2020년 8월 앨릭스 에이자 미국 보건복지부 장관이 타이베이를 찾았고, 9월에는 키스 클라크 국무차관이 중국의 거센 반대를 무릅쓰고 대만을 방문했다. 2020년 11월 미국 환경보호청^{EPA} 앤드루 휠러 청장이 대만을 방문했고, 2022년 3월 전직 미국 고위관리들이 대만을 방문했다. 2022년 4월 미국 상원의원단이 대만을 방문했고, 2022년 8월 펠로시 하원의장이 대만을 방문했다.

미국은 1977~2022년 대만에 871억 달러 이상의 무기를 판매했고, 트럼프 정부 들어서도 184억 달러어치 무기를 판매했다. 바이든 정부 들어서도 2021년 8월 7억 5,000만 달러, 2022년 2월 1억 달러어치 패트리어트 미사일을 판매했고, 2022년 6월에도 해군함정 관련 부품 1억 5,000만 달러 등 11억 달러어치를 판매했다.

대만과 중국의 긴장 관계를 나타내는 양안위험지수를 보면 양안지수가 높아질 때마다 클린턴, 부시, 트럼프 대통령은 대만에 거액의 무기를 팔아 돈을 챙겼다.

중국은 미국의 이런 '하나의 중국'원칙을 깨는 법안 제정, 고위급의 대만과 교류, 무기 판매에 대해서 외교부와 관영 매체를 통한 험악한 말대포만 쏘았지 제대로 된 대항을 한 적이 없었다.

반면 미국은 시시때때로 대만 문제를 들고 나와 중국을 자극하고 중국의 반응이 격해지고 군사행동도 불사한다는 언급이 나오면 대만에 무기를 팔아 돈을 챙겼다. 펠로시 미국 하원의장의 대만 방문은 중국이 뭐라고 떠들던 미국 마음대로 한다는 것을 전 세계에 보여 주었고, 미국은 펠로시가 떠난 후 중국이 대만에 대해 실탄 공격 공격 훈련을 하자 대만에 또 무기를 팔아 돈 챙길 기회를 잡았다.

■ **양안위험지수**

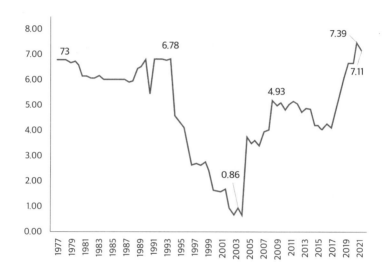

자료: 중국해협연구소

■ **미국의 대대만 무기 판매(억 달러)**

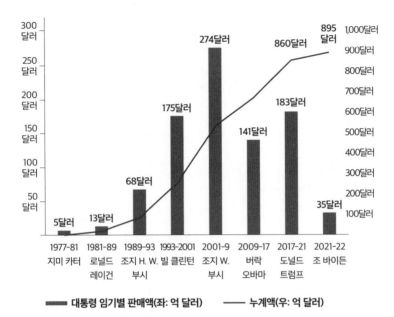

자료: en.wikipedia.org/wiki/List_of_US_arms_sales_to_Taiwan

05

중국이 버스 떠난 뒤에 미사일을 쏜 진짜 이유

중국은 '하나의 중국' 원칙에 민감하다. 중국은 중국 대륙을 장악했지만 국민당이 이주한 대만을 장악하지 못하면 완전한 중국 대륙의 통일은 이루어졌다고 할 수 없다. 그래서 대만 문제는 외교부가 아니라 시진핑이 직접 담당할 정도로 중요성이 높다. 미국이 시시때때로 대만 문제를 거론할 때마다 중국이 난리를 치는 것은 이 때문이다.

2022년 8월 펠로시 미국 하원의장의 대만 방문을 두고 외교부와 주석까지 나서서 "대만을 가지고 불장난 하다가는 타 죽는 수가 생긴다."는 격한 표현을 써 가며 반대했지만 미국은 들은 척도 하지 않았다. 중국의 관영매체에서는 펠로시 하원의장이 탄 비행기를 격추

해야 한다는 말까지 했지만 펠로시는 아무 이상 없이 대만에 도착했고 일정을 소화한 후 유유히 대만을 떠났다.

중국의 경제력은 미국의 76%에 달하는 거대 국가지만 군사력은 37% 수준에 그친다. 중국은 제조업은 미국의 171%, 수출은 152%로 제조업을 기반으로 한 수출경쟁력은 미국을 넘어서지만 군사력에서는 아직 미국의 상대가 되지 못한다.

중국에 힘이 있었다면 펠로시의 대만 방문을 사전 차단했겠지만 아직 그럴 힘이 없다. 펠로시가 떠나자 대만을 둘러싼 6개 지역을 지정해 실탄 공격 공격 훈련을 시작했다. 펠로시가 떠난 뒤에 미사일을 쏘고 난리를 친 것은 미국과 직접적인 대결을 피하기 위해서였

■ **미국 대비 중국의 실력(미국=100%)**

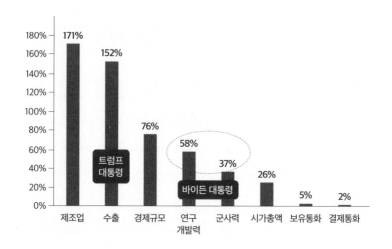

자료: WB, IMF, SWIFT, STATISTICA 자료로 중국경제금융연구소

다. 이것이 아직 몸집만 컸지 근력은 떨어지는 중국의 맨 얼굴이다.

중국이 지금 당장 군사력으로 미국과 붙는다면 승부는 뻔하다. 미국은 대만을 이용해 중국의 도발을 유도해 중국을 한방에 때려눕힐 속셈이지만 중국은 지는 싸움을 하지 않으려는 것이다. 중국은 힘이 부치기에 얼굴은 붉히지만 주먹은 내지르지 않는다. 힘을 기른 다음 적을 치겠다는 속셈이다.

미국과 중국은 2018년 미·중 전쟁 이후 대화를 제대로 한 적이 없다. 2022년 8월 펠로시의 대만 방문 이후 중국은 3개의 군사 채널 협력을 중단하고 기후 변화, 불법이민자, 사법 협력, 다국적 범죄 협력, 마약 퇴치 협력의 총 5개 항목에서 미국과의 협상 채널을 잠정 중단한다고 발표했다. 하지만 이것들은 애초부터 미·중 관계에 획기적인 새로운 변화를 줄 사안은 아니다. 중국은 이번에도 외교와 경제 채널은 건드리지 않았다.

미사일 공격과 항공기의 영공 침범은 중국 대내용과 대만 위협용이다. 중국은 미국이 있으면 말 대포를 쏘지만 미국이 없으면 진짜 대포를 쏜다는 것을 대만에 보여 주고, 20대 당대회를 앞두고 미국의 도발에 그냥 있으면 체면이 깎이기 때문에 대만섬을 가로지르는 미사일로 중국의 힘을 14억 인민에게 보여 준 것이다. 대만 실탄 공격 훈련을 통해 '전쟁 중에는 장수를 바꾸지 않는다.'는 전법을 활용해 시진핑 주석이 3연임한 것의 당위성을 높이는 데도 활용할 수 있기 때문이다.

국민들에게 전쟁 위험을 부각시키면 모든 정치 이슈가 수면 아래로 가라앉고 어떤 명분도 이를 넘지 못한다. 그리고 사분오열된 민심을 한 방향으로 쉽게 통일시킬 수 있고, 전쟁에는 장수를 함부로 바꾸지 않는다는 논리로 집권 연장을 쉽게 꾀할 수 있다.

반도체라는 첨단 기술에서도 중국은 어둠 속에서 힘을 길러 도광양회韜光養晦를 통해 대만의 첨단 반도체 공장을 손상 없이 날로 먹으면 미국을 추월하는 기막힌 지렛대를 얻게 된다. 대만은 지금 '황금알을 낳는 거위'지만 시간이 더 흐르면 더 정밀한 첨단 기술을 개발한 '다이아몬드알을 낳는 거위'로 바뀐다. 체면을 중시하는 중국은 미국을 이길 수 있는 실력을 기를 때까지는 미국의 대만 공격설에 말대포는 같이 쏘겠지만 NATO No Action Talking Only 전략으로 갈 가능성이 높아 보인다.

06

대만 문제는
한국에도 강 건너 불이 아니다

2022년 8월 펠로시 미국 하원의장의 대만 방문 이후 동북아의 상황이 급변했다. 양안 관계라지만 바로 해상 물류 문제로 한국의 수출입에 문제가 생겼고, 미국은 반도체법 통과로 Chip4 동맹에 한국도 가입하라는 요구를 하고 중국은 이를 반대하고 있다. 펠로시의 아시아 방문이 한국에 주는 몇 가지 시사점이 있다.

첫째, 제1도련선을 따라간 펠로시의 방문을 통해 미국의 대중국 봉쇄의 라인을 제대로 읽어야 한다. 미국이 중국의 태평양 진출을 막는 제1도련선과 펠로시의 아시아 방문 일정은 정확히 일치한다. 미국이 중국을 봉쇄하는 데 누구를 동원하겠다는 것인지를 정확히

볼 수 있다. 양안 관계는 강 건너 불이 아니라 한국의 문제라고 볼 수 있다. 한국은 수출입 물동량의 40%, 에너지의 90%가 이 지역을 통과한다.

둘째, 중국의 대만 반도체 공장 폭격 예행 연습이다. 대만 첨단 반도체 공장 앞바다를 공격하는 중국의 대만 공격 훈련은 한국의 반도체 산업에도 시사점이 있다. 극단적인 가정이기는 하지만 중국이 못 먹는 감 찔러 본다고 미국의 반도체 공급망을 붕괴시킬 때 한국도 그 대상에 들어갈 수 있다는 것이다.

중국이 대만을 공격한다면 상륙 작전이 필수인데 이를 막기 위한 미군 본토에서 군대 파병은 시간이 걸린다. 아시아에서 가장 많은 육군이 주둔한 한국은 유사시 대만 지원을 위한 이동에 가장 유리하다. 중국은 주한미군의 대만 지원을 하지 못하게 북한을 부추겨 한국을 공격하게 하든지, 아니면 평택과 기흥의 한국 첨단 반도체 공장을 공격하게 할 가능성도 배제할 수 없다. 어차피 대만 반도체 공장의 장악이 실패라면 한국의 첨단 반도체가 대만 대신 미국으로 흘러

■ 미군의 대만 지원 시 거리

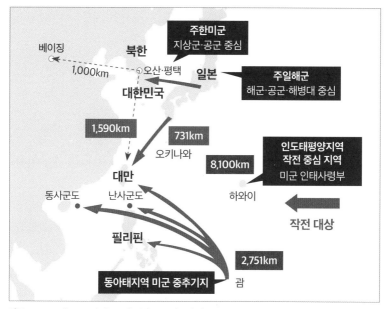

자료: www.policetv.co.kr/news/articleView.html?idxno=31494

■ 해외 미군 주둔지별 병력 수 비교

사령부	국별	합계	비중	육군	해군	해병대	공군
인도태평양사령부	일본	52,060	31%	2,445	22,108	15,688	11,819
유럽사령부	독일	38,015	23%	23,269	508	955	13,283
인도태평양사령부	대한민국	28,487	17%	20,000	331	136	8,020
유럽사령부	이탈리아	11,799	7%	4,315	3,638	19	3,827
중부사령부	쿠웨이트	11,313	7%	9,522	28	172	1,591
	5개국 소계	141,674	86%	59,551	26,613	16,970	38,540
	기타 지역	23,761	14%	2,904	6,880	946	12,293
주둔군	합계	165,435	100%	62,455	33,493	17,916	50,833

자료: namu.wiki/w/%ED%95%B4%EC%99%B8%20%EC%A3%BC%EB%91%94%20%EB%AF%B8%EA

가는 것을 막을 필요가 있기 때문이다.

펠로시 방문 이후 미국은 반도체법을 통과시켜 대중국 반도체 제재를 강화하고 중국을 반도체 생산기지에서 빼 버리는 것을 목표로 하고 있다. 그리고 미국의 보조금을 받은 기업은 중국에 첨단 라인 증설을 할 수 없게 만들어 버리는 정책을 쓰고 있다.

그런데 이런 상황에 중국 반도체주가 급등하는 것을 주목할 필요가 있다. 미국의 반도체 봉쇄가 거셀수록 중국의 반도체 국산화 의지와 지원은 더 강해지고, 이는 중국의 한국 반도체 캐치 업 속도가 더 빨라질 수 있다는 것을 의미한다.

셋째, 미·중의 전쟁터 속에서 속내를 쉽게 보여 주면 안 된다는 것이다. 한·미, 한·중 간의 관계가 미묘한 시점이다. 내가 무슨 말을 했느냐가 중요한 것이 아니고 상대가 무슨 말을 들었느냐가 중요하다.

한국 대통령의 휴가로 인한 펠로시 미국 하원의장과의 면담 불발이 국익을 고려한 결정이라는 한국 정부의 입장에 대해, 중국은 중국의 입장을 고려한 '예의 바른 결정'이라고 자기 멋대로 해석해 떠벌렸고, 미국 정가에서는 미국을 모욕하고 중국 달래기도 성공하지 못한 한국 정부의 '이중 실수'라고 비꼬는 듯한 해석을 했다.

세계 양대 강국의 사이에 끼여 안보는 미국에 의존하고 경제는 중국에 의존했던 나라의 입장에서 이런 상황을 전환하려면, 정치인들과 지도자들은 그 발언이 국익을 극대화하는 발언인지 국익에 해를 끼칠 수 있는 발언인지를 좀 더 깊이 생각하고 해야 한다.

외교는 세 치 혀가 아니라 강한 국력을 기반으로 한다. 상대를 자극하는 것도 말이고, 분노한 상대를 안정화시키는 것도 말이다. 외교관과 정치인의 말은 그 개인의 품격이기도 하지만 국격이기도 하기 때문이다. 말 한마디가 상대국을 자극해 예기치 않은 돌발 상황도 만들어 낸다. 힘과 실력이 받쳐 주지 못하는 데 말이 너무 앞서면 뒷감당이 안 된다.

넷째, 강한 상대와 싸울 때는 상대와 다른 전략이 있어야 상대를 극복할 수 있다. 검의 고수에게 칼로 덤비는 것은 좋은 전략이 아니다. 힘이 약한 나라가 강한 나라를 상대로 싸울 때는 전략으로 싸워야지 힘으로 해서는 승산이 없다.

『자치통감』에 절대강자 조조에 비해 약한 세력을 가진 촉나라 유비의 책략이 나온다. 조조의 공격에 겁먹고 유비에게 도움을 청한 익주를 공격해서 익주를 먹자는 책사 방통의 전략에 유비는 이런 얘기를 한다.

"나에게 있어 '조조는 불과 물 같은 존재다. 조조가 성급하면 나는 관대했고, 조조가 난폭하면 나는 인자하게 했고 조조가 속임수를 쓰면 나는 진정으로 대했다. 나는 항시 조조와 반대로 행했기에 가히 일을 이룰 수 있었다.'"

한국은 안미경중安美经中에서 대전환을 모색한다고 한다. 하지만 대전환의 구호는 크게 들리지만 판을 뒤엎을 전략은 무엇인지 아직 보이지 않는다. 미·중이 세계 경제에서 차지하는 비중을 보면 미국은 계속 낮아지고 있지만 중국은 계속 높아지고 있다.

한국이 '경중经中'을 탈피하려면 특단의 대책과 산업 구조 전환 등의 노력이 필요하고, 이는 긴 시간이 요구된다. 단기적으로 중국의 공급망에서 탈피하기 어려운 상황에서 '뾰족한 신의 한 수'가 없다면 불필요한 언급으로 중국을 자극하는 것은 실익이 없다. 말이 아니라 실력으로 보여 주면 된다.

■ 미·중이 세계 경제에서 차지하는 비중 추이

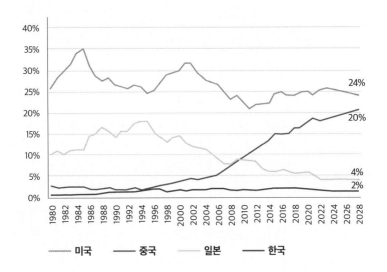

자료: IMF, World Economic Outlook, 2023. 4.

■ 미국 대비 중국, 일본의 GDP 비중

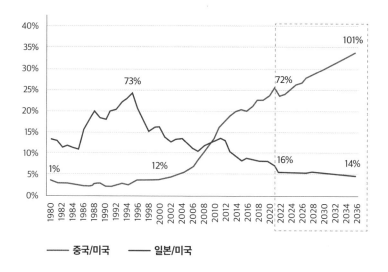

자료: IMF, World Economic Outlook, 2023. 4., 중국경제금융연구소

07

TSMC에는 있고
삼성에는 없는 것

TSMC는 1987년 설립돼 약 35년간 파운드리 사업을 이어오고 있다. 반면 삼성자의 파운드리 사업은 TSMC에 비해 18년 뒤진 2005년에 사업을 시작했다. 당시에는 DS 부문 내 시스템 LSI 사업부의 팀으로 존재했다가 2017년 5월에 독자적인 사업부로 분리되어 사업 규모를 본격적으로 불리기 시작했다.

■ TSMC vs 삼성전자 매출액 추이(조 원)

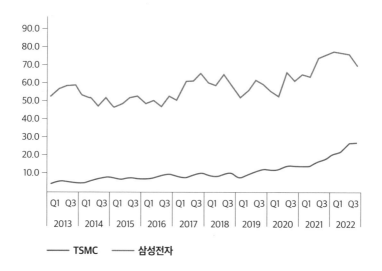

■ TSMC vs 삼성전자 영업이익 추이(조 원)

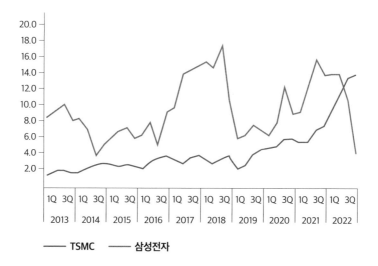

자료: TSMC, 삼성전자 분기보고서

삼성전자는 사업부 독립 이후 불과 5년 만에 높은 기술력과 거대한 회사 자체 수요를 기반으로 빠르게 사업을 키워 냈고, 2022년에는 세계 시장의 16%를 장악했다. 세계 3위인 대만의 UMC는 1980년에 설립되어 IDM으로 출발해서 1980년대에 대만의 주도적 IDM으로 자리 매김했으나 성장이 정체되자 1991년에 파운드리 사업으로 진출했다. 삼성보다 14년 앞서 파운드리를 시작한 UMC의 점유율은 삼성의 절반 수준에도 못 미치는 6%대에 그친다.

그러나 삼성의 빠른 성장도 1위인 TSMC에 비하면 빛이 바랜다. 삼성의 파운드리 매출액은 TSMC의 매출액의 1/3에도 못 미치는 27%에 그친다. 삼성과 TSMC의 다른 점은 무엇일까?

첫째, 제품 포트폴리오다. TSMC의 사훈은 '고객과 경쟁하지 않는다.'다. 이른바 철저하게 슈퍼 을의 전략으로 파운드리 부문에만 집중하며 전 세계 주요 팹리스(반도체 설계 전문회사) 고객사들이 믿고 제품을 맡길 수 있도록 구축했다. 반면 삼성은 반도체와 세트Set 제품을 모두 영위하고 있어 중요한 파운드리 위탁사와 경쟁 관계에 있는 분야가 많다. 삼성의 세트 제품 경쟁사들은 영업기밀 누출을 우려해 삼성에 파운드리를 맡기지 않는다.

TSMC 자료에 따르면 2022년 TSMC에 반도체 파운드리 서비스를 맡기고 있는 팹리스사 수는 523개였다. TSMC는 500여 개 이상의 고객이 있지만 사내 정보 통제와 관리를 철저히 해 경쟁 관계인 고객사끼리의 정보가 제품 생산 과정에서 누출되지 않도록 정보 차단을 단계별로 엄격히 해 고객으로부터 완벽한 신뢰를 형성했다. 1987년 설립 이후 이런 TSMC의 정보 보안과 정보의 방화벽Fire wall을 금융회사의 컴플라이언스 방화벽보다 더 엄격하게 지켜온 덕분에 TSMC에는

■ TSMC의 팹 공정 기술과 위치

지역	팹(인치)	공정	월 캐파(장)	8인치 환산	비고
신주	2(6)	0.45μm	9만 5,000	5만 3,438	
신주	3(8)	0.13~0.15μm	10만	10만	
신주	5(8)	0.18~0.35μm	5만 5,000	5만 5,000	
타이난	6(8)	0.13~0.18μm	18만	18만	
신주	8(8)	0.13~0.18μm	9만 5,000	9만 5,000	
상하이	10(8)	0.13~0.35μm	12만	12만	
싱가포르	SSMC(8)	0.15~0.25μm	4만	4만	
미국 캐머스	11·웨이퍼텍 (8)	0.15~0.35μm	3만 6,000	3만 6,000	
신주	12(12)	7~90nm	22만	49만 5,000	TSMC 본사
타이난	14(12)	90~120nm	28만	63만	
타이중	15(12)	7~40nm	31만	69만 7,500	
난징	16(12)	16~28nm	6만	13만 5,000	
타이난	18(12)	3~5nm	32만	72만	3.5nm가 핵심
신주	20(12)	2nm	구축 중		2025년 양산 시작
미국 피닉스	21(12)	3~5nm	5만	11만 2,500	2공장(3nm) 추가 투자
가오슝	22(12)	7nm 이상	8만	18만	7nm 투자
일본 구마모토	23(12)	12~28nm	5만 5,000	12만 3,750	소니, 덴소의 투자

자료: sedaily.com/NewsView/29N2O10ESF

믿고 맡길 수 있다는 신용을 확보한 것이다.

TSMC는 국내외에 총 13개 공장을 운영하고 있고 4개 공장을 건설 중이다. TSMC는 6인치 웨이퍼에서부터 12인치 웨이퍼까지를 모두 가공할 수 있는 생산 능력을 가지고 있고 6인치 0.45μm부터 12인치 3nm의 최첨단 파운드리 서비스까지 모든 풀 라인 업의 파운드리 서비스를 할 수 있다.

파운드리의 주 고객인 한국과 대만은 팹리스에서 차이가 크다. 한국은 IDM 중심으로 반도체 산업이 발전했지만 대만은 팍스콘을 비롯한 대형 OEM 업체들이 존재했기 때문에 팹리스 회사들이 생존하는 풍토가 생성되어 있었고 이들이 TSMC와 협업하면서 세계적인 팹리스 회사로 부상했다. 인텔은 무대에서 혼자 춤추는 바람에 스스로 힘이 빠져 도태되었고 TSMC는 500여 명의 파트너와 함께 군무를 추는 법을 배웠다.

그러나 한국은 삼성, 엘지 등의 대기업 중심 구조로 전자 산업이 형성되었고 대기업의 하청기업 구조가 장기간 형성되면서 대기업에 길들여진 '동물원' 구조로 산업이 형성되어 대형 팹리스 회사들이 구조적으로 나타날 수 없는 한계를 가지고 있다. 이는 파운드리 산업에 독이다. 2021년 기준으로 보면 한국의 팹리스 산업은 대만의 1/10이 채 안 된다.

둘째, 기술력이다. TSMC 전체 공정별 매출에서 첨단 공정인 5nm와 7nm 비중은 53%에 달한다. 그중 5nm 공정 비중은 2021년 19%에서 2022년 26%로 7%포인트 늘어나며 매출 기여도가 높아졌다.

■ **TSMC 2022년 공정별 매출 점유율**

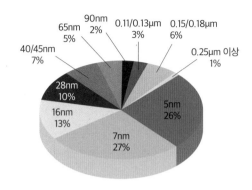

TSMC에 비해 한참 후발이지만 삼성도 빠른 기술 추격으로 선도 위치를 확보하려고 하고 있다. 삼성은 2015년부터 2018년까지 10nm 공정까지는 선발 TSMC를 제치고 선방했지만 7nm FinFET EUV 공정에서부터 밀리기 시작해 5nm에서 어려움을 겪었다. 삼성은 3nm에서 GAA 공법으로 TSMC를 추월하려는 노력을 하고 있지만 아직 성과가 제대로 나오지는 못하고 있다.

TSMC는 고객에 대한 철저한 관리와 EUV 장비를 통한 첨단 기술에서 신뢰 확보로 'Made by TSMC'를 팹리스사에 각인시킨다. 대부분의 팹리스사는 칩을 어느 회사에서 파운드리했는지 잘 공개하지 않지만 TSMC의 고객사들은 대놓고 'Made by TSMC'라고 자랑한다.

엔비디아, 퀄컴 같은 대형 고객사들은 첨단 제품이 나올 때마다

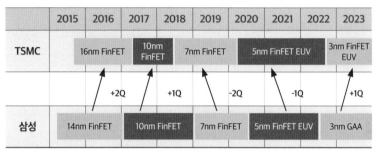

	2015	2016	2017	2018	2019	2020	2021	2022	2023
TSMC		16nm FinFET	10nm FinFET	7nm FinFET		5nm FinFET EUV			3nm FinFET EUV
		+2Q		+1Q		-2Q		-1Q	+1Q
삼성	14nm FinFET		10nm FinFET		7nm FinFET	5nm FinFET EUV		3nm GAA	

자료: Digi-times 2022. August

TSMC 몇 nm 공정으로 파운드리했다는 것을 제품 마케팅에 실제로 쓴다. 전 세계 팹리스 대형 고객사들은 마음속에서 'TSMC는 필수, 삼성은 선택'이다. 칩 성능이 생명인 팹리스는 철저하게 기술 수준, 신뢰도 수준으로 파운드리 업체를 차별화하는 것이다.

셋째, 고객이다. 기술이 아무리 뛰어나도 고객이 인정하지 않으면 의미가 없다. 첨단 기술은 그만큼 리스크가 있다. 첨단 기술을 적용한 부품을 썼다가 불량이 나면 그간의 신뢰가 모두 무너지기 때문에 세계 정상의 기업들은 철저하게 신뢰성 검증을 한다.

2022년 TSMC에 반도체 파운드리 팹리스 고객사 수는 523개였고 매년 10곳 이상 증가 추세다. 삼성의 팹리스 고객사 수는 TSMC의 60%에 못 미치는 300여 개인 것으로 알려진다. 숫자보다 중요한 것은 고객의 질인데 애플, 퀄컴, 엔비디아와 같은 대형 고객사들은 대부분 삼성이 아닌 TSMC에 파운드리를 맡긴다.

TSMC에 비해 떨어지는 IP(설계 자산)의 수도 고객이 TSMC를 선택하게 하는 요인이다. TSMC는 오랜 업력과 기술 노하우로 IP 구비가 잘되어 있어서 칩 설계 자유도가 높지만, 후발인 삼성의 경우엔 IP가 없는 경우가 많아 고객사가 직접 IP 소유자와 계약을 맺어야 하는 경우가 많기 때문이다.

■ **TSMC의 첨단 공정 서비스 기술의 주요 고객**

공정 기술	2020	2021	2022	2023E	2024E
3nm					퀄컴
					엔비디아
					AMD
			애플	애플	애플
			기타	기타	기타
5nm/4nm				미디어텍	미디어텍
			퀄컴	퀄컴	퀄컴
			엔비디아	엔비디아	엔비디아
			AMD	AMD	AMD
	애플	애플	애플	애플	애플
	기타	기타	기타	기타	기타
7nm/6nm	애플	애플	애플	애플	애플
	AMD	AMD	AMD	AMD	AMD
	엔비디아	엔비디아	엔비디아	엔비디아	엔비디아
	미디어텍	미디어텍	미디어텍	미디어텍	미디어텍
	퀄컴	퀄컴	퀄컴	퀄컴	퀄컴
	기타	기타	기타	기타	기타

자료: Digitimes

중소기업으로부터 시작한 TSMC와 달리 처음부터 대기업의 사업부로 시작한 삼성의 파운드리 사업은 고객의 입장에서는 을이 아닌 갑의 태도로 사업한다는 불만이 팽배하다. 또한 메모리 사업의 기밀성에 익숙한 삼성은 TSMC와 달리 기술 수준과 수율을 정확하게 밝히지 않는 경우가 많아 고객 입장에서는 삼성이 발표하는 기술과 수율에 대한 신뢰성이 TSMC에 비해 떨어진다.

반도체 업체들은 첨단 5nm 팹당 건설 비용이 150억 달러가 들어

■ 2020년 세계 10대 팹리스 CEO 출생지

No.	회사명	매출액	점유율	CEO/창업자	영문명	출생지	출생년도
1	퀄컴	19,407	23%	CristianoAmon	Cristiano Amon		
2	브로드컴	17,745	21%	陈福阳	Tan Hock Eeng	말레이화교	1952
3	엔비디아	15,412	18%	黄仁勋	Jensen Huang	台南市	1963
4	미디어텍	10,929	13%	蔡明介	Tsai Ming-kai	台湾省屏东县	1950
5	AMD	9,763	11%	苏姿丰	Lisa Su	台湾省台南市	1969
6	자일링스	3,053	4%	彭胜利	Victor Peng	台湾台北	1960
7	마벨	2,942	3%	戴伟立	Weili Dai	中国上海	1960
8	노바텍	2,712	3%	何泰舜	He Taishun	中国台湾	1956
9	리얼텍	2,635	3%	叶南宏	Nan-Horng Yeh		
10	다이얼로그	1,376	2%	Jalal Bagherli	Jalal Bagherli		
	합계	85,974	100%				

자료: Trend force 2020

가는 엄청난 반도체 파운드리 산업의 고정비 때문에 함부로 진입하지 못한다. 대신 신뢰성이 있는 파운드리 업체에 설계도를 보내고 파운드리 서비스를 맡긴다. 파운드리 업체 선정에는 업력과 기술력은 기본이고 그 밖의 요소가 하나 있다. 바로 '관시關係'다.

한국의 삼성이 2022년 말에 양산에 들어간 TSMC보다 빠른 2022년 6월에 3nm 공정을 적용한 첨단 기술을 세계 최초로 양산하고도 팹리스 업체들에게 어필하지 못하는 것에는 업력과 기술력 외에 인맥이라는 또 다른 허들이 존재한다. 파운드리의 주 고객인 세계 10대 팹리스 업체의 CEO를 조사해 보면 10명 중 8명이 중국계, 대만계이다.

TSMC가 미국에 400억 달러를 투자해 파운드리 공장을 짓는 기공식에 참석한 VIP들 사진이 언론에 공개되었다. 바이든 대통령이 직접 참석한 이 자리에 TSMC의 장충모 회장과 바이든 대통령을 빼면 2명의 CEO만 백인이고 나머지 CEO는 모두 중국계 미국인이었다.

TSMC의 전체 매출액 중 63%가 미국이다. 그래서 TSMC는 미국에 공장을 짓는 것은 고객에 가까이 가는 것으로 공장이 대만에 있는 것이나 미국에 있는 것이나 생산 원가에서 문제는 있지만 제품 딜리버리 차원에서는 오히려 고객 밀착 서비스다. 이 점이 삼성과 다른 점이다.

지금 5nm 이하 첨단 파운드리에서 또 하나의 보이지 않는 장벽은 EUV 노광장비다. 네덜란드의 ASML이 독점하는 EUV 노광장비의 최대 구매자는 대만의 TSMC이고 다음이 한국의 삼성이다. 반도체 공장을 짓든, 첨단 반도체를 제조하든 간에 현재로서는 5nm 이하 공정에서는 생산과 수율, 원가에서 ASML의 EUV 장비를 몇 대 확보했는지가 관건인데 여기서 삼성보다 많은 EUV 장비를 확보한 TSMC가 우위에 있다.

■ **TSMC의 주요 고객 매출 비중**

순위	거래선	국적	2015	2016	2019	2020	2021
1	애플	미국	15.9%	17.0%	24.0%	25.1%	23.9%
2	AMD	미국	4.3%	4.2%	4.0%	7.0%	10.2%
3	퀄컴	미국	15.9%	11.0%	6.1%	8.0%	8.2%
4	미디어텍	대만	6.7%	5.0%	4.3%	5.9%	8.1%
5	엔비디아	미국	5.8%	5.0%	7.6%	7.1%	7.6%
6	브로드컴	미국	7.4%		7.7%	5.9%	6.6%
7	인텔	미국	4.1%		5.2%	4.1%	5.0%
8	윌세미	중국	2.8%			1.8%	1.9%
9	NPX	네덜란드	1.7%			1.3%	1.6%
10	마벨	미국	3.9%			1.2%	1.6%
11	인피니온	독일	1.8%			1.3%	1.5%
12	하이실리콘	중국	4.1%	5.0%	15.0%	12.5%	0.0%
	TOP 5		48.6%	42.2%	46.0%	53.1%	58.0%
	TOP 10		74.4%		73.9%	81.2%	76.2%
국가별	미국계		57.3%		54.6%	58.4%	63.1%
	대만계		6.7%		4.3%	5.9%	8.1%
	중국계		6.9%		15.0%	14.3%	1.9%
	유럽계		3.5%		0.0%	2.6%	3.1%

자료: TSMC, Trend Force

TSMC와 삼성의 2019년 이후 분기별 매출과 수익을 비교해 보면 TSMC의 매출액과 순이익은 상대적으로 안정적인 우상향 추세를 보이는 반면 삼성의 매출액과 순이익은 이익과 매출의 진폭이 매우 큰 전형적인 사이클 산업의 특성을 보인다. 바로 재고 부담이 없는 주문형 제품인 파운드리 사업과 재고 부담이 큰 메모리 사업의 차이다.

이는 메모리 사업과 파운드리 사업의 반도체 사업별 속성에서도 차이가 있지만 첨단 제품에서 초기에 대규모 투자로 고수익을 누리는 반도체 비즈니스 모델의 특성을 감안하면 누가 더 빨리 첨단 반도체의 양산 비중을 늘리는가에서 승부가 났다.

TSMC의 7nm 이하 첨단 제품의 매출 비중은 2022년에 이미 54%를 넘어섰고 이것이 TSMC의 고수익성과 안정적인 매출 성장의 비결이다. 결국 기술력의 차이가 수익성과 변동성을 결정짓는다.

■ ASML 노광장비 국가별 구매 비중

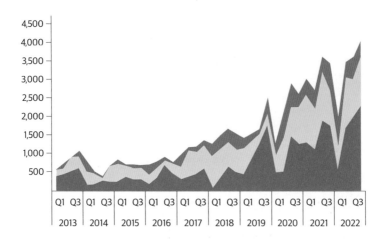

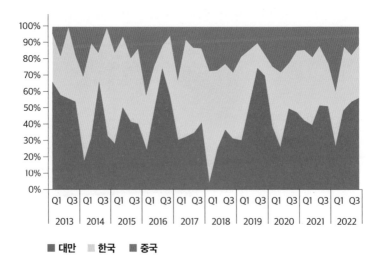

■ 대만　■ 한국　■ 중국

자료: ASML

■ TSMC와 삼성의 매출액과 영업이익의 변동성 비교

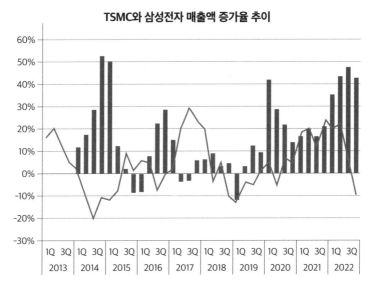

TSMC와 삼성전자 매출액 증가율 추이

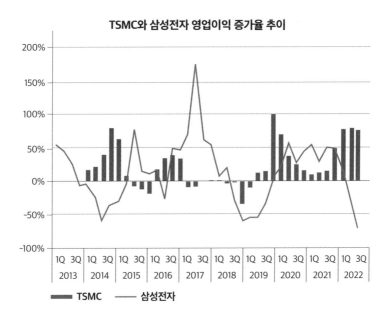

TSMC와 삼성전자 영업이익 증가율 추이

자료: TSMC, 삼성전자 분기보고서

■ TSMC 공정 기술별 매출 비중(연말 기준)

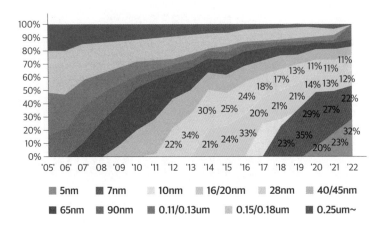

자료: TSMC

164

미국 반도체 공장 건설은 탁란의 묘수일까, 기술 거지가 되는 것일까?

반도체 기술 확보에서 미국과 중국은 다른 것이 없다. 첨단 기술과 첨단 생산 기술을 확보하지 못하면 패권을 상실하고, 4차산업혁명에서 반도체 원시 시대로 회귀하는 불상사를 막기 위해 미·중은 반도체 기술에서는 모두 막가파다.

기술을 보유한 나라와 기업에 돈을 주며 어르고 달래고 협박하고 강요한다. 정치와 외교도 동원하고 법도 동원하고 돈도 동원한다. 베낄 수 있으면 베끼고, 살 수 있으면 사고, 그것도 안 되면 강제로라도 뺏고 싶은 것이 지금 미·중의 속내다.

2022년 하반기에 대만의 TSMC 반도체 엔지니어들이 전세비행기로 가족들과 함께 미국으로 이주하는 뉴스가 떴다. TSMC 미국 공장에서 1인당 국민소득 7만 5,000달러대의 미국인 손으로 반도체를 만들기는 수율이 너무 떨어져 생산성이 없기 때문이다.

TSMC 창업자 장충모 회장은 언론과 인터뷰에서 미국에서 반도체를 제조하면 원가가 50% 이상 높아진다고 실토했다. 그러나 미국은 TSMC와 바터를 친다. 미국의 정부자금을 공짜로 주고, 미국의 파운드리 시장을 몰아주고, 중국 본토의 위협을 두려워하는 대만에 방어용 무기를 준다.

대만이 미국으로 가는 것은 한국과 상황이 다르기 때문이다. 미국의 보호를 받지만 언제 중국의 공격을 받을지 모르는 상황에서 달걀을 한 바구니에 담지 말라는 증시의 격언처럼 TSMC는 반도체 파운드리의 지역별 포트폴리오를 구축하는 것이다.

대만은 전쟁이 나면 중국보다 미국이 더 무섭다. 미국의 국가 안보 보좌관은 중국이 대만을 침공하는 비상사태가 발생하면 망설임 없이 TSMC의 공장을 먼저 폭파하겠다고 했다. 첨단 반도체 공장이 중국의 손아귀에 넘어가는 것을 막으려는 전략이다.

대만의 반도체는 미국의 이해관계를 위해 존재하는, 미국의 반도체 산업을 육성할 숙주일 뿐이다. TSMC도 1990년대에 오리건주와 워싱턴주 접경에 아메리칸 드림을 실현하기 위한 공장을 지었지만 비용, 문화, 인력 문제로 악몽으로 끝났고 2020년대에도 다시 그 악몽이 되살아나고 있다.

대만은 중국의 첨단 드론 4대면 TSMC의 핵심 반도체 공장을 폭파당할 수 있는 상황에 직면해 있다. 중국의 무력 침공 위협에 반도체 방패를 군사적 방패로 전환하려면 미국의 해군력과 핵우산 밑으로 들어가는 것 외에는 대안이 없다.

미국에서는 527억 달러의 보조금이 있고 투자금에 대해 25%의 세액공제도 된다. TSMC의 입장에서는 시장점유율에서 한국을 따돌리고 애플, AMD, 퀄컴, 엔비디아 등 미국의 큰 거래선을 안정적으로 확보할 수 있어 미국 공장 투자는 충분히 의미가 있다. 대만은 지정학적 리스크에 대비해 미국, 일본, 유럽에 공장을 분산하는 전략을

■ TSMC의 탁란 전략(USMC-미국, JSMC-일본, ESMC-유럽)

공장명	상황	위치	웨이퍼	공정 기술	월 투입량 (만 장)	투자 금액 (억 달러)	가동 시기
팹18(P4)	건설 중	대만 타이난	12인치	5nm	3		
팹18(P5-P6)	건설 중	대만 타이난	12인치	3nm	6		
팹18(P7-P8)	계획	대만 타이난	12인치	3nm	6		2022
팹20(P1-P4)	건설 중	대만 타이난	12인치	2nm			2024/25
팹21	건설 중	미국 애리조나	12인치	5/4nm	2	120	2024
팹22	건설 중	미국 애리조나	12인치	3nm	3	280	2026
팹22A	건설 중	대만 타이난	12인치	27nm	12	90.4	2024
팹22B	계획	대만 타이난	12인치	7nm	12		
팹23	건설 중	일본 구마모토	12인치	22.28nm	4.5	50	2024
팹16	건설 중	중국 난징	12인치	28nm	4	29	2023
팹?	계획	대만 타이난	12인치	2/1nm		1840-2300	2025

자료: TSMC

쓰고 있다. 대만의 TSMC는 USMC(미국), JSMC(일본), ESMC(유럽)로 공장 분산을 통해 리스크에 대한 보험을 들고 있다.

반도체는 자연환경 측면에서 보면 물과 먼지, 지진과의 싸움이다. 일본과 대만은 지진과 태풍, 물이 문제지만 반도체 산업 육성과 지원에 정부와 온 나라가 나섰다. 대만은 물 부족에 농사용수를 반도체 공장에 우선 공급하는 조치까지 취했다.

한국은 지진, 태풍에는 상대적으로 안전하지만 지역정서법이 문제다. 지방자치제를 도입한 한국의 지역 이해관계는 국익 차원에서는 독이다. 타이밍이 중요한 반도체는 공장 인프라 때문에 착공과 준공이 지연되면 결국 경쟁력을 잃게 된다. 용인 8년, 평택 7년, 가오슝(대만)·텍사스(미국) 3년, 시안(중국) 2년. 반도체 공장부지 선정부터 실제 가동에 들어갈 때까지 걸린 기간이다.

미국, 중국, 대만, 일본은 반도체 공장을 짓겠다고 하면 정부가 물, 전기, 세금, 보조금을 주겠다고 난리고 총통, 대통령이 나서서 공장을 유치한다. 그런데 한국은 정부와 지자체가 나서서 기업이 '뭘 내놓을 것인가?'를 따진다. 그러니 기업이 중국으로, 미국으로 눈을 돌리는 것이다.

국회도 국가 최대의 달러 박스이고 미·중과의 외교에서 어떤 외교관보다 큰 역할을 하는 반도체 산업에 대해 재벌 기업의 수익 사업에 보조금 지급, 법인세 감면을 왜 하느냐부터 시작한다. 미·중·일·대만이 모두 반도체 지원을 한다고 하니 마지못해 반도체 지원 법안을 만들었지만 통과시키지 않고 차일피일 시간만 끈다.

그러나 이보다 더 심각한 것은 지정학적 리스크다. 대만의 경우 온 국토가 반도체 공장이고 한국도 이천, 용인, 기흥, 평택에 반도체 공장이 집중되어 있다. 대만은 TSMC 공장 4곳에 중국 본토의 미사일이 떨어지면 최첨단이고 뭐고 할 것 없이 다 날아간다. 한국도 유사시에 북한의 미사일이 한국의 반도체 밸리에 떨어지는 순간 40년 역사가 바로 끝장날 리스크를 안고 있다.

대만은 지정학적 리스크 때문에 달걀을 나누어 담을 수밖에 없는 상황이지만 한국은 입장이 약간 다르다. 한국의 첨단 공장을 미국에 건설하는 것은 뻐꾸기가 남의 둥지에 알을 낳아 기르는 '탁란托卵의 묘기'가 나올 것인가, 아니면 모든 것을 털리고 나오는 '기술 거지'가 될 것인가를 고민해야 한다.

■ **TSMC의 팹 위치**

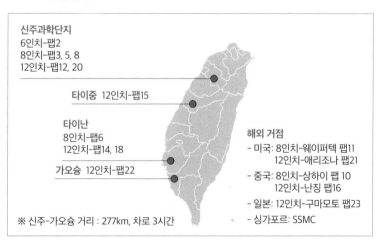

신주과학단지
6인치-팹2
8인치-팹3, 5, 8
12인치-팹12, 20

타이중 12인치-팹15

타이난
8인치-팹6
12인치-팹14, 18

가오슝 12인치-팹22

※ 신주-가오슝 거리 : 277km, 차로 3시간

해외 거점
- 미국: 8인치-웨이퍼텍 팹11
　　　 12인치-애리조나 팹21
- 중국: 8인치-상하이 팹 10
　　　 12인치-난징 팹16
- 일본: 12인치-구마모토 팹23
- 싱가포르: SSMC

미국의 반도체 정책은 명분은 탈중국이지만 속내는 한국과 대만으로 넘어간 반도체 기술의 회수이다. 도저히 인텔만 가지고는 안 되는 첨단 기술을 한국은 보조금으로 유혹하고 대만은 외교적으로 압박해 미국에 공장을 짓게 한다. 더 이상 빼도 박도 못하는 상황이 되면 그다음 수순은 기술과 영업기밀 공개다.

　이미 2022년 자동차 반도체 공급 부족 때 미국 상무부가 한국을 포함한 주요 반도체 기업들에게 영업기밀에 해당되는 자료를 신고하라는 요구가 있었다. 그리고 이번 반도체 지원 조건에 반도체 시설에 대한 접근권과 영업 정보 정기 보고의 조건이 들어가 있다.

PART 5

중국의
반도체 실력을
과소평가하지 마라

01

중국의 R/D 투자 규모는
미국 다음으로 세계 2위다

첨단 기술도 궁극적으로는 한계에 부딪히면 기본으로 돌아가는 것이 답이다. 기초 기술과 소재 분야에서 탄탄한 실력을 기반으로 재구축하는 것이다. R/D는 경제 규모와 같이 간다. R/D는 선행 투자라고 하지만 결국 규모의 경제로 끝난다. 초기에는 누가 먼저 투자하느냐지만 결국은 누가 더 많이 투자하느냐에서 결판난다.

경제 규모가 없으면 R/D도 없다. 미국과 중국의 경쟁에서, 그리고 한국의 경쟁에서 주목할 것은 중국의 경제 규모와 R/D 투자 규모다. 이미 중국은 세계에서 미국 다음으로 세계 2위의 R/D 투자국이다. 아직은 미국에 비해 떨어지지만 그 투자 속도는 주목할 만하다.

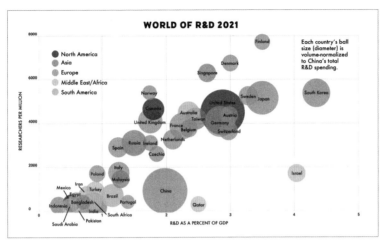

자료: www.rdworldonline.com/2021-global-rd-funding-forecast-released/

사회주의의 통제력과 집중력이 R/D에서도 무섭게 발휘되고 있다.

한국은 전통 산업에서 중국이 한국 기술을 모방하고 따라한다고 기술 우위를 자랑하지만 이미 지난 얘기다. 중국은 세계 R/D의 25%를 차지하고 있고 미국의 30%를 코 밑에까지 추격하고 있는 상황이다. 주요 전통 산업에서 한국의 기술 우위는 사라지고 있다. ICT 분야에서도 반도체를 빼고는 기술 우위를 가진 것이 거의 없다.

IT 분야별 투자 비중을 보면 중국은 이미 소재, 컴퓨팅, IT, 전자 분야에서 일본과 한국을 추월한 막대한 R/D 투자를 하고 있다. 특히 첨단 산업의 소재 분야에서는 한국은 세계 비중이 6%에 불과한데 중국은 35%를 차지하고 있다.

한국은 이익 극대화를 목표로 하는 민간 기업의 투자가 주를 이루지만 중국은 사회주의 국가의 특성상 정부와 국유 기업의 정책적 투

■ IT 분야별 R/D 투자금액 비중 비교(세계=100%)

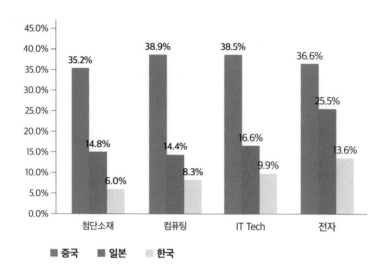

자료: R&D World, Global R&D Funding Forecast(2020)

자가 대부분이고 이를 국가 차원에서 시행하고 그 성과를 국가 차원에서 활용한다는 데 차이가 있다.

중국이 달과 화성에 올라가는 우주선을 쏘고 양자통신용 위성을 쏘고 미국의 GPS 위성과 경쟁하는 북두위성을 쏘아 올리는 것도 모두 배경에 이런 국가 차원의 대규모 R/D 투자가 있다. 반도체에서 중국은 미국과 서방의 기술에 감히 엄두를 내지 못하다가 미·중의 경제 전쟁, 기술 전쟁이 시작되면서 국가 자원을 총동원해 핵심 기술 확보와 제품 양산 라인 건설에 돌입하고 있다.

중국의 반도체 산업 육성 전략은 다음과 같다.

첫째, 정부가 무한으로 정책을 지원한다.

둘째, 거국 동원 체제로 국가의 모든 역량을 집중한다.

셋째, 핵심 기업을 중심으로 집중 육성한다. 반도체는 이젠 거대 코끼리들끼리의 전쟁이어서 중국은 거대 기업을 만들고 거대 기업을 강하게 만드는 전략做大做强을 쓴다.

넷째, 수단과 방법을 가리지 않고 해외 기업과 합작한다. 시간을 절약하는 묘수다.

다섯째, 중국의 거대한 반도체 내수 수요 시장에 기반을 둔 성숙 제품 시장 확보를 도약대로 삼아 첨단 제품으로 기반을 확대한다.

여섯째, 교육 체계를 개선해 반도체 인력의 국내 양성에 박차를 가한다. 반도체는 신기술 첨단 기술이지만 생산 공정 기술은 처절한 시행착오try and error 방식의 인해전술에서 완성된다. 반도체 전문 인력의 충분한 공급 없이 돈만 지른다고 되는 산업이 아니다.

02

미국이 인정한
중국의 반도체 기술 수준

서방 세계는 중국의 반도체 굴기는 실패했다고 본다. 수많은 기업이 부도났고 미국의 봉쇄로 중국의 첨단 반도체 공장은 건설도 하지 못하고 해외 M&A는 모두 실패로 끝났다. 그 책임을 묻기 위해 1, 2기 국가반도체펀드 책임자들의 부패를 수사하고 해외 M&A를 주도했던 칭화유니그룹의 부도를 만들었다는 식이다.

그러나 정말 이러하다면 미국이 중국 반도체 산업을 규제하고 봉쇄할 이유가 있을까? 가만둬도 망할 거라면 반도체 기업, 장비, 제품에 제재할 필요가 없다. 미국이 시간이 갈수록 더 강력한 제재를 하는 것은 중국의 반도체 산업이 망한 것이 아니라 중국의 반도체는 굴기했고 지금 통제하지 못하면 걷잡을 수 없는 상태로 확장하고 성장할 수밖에 없기 때문이다.

중국의 반도체 굴기는 민간 기업이 하는 것이 아니라 정부 주도로 하는 것이다. 중국의 반도체 굴기는 2014년에 만들어진 1기 국가반도체펀드와 2019년에 만들어진 2기 국가반도체펀드에 포함된 60여 개 기업이 중심이 되어 진행되는 것이지 손바닥만 한 반도체 디자인 업체 수천 개, 수만 개가 주도하는 것이 아니다.

반도체 업체들의 폐업이 많다고 중국 반도체 업계가 미국의 견제에 망했다고 보는 것도 엉터리다. 망한 것도 많지만 신규 창업의 수를 보면 폐업률은 10%에도 못 미친다. 최근 5년간 중국은 92,060개 반도체 기업이 창업했고 7,287개 기업이 폐업했다. 폐업률은 8% 수준에 그친다.

■ **중국의 반도체 창업/폐업 기업 수 추이**

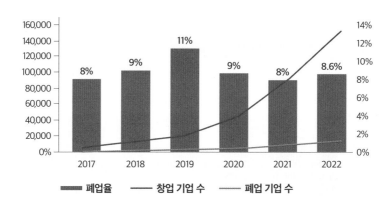

자료: 企査査, SCMP. 2022. 9. 16.

중국의 반도체 해외 M&A를 주도했던 칭화유니그룹의 부도로 중국의 반도체 굴기가 끝났다는 얘기를 하지만 이것도 엉터리다. 칭화유니그룹은 사고를 친 회장과 회장의 지분만 바뀌었지 그대로다. 칭화유니그룹의 상장된 자회사들은 모회사의 부도에도 상관없이 멀쩡하게 거래되고 있다.

중국이 2014년 국가반도체펀드를 만들면서 490억 달러를 지원한 중국의 반도체 기업의 실력은 어느 정도일까? 파운드리에서 중국은 세계 5위인 SMIC를 만들었고 세계 시장에서 9%의 점유율로 세계 3위를 차지했다. 팹리스에서도 세계 9위인 윌 세미콘^{Will Semicon}을 만들었고 세계 시장에서 9% 점유율로 미국, 대만에 이은 세계 3위다. 한국은 1%에 불과하다.

■ 미국이 확인한 중국의 반도체 기술 수준(장비 수출 규제 대상)

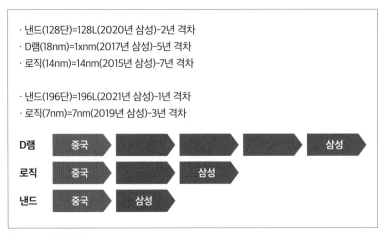

· 낸드(128단)=128L(2020년 삼성)-2년 격차
· D램(18nm)=1xnm(2017년 삼성)-5년 격차
· 로직(14nm)=14nm(2015년 삼성)-7년 격차

· 낸드(196단)=196L(2021년 삼성)-1년 격차
· 로직(7nm)=7nm(2019년 삼성)-3년 격차

자료: 중국경제금융연구소

중국의 반도체 기술력의 객관적인 평가는 미국의 대중국 반도체 규제에 답이 나와 있다. 2022년 10월 미국의 대중국 반도체 장비 수출 통제 내역을 보면 중국 반도체 기술의 현 상황을 정확히 알 수 있다. 미국이 보고 있는 중국의 양산 기술은 반도체 파운드리는 14nm, D램은 18nm, 낸드는 128단이다. 그러나 이미 중국은 기술 개발에서는 미국의 규제보다 앞서 있다. 파운드리는 7nm, 낸드는 196단 수준이다. 이는 한국과 격차는 낸드는 1년, 로직은 3년 수준이다.

03

공급망에서의
중국 반도체 소재 장악력

중국은 이번 미국의 반도체 봉쇄로 반도체를 포기하고 미국 공급망에 무릎 꿇고 미국 뜻대로 세트 기기의 하청업체로 4차산업혁명의 하드웨어 OEM 공장으로 만족할까? 중국의 동향과 태도를 보면 그럴 가능성은 전혀 없어 보인다.

서방은 미국의 IPEF, Chip4, 반도체법으로 중국의 항복을 받을 것으로 예상하지만 그 전에 짚어야 할 것이 몇 가지 있다. 미국의 이론상 완벽한 대중국 반도체 통제 조치에 속은 타 들어갈지 몰라도 중국은 표면상으로 별다른 반응이 없다. 이유는 몇 가지 있다

첫째, 기술은 시장을 못 이긴다. 중국의 반도체 기술은 미국과 한

국, 대만의 기술에 비하면 격차가 크다. 그러나 첨단 기술의 시발역과 종착역이 같은 적은 한 번도 없다. 미국에서 태어난 기술은 이미 일본, 한국, 대만을 거쳐 중국이라는 역에 도착했다. 문제는 중국이 전 세계 반도체의 세계 최대 소비자라는 점이다.

핸드폰, 노트북, 디지털 TV, 전기차의 세계 최대 생산자, 소비자가 중국이다. 미국의 반도체 장비, 핸드폰용 칩, 설계용 S/W의 최대 수요자도 중국이다. 미국의 대중국 봉쇄는 정부의 전략적 결정이지만 기업은 이해관계가 다르다. 적게는 10~20%, 많게는 50~60%의 시장을 포기해야 하는 일이 벌어질 수 있다. 나스닥의 스마트폰, 반도체 주가의 폭락은 미국 증시와 미국 정치에 영향을 미치는 변수다.

둘째, 공급망의 덫이다. 반도체는 미국 기술에 미국 장비, 일본 장비, 유럽 장비로 한국과 대만, 중국이 생산하고 중국과 아시아가 조립한다. 국제적 분업 과정에서 어느 하나라도 중단되면 전체 공급망이 중단된다.

지금 반도체 기판의 기초 소재인 실리콘은 전 세계 생산량의 70%가 중국이다. 기초 소재인 불산, 네온, 형석 등도 중국이 공급한다. 중국이 미국의 반도체 봉쇄에 대응해 실리콘 공급을 중단하면 반도체 산업, 태양광 산업은 물론이고 실리콘 관련 소재 산업 전체가 영향을 받는다.

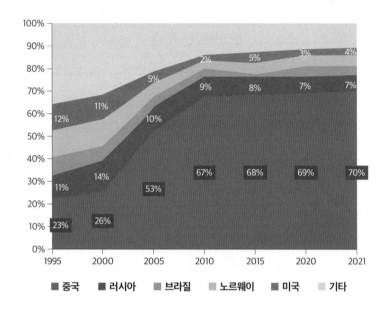

자료: US Geological Survey, 2022.

시장과 소재를 가진 중국과 세계 반도체 업계의 관계는 '입술이 없으면 잇몸이 시린', 순망치한이 아니라 손바닥과 손등의 일심동체의 관계다. 원료 공급망에 대한 대책 없는 제품 생산 통제는 재앙이다. 만약 미국이 IPEF와 Chip4를 정말 실행하면 대규모 공급 과잉과 세계적인 반도체 구조 조정이 올 수밖에 없다.

현재와 같은 실리콘 기판을 베이스로 한 실리콘 반도체에서는 설계부터 조립까지 미국 기술이 안 들어간 곳이 없다. 중국은 미국의 반도체 기술 지옥, 특허 지옥에서 벗어나려면 판을 엎는 수밖에 없다. 실리콘이 아닌 다른 물질을 개발하는 것이다. 그래서 중국은 전기차용 반도체에서는 SiC, GaNa 같은 3세대 화합물 반도체에 목숨을 걸고 있다.

■ 세계 100대 재료공학자중 중국계 학자의 순위(2022)

국적	순위	세계 랭킹	학자명	소속
미국 국적	1	1	Zhong Lin Wang	Georgia Institute of Technology, United States
미국 국적	2	2	Yi Cui	Stanford University, United States
미국 국적	3	5	Younan Xia	Georgia Institute of Technology, United States
중국	4	7	Jiaguo Yu	China University of Geosciences, China
미국 국적	5	8	Peidong Yang	University of California, Berkeley, United States
중국	6	10	Lei Jiang	Chinese Academy of Sciences, China
미국 국적	7	11	Hongjie Dai	Stanford University, United States
미국 국적	8	21	Zhenan Bao	Stanford University, United States
중국	9	23	Dongyuan Zhao	Fudan University, China
중국	10	24	Hui-Ming Cheng	Tsinghua University, China
중국	11	25	Ben Zhong Tang	Chinese University of Hong Kong, Shenzhen, China
중국	12	29	Wei Huang	Nanjing Tech University, China
중국	13	33	Hua Zhang	City University of Hong Kong, China
중국	14	43	Shuit-Tong Lee	Soochow University, China
중국	15	48	Shu-Hong Yu	University of Science and Technology of China, China

자료: Best Materials Science Scientists in China, 2022.

또 하나 주목할 것은 재료공학에서 중국인과 중국계의 실력이다. 세계 100대 재료공학자 중에서 52명이 미국인으로 최다지만 중국 국적이거나 중국계인 학자가 25명이나 된다. 특히 주목할 것은 세계 상위 TOP 10 중 6명이 중국인이다. 세계 100대 재료공학자 중에서 일본인이 6명, 한국인은 1명에 불과하다.

04
7nm 기술을 개발한 중국 실력을 과소평가하지 마라

중국의 반도체 산업은 선진국에 비해 낙후되어 있다. 그러나 중국은 거대한 시장과 저렴한 생산 원가 때문에 이미 삼성, SK하이닉스, 인텔, 마이크론, TI, TSMC, UMC 등 한국, 미국, 대만 등 전 세계 주요 반도체 회사들이 모두 중국에 진출해 있다. 그간 이들 공장에서 일한 노동력과 엔지니어들이 축적한 기술이 있다.

중국은 1, 2기 국가반도체펀드를 통해 63조 원을 반도체 생산, 장비, 소재에 투자해 이미 기초 수준은 벌써 뛰어넘는 기술력을 확보했다. 2014년에 조성한 1,387억 위안(26조 원) 규모의 1기 펀드는 설계와 생산에 집중해 하이실리콘 같은 세계 TOP 10 안에 들어가는 팹리스를 만들었고, 파운드리에서도 SMIC 같은 회사에 집중 투자해 세계 TOP 5 안에 들어가는 파운드리를 이미 만들었다.

한국과 대만이 5nm 공정 제품을 만들고 있지만 중국은 FinFET 공정의 14nm 제품을 만들었고 2022년 7월에는 SMIC가 DUV 멀티 패터닝 기반 공정 기술을 통해 캐나다 소재 가상화폐 채굴 회사 미네르바^{Miner-Va}가 생산을 위탁한 전용 SoC(시스템온칩)인 7nm 공정을 사용한 MinerVa 7을 생산 공급했다.

이는 TSMC의 DUV 기반 7nm FinFET 공정 기술을 베낀 것으로 여러 번 패터닝을 반복한 이른바 4중 멀티 패터닝 기술 SAQP^{self-aligned quadruple patterning}를 쓴 것이다. SMIC가 10nm의 기술 한계를 넘지 못할 것이라고 보았던 서방 세계는 SMIC의 7nm 제품에 크게 경계심을 갖게 되었다. 미국이 EUV가 아니라 DUV 장비 공급도 제한하고 10nm 이하 장비 수출 제한을 14nm로 올린 것도 이 때문이다.

한국 등 선두 업체는 176단 낸드 제품을 출시하고 마이크론이 2022년 7월에 232단, SK하이닉스가 238단 제품을 선보이고 있다. 하지만 YMTC는 2021년 8월에 128단 낸드 플래시 제품을 출시했고, 2022년 6월에 192단 시제품을 출시했다고 밝히고, 2022년 8월에 4세대 3D 232단 낸드 플래시 생산 계획을 발표했다. 중국의 발표를 액면대로 믿기는 어렵지만 낸드 플래시 분야에서 중국이 기술 격차를 1~2년으로 줄였다는 것이 일반적인 시각이다.

중국은 미·중의 반도체 전쟁에 자극을 받아 2019년부터 2기 2,000억 위안(37조 원) 규모의 국가반도체펀드를 통해 소재 장비 국산화에 주력하고 있다. 반도체 장비 분야에서는 첨단 장비를 만들 수 없으나, 45~65nm급 수준의 장비는 양산이 가능하다. 중국산 장비로 고성능 칩은 만들 수 없으나 차량용이나 저급의 핸드폰용 칩은 자체 생산이 가능하다는 말이다.

가장 중요한 노광장비의 경우 중국은 90nm 장비를 상용화했고, 이는 ASML의 2018년 수준 제품과 비슷한 정도로 평가받고 있다. 2002년부터 국가 프로젝트로 노광장비 국산화를 추진하는 중국은 2022년에 대표 기업인 상하이마이크로일렉트로닉스^{SMEE}가 28nm 노광장비를 출시해 SMIC 라인에 설치할 계획이라고 발표했지만 아직 진위는 확인되지 않고 있다.

중국은 바세나르 협정으로 인해 첨단 장비인 노광장비에 필요한 핵심 부품의 수입이 막혀 있어 국산화해야 하는데 SMEE 노광장비 개발에서 광원 시스템은 커이홍위안$^{RSRASER, 北京科益虹源}$, 대물렌즈는 궈왕광학^{北京国望光学}, 노광광학은 궈커정밀^{国科精密}, 작업대는 화줘징커$^{华卓精科, u-precision}$, 액침은 CHEERTECH^{启尔机电}이 담당하고 있다. 가장 중요한 광원 개발에서 중국의 커이홍위안은 아직 28nm 노광기에 필요한 60W 6kHz ArF(불화아르곤) 광원을 완성하지 못한 것으로 알려지고 있다.

10nm 이하 공정에 사용되는 EUV 장비와 달리 DUV 장비의 해상도는 30nm 이상이다. 이에 따라 그동안은 전력반도체^{PMIC}, 자동차용 마이크로컨트롤러유닛^{MCU} 등 숙련 공정에 주로 활용됐다. 그런데 반도체 제조사들은 DUV 노광 공정을 2~4번 반복하는 더블 패터

닝, 쿼드러플 패터닝 기술을 개발하면서 DUV 장비로 7~10nm대 제품까지 생산 가능한 상태가 됐다.

중국은 DUV ArF 이머전 노광장비를 써서 7nm급까지 구현했다. 미국 반도체 전문 분석 기관 테크인사이츠TechInsights는 SMIC가 중국의 비트코인 채굴 장비 업체 미네르바에게 7nm 공정 기반의 암호화폐 채굴용 SoC(시스템온칩)를 제조한 정황을 포착했다고 밝혔다. 해당 칩은 TSMC의 7nm 공정 제품과 설계 및 성능이 매우 유사한 것으로 나타났다.

이머전은 렌즈와 웨이퍼 표면 사이의 공간을 굴절률이 큰 액체의 매질로 대체해 해상력을 높이는 기술인데 이를 통해 DUV의 미세 회로를 단일 패터닝 기준 최소 38nm까지 줄이는 것이 가능하다. DUV ArF 이머전 장비로 회로를 더블 패터닝(노광 공정을 두 번 거침)하게 되면 7nm급 공정 구현이 가능하다. 실제로 TSMC 역시 EUV 기술 도입 전에 DUV로 7nm 제품을 생산한 적이 있다.

중국은 미국이 EUV 장비에만 수출 금지를 건 허점을 이용해 2021년과 2022년 1/4분기까지 DUV 장비를 대거 수입했고 일본의 중고 설비도 쓸어 모았다. SMIC는 2022년 7월 최근 40nm 공정에 쓰이는 DUV ArF 이머전 노광장비를 활용해 7nm 공정으로 제품 생산을 한 것으로 알려졌다.

7nm 공정은 기술의 발전을 상징적으로 의미하는 것이지 실제 게이트 길이를 의미하는 것은 아니다. 일반적인 7nm 공정의 게이트 길이가 실제로는 10nm 이상이기 때문에 기존 DUV 이머전 노광장

비로도 충분히 대응할 수 있다. 그러나 그 이상의 첨단 칩은 EUV 장비가 필요한데 이는 설치 후에 ASML의 계속적인 A/S가 있어야 양산이 가능하다. 그리고 칩을 생산하는 것은 가능하지만 이를 통해 수율을 안정시키고 양산을 하기까지는 긴 시간이 걸린다.

■ SMIC의 제품별 공정 기술 수준(2022. 6.)

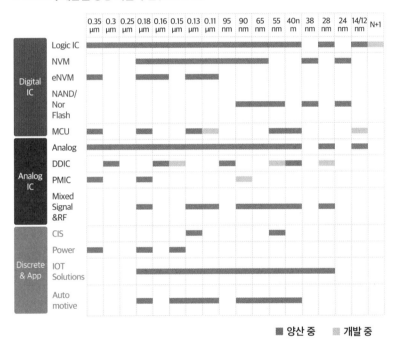

자료: SMIC ,SPDB Int'

05

레거시 가격을 똥값 만들면
세계 시장은
중국이 장악한다

반도체 기술은 10nm 이하 첨단 미세 공정 반도체가 이끌지만, 반도체 산업의 허리는 레거시 기술의 저가 반도체가 받치고 있다. 10nm 이하 미세 공정 첨단 반도체는 모바일 칩[AP], 인공지능[AI], 고성능컴퓨팅[HPC] 등에 쓰인다. 반면 레거 시기술의 저가 반도체는 정보기술[IT] 기기나 자동차에 사용되는 마이크로컨트롤러유닛[MCU], 전력관리반도체[PMIC] 등에 사용된다.

산업용 제어 칩도 레거시 기술의 저가 반도체가 대부분을 차지한다. 코로나19 확산 이후 전 세계 자동차와 전자 업체의 생산 차질은 10nm 이하 첨단 미세 공정 반도체가 아니라 8인치 웨이퍼로 만드는

■ 2022~26년 지역별 300mm 웨이퍼 증설 점유율 전망

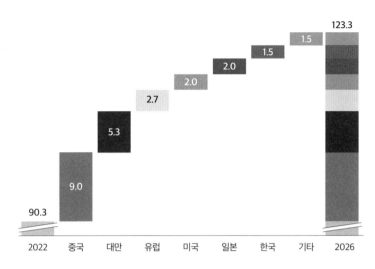

	점유율	성장률	2026년 생산점유율		
▨ 기타 지역	6%	5%	41%	59%	
▧ 한국	7%	5%	61%	25%	14%
▨ 일본	8%	3%	33%	67%	
▨ 미국	9%	4%	15%	51%	34%
▨ 유럽	11%	5%	11%	26%	63%
▧ 대만	22%	6%	55%	28%	17%
▧ 중국	37%	8%	2%	43%	55%
			■ Leading <14nm ▨ Advanced 22-26nm ▨ Mature >90 nm		

자료: SEMI WEF(2022. Sep.), 맥킨지

레거시 저가 반도체 MCU, PMIC 등에서 발생했다.

미국이 반도체법을 통과시키면서 미국의 보조금을 받은 기업은

중국에 14~18nm 이하의 생산 설비 증설 금지 조항을 넣은 것은 이유가 있다. 8인치 웨이퍼를 쓰는 부가가치가 떨어지는 28nm 이상 제품은 구형 공정이어서 핵심 설비들이 대부분 단종된 상태이고 선진 기업들은 증설에 나서지 않는다.

선진국은 투자를 하지 않고 공급이 부족한 반면 중국은 미국의 기술과 장비 봉쇄로 첨단 제품의 생산이 어렵게 되자 저가 반도체 생산에 집중하고 있다. 중국은 첨단 반도체 기술이 한국과 대만, 미국 등에 크게 뒤진 만큼 중하위 기술 역량을 키우겠다는 전략이다.

국제반도체장비재료협회^{SEMI}에 따르면 중국은 2021~24년 4년간 31개의 팹을 건설할 계획이다. 같은 기간 대만의 19개 팹과 미국의 12개 팹을 넘어서는 수준이다. IBS는 중국이 2025년 전 세계 28nm 반도체의 40%를 담당할 것으로 예측하고 있다 이렇게 되면 2025년 이후 저가 레거시 제품 생산 중심은 중국이 된다. 중국 SMIC는 상하이와 톈진에 28nm 반도체 공장을 짓는 데 각각 89억 달러(약 12조 4,000억 원), 75억 달러(약 10조 4,500억 원)를 투자한다.

SEMI는 2023년 3월 28일 발표한 「300mm 팹 전망 보고서^{300mm Fab Outlook}」에 따르면, 2023~26년 전 세계에서 82개의 새로운 300mm(12인치) 웨이퍼 팹이 가동될 전망이다.

12인치 웨이퍼 팹의 국가별 점유율을 보면, 중국은 미국의 노골적인 견제에도 생산 능력 점유율이 세계 1위에 오를 것으로 전망한다. SEMI는 중국의 12인치 팹 생산 능력 점유율이 2022년 22%에서 2026년 25%까지 확장될 것으로 예측했다. 웨이퍼 환산 시 월 240만

장 수준이다. 중국은 미국의 수출 통제 속에서 첨단 노드의 300mm 전 공정 팹 생산 능력을 확장하기 위해 정부 차원의 투자가 집중될 것이라고 예상했다.

한국은 메모리 시장의 수요 부진으로 2022년 25%에서 2026년 23%로 점유율이 하락할 전망이고, 대만도 22%에서 21%로 점유율이 소폭 하락하며 3위를 유지하고, 일본도 같은 기간 13%에서 12%로 소폭 하락할 것으로 전망한다. 북미, 유럽, 중동 지역은 차량용 반도체 부문의 강력한 수요와 각 지역 정부 투자에 힘입어 북미 지역은 같은 기간 0.2% 상승한 9%, 유럽·중동은 1% 증가한 7%다. 동남아시

■ **공정 기술별 반도체 시장점유율**

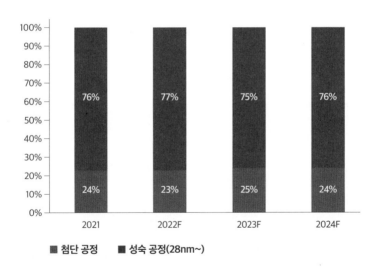

자료: IC Insight

아는 같은 기간 4% 점유율을 유지할 것으로 예상한다.

언론에서 5nm, 3nm 공정 얘기를 많이 듣다 보니 5nm, 3nm 공정을 못하면 반도체에서 끝난 것으로 인지하지만 시장으로 보면 14nm 이하 첨단 제품의 비중은 23% 선에 그치고 시장의 77%는 레거시 제품이다. 기술 수준이 높고 수익성이 좋은 첨단 제품을 만들 수 없는 상황에서 중국의 전략은 아직도 전체 시스템 반도체 시장의 77%를 차지하는 성숙 제품 반도체에 대한 경쟁력을 높이겠다는 것이다. 중국이 28nm 이상 제품에서 반도체 가격을 낮춰 버리면 세계 반도체 시장의 70%가 중국 세상이 된다.

이런 상황이 발생한다면 중국의 대규모 반도체 투자에서 주의할 점은 '제2의 요소수 사태'다. 요소수를 기술적 난이도가 높아서 만들지 못하는 것이 아니라 도저히 경제성이 없어서 생산하지 않는 것이

■ 세계 반도체 무역 구조

자료: oec.world/en/profile/hs/semiconductor-devices

다. 반도체에서 레거시 제품은 수익성이 낮고 인건비부터 모든 비용이 높은 선진국 입장에서는 대량 생산 시설을 갖출 이유가 없다. 후진국이 생산하면 염가에 사다 쓰면 되는 것이다.

그러나 2024~26년 이후 중국이 레거시 제품에서 시장을 장악하면 마치 요소수 때문에 모든 경유자동차가 스톱되는 불상사가 생기듯이 5nm, 3nm 첨단 공정 제품이 아니라 중국이 레거시 제품을 공급하지 않으면 전자 기기가 레거시 제품이 없어 돌아가지 않는 불상사가 생길 수도 있다.

중국 반도체의 삼성, TSMC와의 기술력 비교나 격차를 논하기에는 이르다. 하지만 제품 수요 시장에서 중국의 전략을 주목해야 한다. 미국의 대중국 반도체 수출 통제 조치로 서방 세계가 중국과 반도체를 단절하면 중국은 기술 국산화를 위해 전력투구할 것이고 사회주의 특유의 국가 동원력을 가진 중국의 국가 역량을 감안하면 중국은 10~15년 안에 국산화를 이룰 수도 있다. 그런 상황이 오면 서방 반도체 기업에게 중국이라는 세계 최대 수요처가 사라져 버릴 수도 있다.

시장이 없는 기술은 의미가 없다. 반도체는 동맹이 중요한 게 아니고 시장과 기술 혁신이 중요하다. 시장의 30%가 사라지면 기술 혁신의 동력도 그만큼 줄어들고 투자 여력도 약해진다. 중국과의 기술 격차를 유지하면서 시장 상호 의존을 어떻게 유지할 것인지를 생각해야 한다. 미국의 IPEF, Chip4를 넘어서는 10~15년의 긴 시각에서 대중국 반도체 전략을 세워야 한다.

06

주목해야 할
중국의 '거국체제' 동원

2023년 3월 13일에 끝난 2023년 중국의 양회의에서 언론은 이미 2022년 10월 20차 당대회에서 끝난 시진핑의 3연임, 1인 독재에만 포커스를 두고 중국위기론을 리바이벌했다. 하지만 이번 양회의에서 진짜 주목해야 할 것은 중국의 정부 조직 개편과 국가 자원의 집중이다.

시진핑 3기 정부 중국 국무원의 27개 부서 중 22개 부서의 장관이 바뀌었지만 과학기술부, 재무부, 위생부, 운수교통부, 인민은행 5개 부서의 장관은 2018년 임명 이후 그대로 연임되었다. 특히 과학기술부는 기능과 역할을 대폭 확대했다. 미·중 기술 전쟁에 대비해 전쟁

중에 장수를 바꾸지 않았다는 얘기다. 그리고 중국은 향후 5년간 국가 정책의 최우선을 국가 안보로 선언하고 식량, 에너지, 첨단 산업 공급망(반도체)이 중국 국가 안보의 아킬레스건이라고 고백했다.

서방 세계에서는 중국의 반도체 굴기는 별 볼일 없고 미국의 반도체 봉쇄로 중국의 미래는 암흑이라는 것이 일반적인 시각이다. 중국의 반도체 실력에 대해 서방과 한국은 논란이 많았지만 이번에 미국이 정확하게 중국의 실력을 입증해 주었다. 중국 반도체 기술이 별 볼일 없다면 미국이 반도체 장비와 기술 통제를 할 이유가 없다.

이번 2023년 양회의에서 중국 과학 기술과 관련한 주목할 만한 언급이 하나 나왔다. 우리에게는 생소하지만 '거국체제' 동원이라는 단어가 등장했다. 모든 국가의 자원을 동원한다는 뜻인데 바로 미국이 봉쇄하려는 반도체 국산화에 국가의 모든 자원을 집중하겠다는 말이다. 여기에는 인력, 자금, 기술, 자원의 모든 것에서 반도체 산업을 최우선 순위에 둔다는 것이다. 미국과 유럽 그리고 일본 인구를 모두 합한 것보다 더 많은 인구에 세계 2번째로 큰 경제대국이 국가의 명운을 걸고 반도체를 국산화하겠다는 것을 전 세계에 대놓고 천명한 것이다.

그래서 중국이 미국의 봉쇄로 반도체 굴기가 끝났다는 시각은 버려야 한다. 중국에는 이미 전 세계의 모든 반도체 회사가 들어와 공장을 짓고 반도체를 생산했다. 또 미국 실리콘밸리의 핵심 반도체 엔지니어의 상당수가 중국계이며, 연간 1,158만 명의 대졸자 중 절반이 공대생이다. 미국이 반도체 보조금 527억 달러로 반도체 회사들을 유혹하지만 중국은 이 규모의 2~3배 자금을 반도체 국산화에 지원할 계획이다.

1950년대 말 중국은 구소련이 지원을 중단하자 모든 국가 자원을 동원한 거국체제 동원으로 맨땅에 헤딩하듯이 원자폭탄과 수소폭탄을 만들어 낸 경험이 있다. 지금 이를 반도체 국산화에 그대로 적용하려는 것이다. 역설적이지만 중국은 감히 엄두도 내지 못하던 반도체 국산화를 미국의 봉쇄를 계기로 국산화할 수밖에 없고 국산화해야 한다는 당위성에 국가의 명운을 걸었다는 점을 주의해야 한다.

미·중 전쟁 이후 중국의 침묵이 무섭다. 중국의 당대회, 경제공작회, 양회의의 문건을 보면 모든 정부 문서의 양이 줄었고 구체적인 수치 목표나 내용이 없다. 모호한 추상적인 단어 나열에 그친다. 이는 미국과의 경제 전쟁을 의식해 정보를 의도적으로 노출하지 않는 것이다. 특히 첨단 산업과 반도체 산업은 구체적인 육성 계획이 2020년 14차 5개년 계획 이후 공식 발표가 없다. 이는 진정한 반도체 '도광양회' 전략이다.

2023년 양회의에서 반도체에서 국가 자원을 총동원하는 거국체계를 명시했지만 역시 구체적인 내용은 없었다. 바깥으로 정보를 내보내지 않는 것이다. 그러나 이번 양회의에서 주목할 것은 국유 기업 개혁이다. 중국은 GDP의 63%를 차지하는 국유 기업의 평가 기준에 ROE와 현금흐름을 추가하고 R/D 비중을 명시했다. 국유 기업은 업종 평균 R/D 비율보다 낮게 투자하면 안 된다는 조항이 새로이 들어왔다.

국유 기업에 ROE 경영을 통해 서방의 인센티브 시스템을 만들고, 현금흐름과 기술경영을 통해 기술 선진화를 하며, 기술 국산화의 중심에 국유 기업을 동원한다는 것이다. 2023년 3월 들어 중자中字 기업이라고 불리는 국유 기업의 주가가 폭등했다. 국가자본주의의 무서운 추진력과 될 때까지 고Go를 부르는 막가파 정신이 무섭다.

07

미국의 기술 봉쇄에 따른 중국의 3가지 차원 대응

미국은 중국의 반도체 굴기를 원천적으로 봉쇄하기 위하여 14nm 이하 공정에 중국 본토 또는 국제 기업을 불문하고 중국의 모든 기업에 고급 공정 장비와 장비 설치, 유지 보수 및 서비스를 금지했다. 미국은 인공지능에 사용된 엔비디아의 최첨단 칩의 대중국 수출도 금지시켰다.

 미국의 제재는 여기서 그치지 않고 새로운 제재를 추가할 가능성도 있다. 미국은 메모리 칩 제조 및 EDA 도구에 대한 제재도 검토하는 것으로 알려졌다. 미국은 128단 이상의 낸드 칩 제조 도구를 중국 본토로 수출하는 것을 금지하고, EDA 도구도 AI 칩 제조에 사용하는 것을 금지할 것으로 보인다.

트럼프 시대의 전면 사격에서 바이든 시대는 정밀 저격과 표적 진압으로 미국의 전쟁 진행 방식이 바뀌었다. 미국 정부의 중국 반도체 견제와 억압의 장기 목표는 변하지 않을 것이며 중국의 선진 기술과 선진 기술 개발에 대한 억압은 완화되지 않을 전망이다.

14nm 이하의 칩 제조에서 미국의 견제는 SMIC가 가장 큰 타격을 받을 수밖에 없다. 중국은 14nm 기술에서 주요 8대 장비 개발에 집중하고 있다. 일부 기업이 식각장비, 세정장비에서 국산화를 이루어 일정 점유율을 확보하고 있지만 14nm 이하 노광장비나 이온주입기 등 장비와 소재의 국산화는 요원한 상황이다.

■ 중국의 반도체 장비 기술 수준 평가

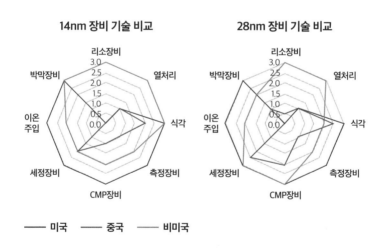

자료: Xinmou Research

미국은 14nm 이하 기술에 제재를 하는데 중국 기업이 28nm 제품을 만들지 못했다면 미국의 금지 조치는 28nm에 고정되었을 것이다. 결국 미국의 제재는 중국 기술에 따른 '맞춤형' 제재로 중국의 반도체 산업 발전을 억제하기 위해 동적으로 조정될 수밖에 없다. 미국의 14nm 이하 장비의 제제는 14nm 이하의 첨단 기술을 사용하는 중국 내 CPU, 서버, 슈퍼 컴퓨팅, AI 및 통신 칩이 심각한 영향을 받아 중국의 첨단 기술 발전에 영향을 미칠 수밖에 없다.

미국은 자국 국적 이외의 장비 기업에도 강요와 유인책으로 대중국 제재를 이어가고 있는데 이들 기업의 내재적 불만을 완전히 잠재울 묘수는 없다. 중국에 팔지 못하는 만큼의 대체 시장을 미국이 창출해 주어야 하는데 반도체법의 지원에도 불구하고 미국 시장이 중국 시장을 완전히 대체할 만한 신규 시장을 만들기는 현실적으로 불가능하다.

중국의 이런 기술 곤경에서 탈피하려는 전략은 거시 전략, 국제 전략, 국내 전략으로 나누어진다.

거시 전략은 크게 3가지 차원에서 접근한다.

첫째, 시간적 속성의 관점에서 장기적으로 어떤 영역을 정복해야 하고, 단기적으로 돌파할 수 있는지를 파악한다.

둘째, 국제적 속성의 관점에서 자립해야 하는 부분이 어디인지, 국제 협력으로 해결할 수 있는 부분이 어디인지를 찾는다.

셋째, 시장 속성의 관점에서 어떤 연결고리가 시장화를 통해 해결될 수 있고, 특별한 수단을 통해 해결되어야 하는지를 찾는다.

■ 중국의 반도체 장비 국산화 전략

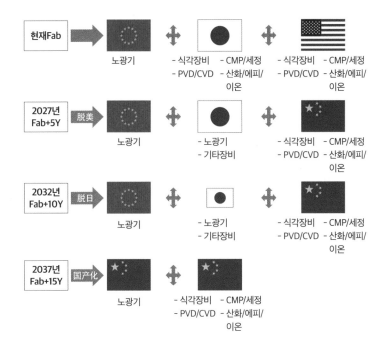

자료: Equal Ocean, 半导体风向标, 2022. 10. 11.

국제 전략으로는 반도체 최대 소비시장의 강점을 살려 국제 협력의 연계를 통해 곤경에서 탈출할 방법을 찾고 국제 협력을 적극 추진한다. 중국은 칩, 재료, 장비 및 기타 분야를 포함한 반도체의 세계 최대 수입국이다. 현재 중국 시장에서 국제 기업의 시장점유율은 더 커질 여지가 있으며 산업의 하강기에는 이런 큰 시장 지위가 국제 협력에 중요하다.

미국 정부가 반도체 장비의 대중국 수출을 막는 것에 대응해 네덜란드, 일본, 한국 등 비미국 장비 제조사들은 적극 단결해야 한다. 과거 경험에 비추어 볼 때 해외 제조사들은 미국의 금지령으로 인해 피해를 입게 되면 미국 정부와 적극적으로 소통해 자신들의 이익을 보호하기 때문이다. 한 예로 네덜란드 노광장비 제조 업체 ASML은 미국이 발표한 'DUV 장비 공급 금지'에 대응하여 '미국이 중국에 노광장비 판매를 중단하도록 하는 글로벌 반도체 공급망은 큰 혼란에 직면할 것'이라고 경고했다.

자립해야 하는 분야에서는 적극적으로 산업의 리더를 키워야 한다. 과거 중국 내 정책은 면대면 포용적 정책이 주를 이루었지만, 이제는 미국의 정밀한 공격에 대비해 보다 표적화되고 선진화된 대면 정책의 도입이 필요하다고 본다.

기존의 국산화 장비, 자재, 부품 등의 정확도는 여전히 해외 선진 수준에 뒤떨어지지만 공정 연구 개발 및 검증 과정에서 국산화 공급망에 판매 기회를 주어야 한다는 것이다. 장비, 자재, 부품 업계의 '중단점斷点', '고충점痛点', '어려움难点'을 세분류하고 각각의 문제를 해결하는 전략을 수립한다. 업계가 질문을 던지면 기업이 대답하고 시장은 문제를 해결하고 대량 생산을 달성하여 막힌 문제를 풀어 나가겠다는 것이다.

2023년 3월 24일 중국 증시에서 중국 반도체 회사들의 주가가 무더기로 상한가를 가는 기현상이 발생했다. 전일에 미국의 대중국 반도체 투자 제한 조치의 세부 사항을 발표했다. 10년간 첨단 제품은 5%, 성숙 제품은 10%의 증설만 허용한다는 조치였다. 언론은 한국 기업이 한숨 돌렸다고 했지만 중국에 투자하지 말라는 기조는 변함 없었다.

그런데 중국 반도체 주가의 폭등은 다른 이유가 있었다. 중국 정부가 미국 정책에 화끈한 맞불 정책을 썼기 때문이다. 미국은 반도체 공장 유치에 자금 제한과 반도체 업체 입장에서는 받아들이기 어려운 조건을 수없이 많이 두었지만 중국은 파격적인 지원 조건을 내걸었다.

중국은 2023년 3월 양회의에서 정부와 당의 조직을 개편하면서 국무원 과학기술부의 기능을 대대적으로 확대하고 당에 중앙과학기술위원회를 만들었다. 미국의 기술 전쟁에 중국이 국가 차원에서 역량을 집결하고 분산된 반도체 산업의 지원을 통일하고 집중해서 지원하기 위한 것이다.

중국은 그간 느슨하고 방만하게 운영되어 온 국가반도체펀드를 재편하고 부패 혐의가 있고 개인의 사익을 추구했던 국가반도체펀드의 책임자와 이들과 공모해 자금을 유용한 CEO들을 모조리 잡아들였다. 국가반도체펀드와 국가반도체펀드가 주력으로 투자한 칭화유니그룹 같은 투자 기업의 지배 구조와 CEO를 싹 바꾸고 반도체에서 미국과의 새로운 일전을 준비하고 있다.

중국은 과기부와 중앙과학기술위원회를 새로이 출범시키면서 반도체 국산화와 반도체 장비 국산화의 주력이 되는 기업에 미국과 달리 전략적으로 자금 지원에 어떤 상한도 없이 무한대로 지원하겠다는 것을 밝혔고, 이를 증시가 알아차리고 강한 반응을 보인 것이다.

미국은 반도체 지원 자금에 금액 조건 등 복잡한 제한을 두었지만 중국은 반도체를 국산화만 한다면 '자금 무한 제공'의 조건을 내걸었다. 민간이 자본을 통제하는 서방의 자본주의와 국가가 자본을 통제하는 중국식 국가자본주의의 차이다.

아이러니지만 지금 중국 반도체를 키우는 것은 90%가 미국이다. 미국의 반도체 제재를 받은 중국 기업 중 죽어 나간 기업은 단 하나도 없다. 만리장성의 보호 속에 멀쩡하게 내수시장 기반으로 건재하다.

적은 단칼에 죽여야지 여기저기 마구 찌르면 내성만 키우고 상대의 실력만 키운다. 지금 미국이 중국 반도체의 교과서이고 중국을 키우는 코치다. 중국이 가야 할 길을 레슨하고 있다. 반도체에 대한 통상 대응, 기술 보조금, 외국 기업 다루는 법, 외국 기업을 제재하고 통제하는 법 등을 모조리 알려 주고 있다.

■ 대중국 반도체 통제가 없을 경우 중국의 세계 반도체 생산 능력 점유율 전망(2030)

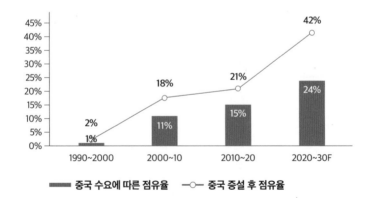

자료: SEMI, VLSI, BCG Analysis

08

FinFEF 공정의 양맹송, 넘사벽 EUV의 임본견

지나간 얘기지만 중국의 SMIC가 네덜란드 ASML의 EUV 장비만 공급받을 수 있었다면 7nm 공정은 물론이고 삼성과 TSMC의 5nm 공정도 따라잡을 뻔했다. TSMC와 삼성에서 근무한 14nm FinFET 공정을 주도했던 양맹송梁孟松의 지도하에 SMIC는 DUV로 7nm 공정까지 갔다.

양맹송은 대만의 국립성공대학교National Cheng Kung University에서 전기공학 학사 및 석사 학위를 받았으며, 미국 캘리포니아대 버클리에서 박사학위를 받은 후 미국 AMD에서 근무했다. 그의 지도교수는 후정밍胡正明으로 TSMC의 CTO로도 일했던 반도체 전문가이며 14nm

이하의 칩 제조 공정에 널리 사용되는 Fin-FET 아키텍처의 발명자다. 1992년에 양맹송은 TSMC에 엔지니어 및 선임 R&D 디렉터로 합류했다.

2000년경 TSMC는 130nm 공정을 위해 IBM 및 UMC와 경쟁했다. IBM은 IBM의 기술을 TSMC와 UMC에 라이센스하기로 결정했고, UMC는 IBM의 올리브 브랜치를 인수했고, TSMC는 자체 130nm 공정을 개발하기로 결정했다. 그 결과 수율 문제로 인해 UMC와 IBM의 130nm 공정이 상용 생산에서 지연되었다. 그러나 TSMC는 자체 130nm 공정 개발을 선택하여 큰 성공을 거두었고 이 과정에서 양맹송은 IBM 및 UMC와의 경쟁에서 중요한 역할을 했다.

공정 기술이 130nm에 이르렀지만 당시 이것은 심각한 기술적 분수령이었다. 다행히 양맹송이 이끄는 팀은 '알루미늄 공정'을 '구리 공정'으로 변경하고 첫 번째 돌파구를 찾았다. 이런 기술적인 발전으로 TSMC는 미국의 거대 IBM을 한 번에 무너뜨렸고 양맹송을 스타로 만들었다. 양맹송은 180여 개의 반도체특허를 가지고 있고, 1992년부터 17년간 TSMC에 재임하면서 500여 개의 특허를 낸 기술 장인이다.

대만 출신인 양맹송은 20여 년간 세계 최대 파운드리 기업인 TSMC에서 17년간 연구임원으로 일한 뒤 2009년 퇴직한 이후 2011년 삼성으로 넘어와 최고기술책임자[CTO](부사장급)를 맡았다. 양맹송은 삼성이 2014년 14nm FinFET 공정을 가장 빠르게 개발해 TSMC를 제치고 애플의 아이폰 모바일용 애플리케이션프로세서[AP] 파운드리 계약을 따내는 데 일조했다고 알려졌다.

그러자 TSMC는 2014년 양맹송에게 소송을 걸었다. TSMC 출신인 양맹송이 삼성에게 TSMC의 핵심 특허를 넘겼다는 주장이었다. 2015년 대만 대법원은 그해 말까지 양맹송 전 부사장이 삼성전자에서 일할 수 없다는 판결을 내렸다. 양맹송은 2016년 삼성전자에 복직했다가 퇴사하고 2017년 중국 본토의 SMIC에 입사해 14nm/10nm FinFET 공정 연구개발[R&D]을 했다.

14nm는 반도체 전자회로의 선폭[線幅]이 14nm인 초미세 공정을 의미한다. '핀펫[FinFET]'은 칩 아키텍처를 평면이 아니라 3차원 형태로 구현해 마치 물고기 지느러미[fin]와 비슷해 붙은 이름이다. 14nm FinFET을 적용한 제품은 소비 전력이 낮아지고 데이터 처리 능력이 빨라진다.

SMIC는 2017년 삼성전자 출신인 양맹송 전 부사장을 영입한 뒤 단기간에 미세 공정 기술을 궤도에 올리는 데 성공했다. 양맹송의 참여로 SMIC의 첨단 공정 기술은 14nm, N+1, N+2를 달성했고 SMIC는 14nm FinFET 공정에서 나아가 10nm, 7nm 공정을 이행한다는 중장기 로드맵도 세웠다.

기술 장인, 반도체 FinFET 공정의 대가로 불리는 양맹송은 SMIC에서 사퇴했다. 하지만 양맹송은 2020년 이사회에 보낸 서한에서 중국 본토로 넘어와 2,000여 명의 엔지니어와 밤새며 14nm 공정을 완성했고 노광장비만 있다면 2021년 4월 7nm로 들어갈 수 있는 공정 기술을 완성했다고 주장했다.

그는 3년 만에 28nm에서 7nm까지 총 5개의 공정을 완료하기 위해 최선을 다했고 이것은 보통 회사가 달성하는 데 10년 이상 걸리는 작업이라고 했다. 7nm 기술의 개발도 완료되어 2022년 4월부터 테스트 생산이 시작될 예정이고 5nm와 3nm의 가장 중요하고 어려운 8가지 기술도 순조롭게 진행 중이라고 했다.

그러나 중국 공산당은 바보가 아니다. 고액으로 스카우트해서 단물을 빤 엔지니어는 더 이상 필요 없다. 미국의 반도체 장비 봉쇄로 14nm 이하 장비 반입이 안 되는 상태에서 14nm 기술의 연장선상에서 만들어진 7nm, 5nm, 3nm 기술은 의미가 없다. 이제는 EUV 장비를 쓰지 않는 첨단 공정과 칩렛Chiplet처럼 패키지에서 비슷한 성능을 내는 방법을 연구하고 있다.

중국은 양맹송 FinFET 공정의 사례에서 보았지만 칼자루만 쥐어주면 바로 우리를 뚫고 박차고 나올 수 있는 위험 요소를 갖고 있다. 미국의 규제에 그냥 즐기고 있다 보면 어디서 뒤통수를 맞을지 모른다. 연간 1,158만 명의 대학생이 배출되는 나라에서 제2, 제3의 양맹송이 어디서 튀어나올지 모른다.

2023년 3월 네덜란드 정부는 ASML이 제조한 DUV(심자외선)의 노광장비 제한 사항을 포함하여 대중국 반도체 기술 수출에 대한 새로운 통제를 시행할 계획이라고 밝혔다. 네덜란드 노광장비 대기업 ASML은 이후 DUV 시스템을 출하하려면 수출 허가를 신청해야 한다는 성명을 발표했다.

ASML은 이미 2019년부터 중국에 EUV 노광장비 판매를 중단했다. 그래서 '노광장비의 고통'은 중국 반도체 산업에서 극복할 수 없는 넘사벽의 걸림돌이 되었다.

노광장비의 원리는 매우 간단하다. 카메라와 유사하게 빛을 사용하여 실리콘 웨이퍼에 패턴을 투영한다. 구현에는 2가지 어려움이 있는데 하나는 패턴을 최대한 작게 만드는 방법이고, 다른 하나는 생산 효율을 극대화하는 방법이다.

노광장비의 기술은 집적 회로의 높이를 결정한다. 18~24개월에 집적도를 배로 높이는 무어의 법칙이 계속되려면 더 진보된 노광장비가 필수이다. 그래서 노광장비는 지금 미국이 중국 반도체 산업 굴기를 막는 결정적인 굴레가 되었다.

노광장비는 2가지 범주로 나뉜다. 심자외선DUV 노광 기술은 일본과 네덜란드에서 개발했으며 0.13μm에서 28/14/7nm까지 칩을 생산할 수 있다. 대당 가격은 2,000~5,000만 달러이다. DUV와는 근본적으로 다른 극자외선 노광기EUV 탄생 초기부터 자본과 기술 수준에서 미국에 의해 완전히 통제되어 왔으며 7nm 이하 5nm, 4nm, 3nm까지의 칩 생산에 필수다. 대당 가격은 1~3억 달러이다.

DUV 노광장비는 ASML, 니콘 및 캐논이 과점하고 있지만 가장 진보한 EUV 노광기는 ASML이 완전히 독점하고 있고 2022년에 40대가 생산되었다.

1980년대 초에 ASML은 필립스 산하의 소규모 합작 투자 회사에 불과했다. 사장을 포함하여 회사의 전 직원은 31명으로, 필립스 본사 옆 임시 사무실에서 일했다. 2000년 이전 16년 동안 노광기 시장은 거의 니콘의 뒷마당이었고 ASML의 점유율은 10%를 넘지 못했다. ASML은 존재 자체도 희미했는데 당시 TSMC R&D의 부소장인 임본견이 등장하면서 판세를 완전히 뒤집어 반도체 장비 업계의 황제이자 슈퍼 을로 변신했다.

임본견은 1942년 베트남에서 출생한 대만인이며 본적은 광둥성 차오산이다. 1963년 국립대만대학교에서 전기공학 학사, 1970년 미국 오하이오 주립대학교에서 전기공학 박사학위를 받았으며, 2000~15년에 TSMC에서 임원으로 일했고 부사장으로 퇴임했다.

그 당시 칩 제조 공정은 65nm로 진행되었고 공기를 매체로 하는 '건식' 리소그래피 기술은 병목 현상에 직면했다. 연구 개발에 수십억 달러를 투자했지만 여전히 리소그래피의 파장을 단축할 수 없었다. 193nm에서 157nm까지의 광원, 빛의 파장을 줄이기 위해 많은 과학자가 참여했고, 수십억 달러와 많은 인력이 투입되어 다양한 솔루션이 나왔다. 하지만 이러한 솔루션은 투자 비용이 증가했다.

이때 TSMC 연구소 출신의 임본견이 풀리지 않는 수수께끼에 답을 내놓았다. 157nm는 돌파하기 어려우므로 193nm의 성숙한 기술로 돌아가 렌즈와 실리콘 웨이퍼 사이의 매체를 공기에서 물로 바꾼 것이다. 순수한 물의 굴절률은 공기의 굴절률보다 높기 때문에, 즉 렌즈와 웨이퍼를 물에 담그면서 해상도를 크게 향상시킬 수 있었다.

'이머전 리소그래피 기술'이라고 불린 이 기술의 상용화를 위해 임본견은 미국, 독일, 일본 등의 다양한 반도체 대기업에 제안했지만 모두 거절당했다. 마침내 ASML과 합작에 성공했고 2004년 ASML과

TSMC는 칩 제조 공정이 10nm 노드까지 지속적으로 돌파하는 데 결정적 기여를 한 세계 최초의 침지 리소그래피 장비를 공동 개발하는 데 성공했다.

TSMC는 이 장비를 사용해 순식간에 전 세계 파운드리 주문의 절반을 획득했고, 당시 ASML의 최대 경쟁자였던 니콘의 주요 고객사들이 속속 등을 돌렸다. 그들의 시장점유율은 계속해서 ASML에게 잠식당했고, 5년 후 ASML은 시장점유율 70%를 달성했다. 결국 임본견은 궁하면 통하고 통하면 대박을 내는 '필연의 법칙[궁칙사변^{窮則思}^變, 변칙통^{變則通}, 통칙달^{通則达}]'을 증명했다.

임본견이 개발하고 제안한 리소그래피 장비 기술이 없었다면 ASML이 반도체 장비의 슈퍼 을이 되는 것은 불가능했고, ASML이 EUV를 제공할 수 없다면 무어의 법칙은 멈출 수밖에 없었다. 반도체 공정에서 물고기 지느러미^{fin} 모양을 이용한 후정밍^{胡正明}의 아이디어와 이를 구현한 양맹송, 물을 매질로 사용하는 임본견 같은 중국인들의 아이디어가 없었다면 지금의 5nm, 3nm 첨단 반도체는 없다. 14억 중국인들의 머리를 낮게 보면 실수한다.

중국의 노광장비 기업은 상하이마이크로일렉트로닉스가 선두 기업이다. 2002년에 설립되어 중국 내 리소그래피 장비 분야의 1위 기업이다. 주력 제품은 SSX600 시리즈 리소그래피 장비인데 90nm, 110nm, 280nm 공정을 충족할 수 있는 수준으로 선진 기업의 5nm, 7nm, 14nm 제품과 비교하면 아직 상당한 거리가 있다. 현재 28nm 장비를 개발하고 있지만 아직 양산 소식은 없다.

09

런정페이의
천인계획을 대신하는
'천재소년계획'

중국 반도체의 미래는 결국 인재다. 미국에서 전자공학을 공부한 실리콘밸리의 인재들이 반도체를 만들고 키웠다. 그러나 이젠 스마트폰에 익숙한 디지털 베이비들이 세상에 없던 반도체를 만들 차례다. 반도체는 첨단 기술이지만 수많은 시행착오의 과정에서 만들어지는 고된 작업이고 인해전술의 전법이 통하는 산업이다.

미·중의 반도체 전쟁은 인재 전쟁이기도 하다. 중국은 1978년 이후 등장한 인재들이 '제조 중국'을 만들었지만(1978+30=2008), 이제는 새로운 MZ세대(2008+30=2038)들 간의 경쟁이다. 중국의 제조 공장은 2억 9,000명의 중졸 저학력의 저임 노동자들이 만들었지만 중국의 디지털 산업은 1978년 이후 대학을 졸업한 1억 5,000만 명의 대졸자가 만든다.

지금 중국은 연간 1,100만 명의 대졸자가 계속 쏟아진다. 이들 중 반도체 산업에서 스티브 잡스 같은 후정밍이나 양맹송, 임본견 같은 괴짜가 탄생하면 중국은 도약할 수 있다. 이런 측면에서 미국의 집중 공격을 받은 화웨이의 런정페이任正非 회장의 '천재소년계획'을 주목할 필요가 있다.

중국의 선진국 첨단 기술 빼내기 전략

중국은 그간 첨단 기술에 대해 "훔칠 수 있으면 훔치고, 베낄 수 있으면 베끼고, 살 수 있으면 사고, 뺏을 수 있으면 뺏으라."는 정부와 기업의 암묵적 지원과 방조하에 전 세계 기술을 모방하고 절도하고 강탈하고 사들였다. 그 결과 스마트폰을 만들고, 항공기를 만들고, 항공모함을 만들고, 인공위성을 쏘고, 우주선을 만들고, 우주정거장을 만들었다.

지금 중국은 과거에 미국이 독점하던 인터넷과 모바일 그리고 4차산업혁명의 핵심 기술인 5G+ABCDR 기술에서 미국을 추월했거나 추격 중이다. 그러자 중국의 첨단 기술 무임승차에 미국 트럼프 대통령이 확실한 제동을 걸었다.

중국이 시장을 미끼로 중국에 진출한 기업들의 지식재산권을 강탈하는 행위, 정부나 연구기관, 군대 소속 연구원들이 신분을 외교관, 학자로 위장하고 미국에 진출해 첨단 기술을 빼내는 산업 스파이 행위가 전형적인 중국의 선진국 첨단 기술 빼내기 전략이었다.

화교 출신의 뛰어난 학자와 과학자, 그리고 천안문사태 이후 대거 유학을 간 유학생들 중 2/3가 미국에 정착해 첨단 기술 분야에 종사하자 중국은 새로운 전략을 도입했다. 2008년부터 이들에게 애국심과 돈으로 접근해 인재 포섭으로 첨단 기술을 빼내는 소위 '천인계획千人计划(노벨상 수상자급의 인재 1,000명 유치)'이 또 하나의 중요한 첨단 기술 빼오기 전략이었다.

그러나 미국의 트럼프 대통령은 2018년 이후 미·중 통상전쟁을 시작하면서 중국이 미국 기업에서 첨단 기술을 강탈하는 행위를 금지시켰다. 2020년 들어 지지율이 떨어지자 급조해 정치적 의도가 보이긴 하지만 중국인민해방군 관련 연구원의 미국 입국 금지, 중국 공산당원의 비자 제한, 휴스턴 총영사관의 스파이 혐의 폐쇄 등 일련의 조치를 취했다.

중국의 간판 기술 기업인 화웨이도 정부의 천인계획에 힘입어 미국의 첨단 기술을 화교 출신 과학자와 교수들을 통해 대거 획득해 세계 1위의 5G통신기업으로 부상했다. 미국은 2018년 화웨이 창업자의 장녀이자 CFO인 멍완저우孟晚舟를 캐나다 공항에서 구속하는 것을 시작으로 중국 기업이 미국으로부터 첨단 기술을 유출하는 것을 원천적으로 봉쇄해 들어갔다.

미국의 첨단 기술 분야 화교 출신 과학자와 교수들은 미국 당국으로부터 공개적으로 경고를 받았고, 일부는 FBI에게 산업 스파이 혐의로 구속되기도 했다. 양자통신 분야에서 노벨상급 과학자였던 화교 출신 스탠퍼드대 교수 장쇼우성张首晟 박사가 의문의 자살을 했는데 이것이 미국의 중국에 대한 천인계획 봉쇄와 연관이 있다는 얘기가 파다했다. 그는 중국 정부의 천인계획 대상 초청자였고 화웨이와 밀접한 사람이었다.

런정페이 화웨이 회장의 '천재소년계획'

미·중의 무역 전쟁이 벌어지자 시진핑 주석은 2019년 제1회 상하이 수입박람회에서 빠른 시간 내에 상하이에 '첨단기술주시장科创板'을 만들 것을 지시했고 7개월 만에 최단기로 상하이에 기술주 상장 전문주식시장을 개설했다. 중국은 미국의 트럼프 대통령이 미국에 상장된 중국 기술 기업을 모조리 상장폐지시키겠다고 협박하자 중국의 대표 파운드리 반도체 업체 SMIC中芯国际를 미국에서 상장폐지하고 상하이 커촹반에 상장시켜 대규모 자금을 모아 주었다.

중국 정부는 지난 40년간 넓은 '시장과 노동력'으로 서방 기술을 빼 왔지만 트럼프 대통령이 기술 봉쇄를 하자 전략을 바꾸었다. '주식'으로 서방의 첨단 기술 기업을 중국에 유치하려는 것이다. 세계 최고의 밸류에이션으로 이익이 나지 않아도 중국의 6대 국가 지정 첨단 산업이면 바로 IPO시켜 주는 파격적인 기술주 시장을 선보이면서 이젠 주식으로 전 세계 첨단 기술 기업을 나스닥이 아닌 커촹반으로 유혹할 심산이다.

중국 첨단 기술 기업의 선두에 선 화웨이는 미국의 기술 봉쇄에 집중 포화를 받았다. 장비 구매 금지, 기술 제공 금지, 반도체 공급 금지, 미국 기술로 만든 반도체 공급 금지 조치로 화웨이는 미국 첨단 기술을 접촉하지도 못하게 만들었다.

중국 정부의 천인계획이 원천 봉쇄된 상황에서 벽에 부딪힌 통신 사업에서 중국 IT 기업의 대부인 화웨이의 런정페이 회장은 2019년 6월 20일 전 직원에게 천인계획 대신 '천재소년계획'을 발표했다. 이제는 미국과의 기술 전쟁 상태에서 '믿을 것은 우리 자신이고 기술에서 자력갱생이 답'이라는 메시지를 보냈다. 천재소년계획이란 '세계 정상급의 첨단 산업에서 업적이 있는 젊은 인재를 2019년에 20~30명, 2020년에 200~300명을 채용한다.'는 것이다.

런정페이 회장은 미국과의 기술 전쟁이 일어나자 화웨이에 필요한 것은 돈이 아니라 오직 인재이고, '인재가 돈'이라고 강하게 얘기했다. 상황 판단이 빠른 그가 미국과의 기술 협력은 물 건너갔고, 이제는 미국을 추월해야 한다는 긴박감의 표현을 에둘러 표현한 것이다. 오직 중국 인재를 통한 기술 자력갱생 외에는 대안이 없다는 말이다.

화웨이의 신입사원 연봉
'3억 4,000만 원(201만 위안)'

중국 4대 명문대인 칭화, 베이징, 푸단, 교통대 출신의 취업 선호도 1위가 예전에는 국유 기업이었지만 지금은 화웨이다. 정부의 지원, 회장의 경영 능력과 혜안 그리고 최고 인재 중심의 스카우트가 세계 1위의 통신장비회사로 우뚝 선 화웨이의 성장 비결이다. 여타 기업과 비교가 안 되는 명문대 신입생의 파격적인 스카우트 조건이 화웨이가 중국 과학기술인재의 저수지 역할을 하게 된 비밀이다.

미국의 화웨이 제재 이후 런정페이 회장은 다시 중국 사회에 큰 파장을 던졌다. 중국 내 천재소년들을 파격적인 연봉으로 스카우트해서 이들 천재소년들이 화웨이의 조직에 미꾸라지처럼 파고들어 조직을 활성화시키고 변화시키게 만들겠다는 것이다. 그리고 실제로 박사급 젊은 인재들을 억대 연봉으로 스카우트했다.

미국의 공격으로 너덜너덜해진 화웨이의 런정페이 회장은 "상처 없이 두꺼운 근육이 생길 리 없고, 영웅에게는 항상 어려운 일이 많다."는 말로 의기소침해진 조직에 활기를 불어 넣었다. 총탄에 구멍이 숭숭 난 전투기의 구멍을 메우려면 새로운 영웅들이 들어와야 한다는 것이고 그것이 바로 중국산 연봉 3억 4,000만 원짜리 '천재소년'들이다. 바로 AI, 빅데이터, 사물인터넷IOT, 소프트웨어 분야 천재들이다.

2019년 기준 중국 대졸 신입사원의 월급이 겨우 3,000~5,000위안인데, 2019년부터 시작된 화웨이의 '천재소년계획'의 대상자인 젊은 박사급 인재들의 연봉은 90~201만 위안(1억 5,000만~3억 4,000만 원) 수준이다. 한국의 1인당 국민소득 3만 3,000달러, 중국의 1인당 국민소득 1만 달러에 비례해서 본다면, 한국 기준으로 5~11억 원 수준의 파격적인 급여 조건이다. 중국 젊은 인재들의 연구의욕을 자극하고 미국과의 기술 전쟁에서 조직 분위기를 쇄신하려는 런정페이 회장의 전략이다.

2019년에 이미 9명의 인재가 천재소년계획의 대상이었고, 2020년 들어 4명의 인재가 새롭게 언론에 등장했다. 천재소년계획의 대상은 7단계의 면접과 시험을 거치는 선발 단계를 거치는데 실력이 최우선이다. 선발자들의 연구 경력을 보면 SCI, IEEE급 논문 게재 수준이 기본이다.

특히 IBM이 300만 위안에 스카우트 제의를 했지만 이를 뿌리치고 201만 위안의 연봉에 응한 '장지'와 '야오팅'이라는 여박사가 주목을 끌었다. 미국 기업 돈 300만 위안을 뿌리치고 화웨이의 201만 위안을 선택한, 돈이 아닌 중국 기업을 택한 장지는 중국 젊은이들의 애국심과 자긍심에 불을 질렀다. 아직도 '공부 많이 한 여자'에 대한 편견이 있는 중국에서 총명한 여자공학박사의 억대 연봉은 언론과 사회의 이목을 끌기에 충분했다.

천재소년계획의 대상은 주로 25~30세 박사과정 학생인데 이는 갓 박사를 딴 인재의 지능과 혁신 능력이 최고이기 때문이다. 화웨이는 영입한 천재들에게 세계적 수준의 도전적인 주제 해결을 지원하고,

훌륭한 멘토와 글로벌 비전, 플랫폼 및 리소스를 제공하고, 파격적인 급여를 제공한다.

2022년 1월 10일 화웨이는 2명의 러시아 컴퓨터 천재소녀를 스카우트했는데 그중 한 명은 2020년 44회 국제대학생프로그래밍대회 ICPC에서 우승한 22세의 여성이다. 2023년 3월 14일에도 화웨이는 전 세계에 파격적인 조건의 2023년 천재소년 모집을 발표했다.

세계 IT 업계의 변방이었고 하청기지에 불과했던 중국에서 화웨이라는 늑대 한 마리가 혜성처럼 나타났다. 미국이 기술 전쟁으로 난리를 쳤지만 화웨이는 여전히 세계 5G 통신 장비 업계 1위를 하고 있다.

화웨이는 기술 모방과 베끼기로 비난받을 만한 행태도 했다. 그러나 기업경영의 측면에서만 본다면 화웨이의 런정페이 회장은 맨손으로 창업해 인재에 승부를 걸어 세계 정상에 올랐다. 인재를 중시하고 파격적인 대우로 키워 미국의 기술 봉쇄, 반도체 봉쇄의 함정에 빠진 화웨이의 어려움을 인재로 극복해 나가려는 '천재소년계획'은 높이 평가받을 만하다.

10

중국의 반도체 전략은
마라톤 전략이다

반도체 산업의 성장은 하루아침에 이루어지지 않으며, 벼락치기 지원 정책은 좋은 전략이 아니고 장기적이고 지속 가능한 산업 정책이 반도체 산업의 발전법에 더 적합하다. 반도체 칩 제조 회사의 성공은 적어도 10년 이상의 주기가 필요하다. 중국은 SMIC가 2000년에 설립되어 2013년이 되어서야 손실을 만회하고 수익으로 전환했다는 것을 거울삼아 새로운 공장과 기업을 육성하고 있다.

반도체 제조는 광대한 체계적인 프로젝트이고 인간의 가장 섬세한 노동이 필요한 작업이기도 하다. 제대로 된 반도체 기업이 하나 탄생하려면 최소 20년의 축적이 있어야 한다. 반도체는 끝없는 진화의 과정이고 복제와 확장의 연속이다.

그래서 기존 기업은 새로운 세대의 기술에 적응할 지식재산, 설비, 생산이 5년 정도 소요되면 가능하지만 후발 업체는 10~20년 이상 소요된다. 최근 몇 년 동안 중국에 20개 이상의 반도체 제조 기업이 설립되고 더 많은 새 공장이 지어졌지만 생산 능력과 자급률은 획기적으로 높아지지 않고 있는 이유다.

러시아-우크라이나 전쟁과 정치적 상황 같은 불확실한 요인이 글로벌 반도체 환경을 변화시키며 산업 공급망을 취약하게 만들고 있다. 더욱 주목할 만한 것은 미국 주도의 Chip4 동맹이 중국 반도체 산업을 고립시키려 한다는 점이다. 그래서 중국은 반도체 생산 능력을 늘리기 위해 자체 산업 체인의 보안을 강화하고 확보해야 하는데 이것은 긴 시간이 소요된다.

IC Wise의 예측에 따르면 2030년까지 중국의 반도체 생산 확대(국내 장비의 주요 돌파구)라는 낙관적인 시나리오하에서는 실제 수요와 월 170만 개 정도의 격차가 있을 것이고, 비관적인 상황에서는 격차가 월 230만 개에 도달할 전망이다. 따라서 중국의 반도체 캐파Capa 격차는 계속 확대될 전망이다.

2030년까지 중국 칩의 현지화가 낙관적일 때(현지화가 상당한 진전을 이루고 현지 공급이 충분함) 현지화 비율은 55%에 도달하고 그렇지 않으면 38%에 불과할 전망이다. IC Wise는 2030년까지 세계 반도체 시장이 1조 달러에 이를 것으로 추산하며, 중국 현지 기업의 칩 수급 격차는 3,000억 달러를 넘어설 것으로 추산한다.

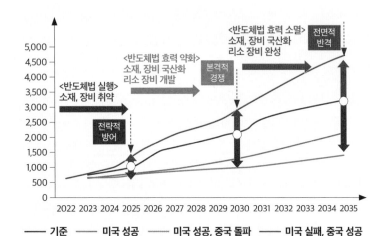

■ 중국의 돌파 시나리와 미국의 견제 시나리오

자료: IC Wise

<중국 돌파 시나리오>
- 2025년까지 12인치 웨이퍼 월 30만 장
- 2030년까지 12인치 웨이퍼 월 75만 장
- 2035년까지 12인치 웨이퍼 월 130만 장 확대

<미국 성공 시나리오>
- 2025년까지 12인치 웨이퍼 월 18만 장
- 2030년까지 12인치 웨이퍼 월 98만 장
- 2035년까지 12인치 웨이퍼 월 160만 장 감소

중국의 반도체 제조 국산화는 장기 전략 산업이며 중국은 장기주의를 견지할 수밖에 없다. 미래 칩 수요량을 생각하면 중국의 반도체 팹 건설은 마라톤과 같은 긴 장정이다. 그 과정에서 일시적인 손익에 휘둘리는 것은 피할 수 없고, 일부 노드에서 공급 과잉이나 과잉 투자가 있을 수 있고, 일부 회사는 손실을 입을 수 있다. 하지만 작은 것 때문에 큰 것을 잃을 수는 없다고 보는 것이 중국의 입장이다.

열대우림에 비가 오고 나면 우후죽순처럼 나무들이 자라듯이 중국의 반도체 산업도 아이러니하지만 미국의 반도체 통제로 정부가 파격적인 지원을 하기 시작하자 급증하기 시작했고 그 과정에서 도태되는 기업도 급증하고 있다. 열대우림에서 자잘한 작은 나무는 햇빛을 못 봐 스스로 말라죽고 큰 나무만 살아남는다. 중국 반도체 산업도 마찬가지다. 도태되는 기업 수만 보고 중국의 반도체 산업이 망했다고 보는 경향이 있지만 이는 오류다.

2023년 3월 20일 중국 당국은 중국 반도체 국산화의 선두에 섰던 칭화유니그룹의 자오웨이궈赵伟国 회장을 비리혐의로 구속했다. 자오웨이궈가 "국유 기업을 사유 재산으로 취급하고 고의적이고 교활하게 국유 자산을 압류하여 특히 국가에 막대한 손실을 입혔다."는 죄

■ 중국의 반도체 장기 수급 예측

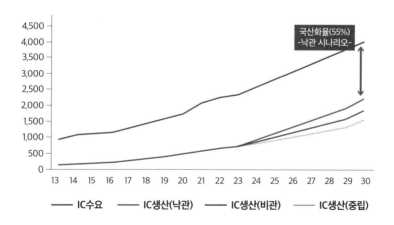

자료: 芯谋研究, 2022. 3Q.

목이었다.

　칭화대 출신의 자오웨이궈 회장은 후진타오 주석의 아들 후하이 평을 배경으로 중국 제1의 반도체 회사인 칭화유니그룹을 중국 반도체 굴기의 최선단에 세웠다. 하지만 후진국 신생 기업이 반도체 기술 개발이 아니라 한국과 미국의 많은 반도체 회사를 대상으로 한 M&A 머니게임으로 반도체 산업을 키우려다 실패하면서 칭화유니그룹을 지옥으로 몰아넣어 부도 위기를 만들었다.

　2015년 7월 칭화유니그룹은 세계 2위의 메모리 칩 제조 업체인 마이크론을 인수하기 위해 미화 230억 달러를 제안했지만 국가 안보를 이유로 미국 상무부에 의해 중단되었다. 2015년 10월 칭화유니그룹은 세계 최대 하드드라이브 제조사인 웨스턴디지털 지분 15%를 37억 7,000만 달러에 인수하려고 했고, 샌디스크도 190억 달러를 투자해 인수하려다 미국 정부의 개입으로 실패했다. 53억 달러를 투자해 세계 3위 메모리 반도체 제조사인 한국 SK하이닉스 지분 20%를 인수할 계획이었지만 이 또한 실패했다.

　심지어 2015년에 칭화유니그룹은 대만의 미디어텍과 TSMC의 인수 계획도 가지고 있었다. 당시 TSMC의 장충모 회장은 자오웨이궈 회장의 이런 공격적 M&A에 대해 TSMC의 경영권을 가지려면 적어도 300억 달러 이상이 있어야 되고 지금 그런 자금력을 가진 회사는 없다고 불편한 심기를 표현하기도 했다. TSMC는 중국 본토에 있는 모든 반도체 회사의 공급망을 합한 것보다 더 크고 강한 공급망을 가지고 있는데 중국 본토의 구멍가게 정도가 정부 배경 믿고 TSMC의 경영권을 인수하겠다고 덤비는 것은 가소로운 일이라고 일침을 놓기도 했다.

칭화유니그룹은 6년간 1,000억 위안(19조 원) 이상의 돈을 투자해 60개 이상의 기업 M&A를 시도했는데 자금을 모두 부채에 의존하는 바람에 2020년 6월 기업부채가 2,029억 위안에 달해 6년 전에 비해 44배나 늘었다. 결국 자금부족으로 칭화유니그룹은 부도가 났고 할 수 없이 정부가 개입해 자오웨이궈 회장의 지분을 털어내고 새로운 주주와 경영진을 구성해 재건을 시작하고 있다.

머니 게임으로 반도체 산업을 일으켜 보겠다는 야심으로 똘똘 뭉친 칭화유니그룹의 자오웨이궈 회장의 허풍만 믿고 전폭 지원했다가 당한 중국 당국은 뼈아픈 교훈을 얻었다. 반도체의 첨단 기술은 5~6년 안에 성과를 낼 수 있는 것이 아니라는 것을 알았고 첨단 기술은 돈으로 살 수 없다는 것을 인식했다.

중국은 칩과 첨단 기술이 필요하지만 너도나도 반도체를 생산한다고 나서는 인해전술식의 대약진으로는 답이 없다는 것을 엄청난 수업료를 내고 알았다. 반도체 산업은 생태계와 공급망이 기술보다 더 중요하고, 기술 개발보다 더 긴 시간이 걸린다는 것도 배웠다. 그래서 반도체 기술 국산화는 당연히 올인하지만 시간이 더 걸리더라도 생태계와 공급망의 구축을 철저하게 해야 한다는 전략을 세웠다.

지금 중국 반도체의 산업 구조는 한국과 다르다. 반도체 생산 공정의 미세화로 라인당 투자 규모가 급속히 늘어나자 생산 능력 구축 방향이 'IDM은 후진, 파운드리는 전진'하는 형태로 바뀌고 있다. 대규모 폐쇄형 IDM의 산업적 논리는 더 이상 실현 가능하지 않으며, 세계 유수의 IDM도 크게 축소되어 팹라이트$^{Fab-lite}$로 바뀌었다. 반면 파운드리는 생산량을 크게 확대하고 있다. IDM 모델은 이젠 전문 분업 모델(팹리스+파운드리+OSAT)로 가는 것이 대세다. 중국은 팹리스와 OSAT에서는 이미 경쟁력을 어느 정도 확보했고 파운드리만 남았다.

파운드리는 다양한 고객과 다양한 제품이 있는 개방형 플랫폼이며 많은 시장의 이점을 가지고 있다. 중국은 팹리스 디자인 회사들을 많이 육성했다. 이들의 발전을 위해서는 개방형 플랫폼에 기반을 둔 서비스 기반 파운드리 생산이 필요하다. 이것이 중국 반도체 산업의 밸류체인 발전의 전제 조건이다. 중국의 대규모 파운드리 투자는 중국 반도체 상황에 부합한 것이다. 그래서 이들 분야에 마라톤식의 대규모 투자는 2030년까지 이어질 전망이다.

중국은 테슬라가 알려 준 생태계의 법칙을 반도체에도 적용한다. 전기차의 테슬라가 중국 반도체의 스승이다. 테슬라가 상하이에 만든 전기차 생태계의 수혜를 중국의 전기차 업체들이 톡톡히 봤다. 1류 전기차 생태계를 만든 중국은 반도체에도 같은 전략을 펼친다. 어차피 기술 확보는 단칼에 안 되지만 소재부터 디바이스까지 차근차근 국산화하고 생태계를 만들어 장기전에 대비하려고 한다.

미국 경제의 영향하에 있는 중국의 반도체에서 굴기의 전략은 크게 4가지 방향으로 갈 가능성이 있다.

첫째, 판을 바꾸는 전략이다. 현재 실리콘 반도체에서 중국이 미국 기술을 피해 가는 것은 불가능하다. 답은 아예 판을 엎는 것이다. 실리콘이 아닌 제3, 제4세대 반도체기판에 목숨 걸고 선두를 차지하는 것이다.

둘째, 스마트폰과 서버 중심의 반도체 시장에서 중국의 설자리는 별로 없다. 그러나 4차산업혁명의 총아는 자율주행 전기차가 될 가능성이 크고, 중국은 세계 최대의 자동차 소비국이며 전기차 소비국이라는 점을 강점으로 내세워 전기차용 반도체 시장을 석권하는 것이다.

셋째, 14nm 이하의 첨단 반도체에서 미국의 기술 봉쇄가 지속되면 14nm 이상의 레거시 제품에 대거 투자를 늘려 레거시 제품의 시장을 석권하고 이를 기반으로 미국의 첨단 반도체와 협상을 하는 것이다.

넷째, 반도체가 아니라 초전도체, 그리고 실리콘 반도체가 아닌 양자반도체와 같은 차세대 신개념의 반도체에 집중하는 것이다.

11

중국이라는 맹수가 우리를 탈출할 가능성에 대비하라

4차산업혁명이라는 대변혁의 시대가 도래했고, 빅데이터든 사물인 터넷IOT이든 AI든 5G든 간에 반도체 없이는 죽도 밥도 안 되는 시대 가 왔다. 중국은 전통 제조업에서 강국이지만 반도체 개발과 생산에 서는 치명적 반도체 약소국이다. 기술 봉쇄에 이은 미국의 반도체 생산 내재화에 중국은 당황하는 기색이 역력하다.

미국의 반도체 산업 지원에 대응해 중국도 반도체 자급률을 높이 기 위해 반도체 소재와 장비의 국산화에 투자를 늘리고 미국의 제 재를 피할 고부가 신반도체 개발에 올인하고 있다. 중국은 28nm 이 하의 기술 보유 업체에 대해 10년간 25%의 법인세를 면제하는 파격적인 조치를 취했고, 메모리와 파운드리 업체의 장비 수입에 대해 2030년까지 관세를 면제해 주는 정책도 동시에 실시하고 있다.

중국은 반도체 산업에서 미국과 세제 및 자금 지원 경쟁을 벌이고 있지만 진짜 문제는 기술 봉쇄다. 현재와 같은 실리콘 기판 위에 칩을 만드는 실리콘 반도체에서 중국은 소재, 부품, 장비, 소프트웨어의 모든 분야에서 미국의 기술을 벗어나기 어렵기 때문이다.

아시아 지역은 물론이고 전 세계적으로도 무역에서 1위는 미국이 아니라 중국이고, 중국이 최대 큰 손이라는 점에서 미국의 고민이 크다. 바이든 대통령은 외교 동맹뿐만 아니라 당장 시급한 미·중 무역 전쟁의 2단계 전략으로 희토류, 반도체, 배터리, 바이오 동맹을 구축하자고 나섰다.

■ 세계 전기차 배터리와 반도체 시장 나라별 점유율

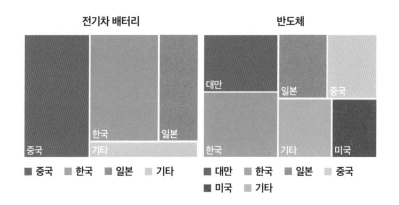

자료: SNE Research, 보스턴 컨설팅

문제는 세계 시장에서 중국이 희토류 58%, 배터리 38%, 반도체 15%를 공급한다는 점이다. 미국은 희토류 7%, 배터리 0%, 반도체 12% 공급에 그친다. 한국은 반도체 21%, 배터리 35%를 공급한다. 미국의 반도체와 배터리 동맹에서 한국을 빼면 큰 구멍이 생긴다.

한국이 미국의 QUAD와 같은 아시아 외교 동맹에서 소외된 것은 미·중 전략 경쟁의 지정학적 변화 속에서 보면 비관할 일이 아니다. 수출의 30%, 무역흑자의 86%를 중국에서 벌어들였던 한국 입장에서는 아시아 외교 동맹에서 상대적인 소외는 반대급부로 중국의 사드 보복 같은 정치적 리스크를 줄이는 효과가 있을 수 있다.

미·중 전쟁은 이제 기술 전쟁이고 그 안을 살펴보면 반도체와 전기차 전쟁이다. 중국은 지금 세계 최대의 핸드폰과 전기차 생산국이고 소비국이다. 4차산업혁명에서 미국이 중국을 제압하려면 핸드폰과 전기차에서 중국을 고사시키지 못하면 답이 없다.

한국은 반도체와 배터리 경제 동맹에서 실리를 챙기면 된다. 반도체와 배터리에서 세계적인 경쟁력을 가진 한국은 우리끼리 싸우면서 굴러 들어온 호박을 발로 밟아 깨는 일을 벌이지 말고 미·중의 전쟁 속에서 파이 키우기를 잘하면 된다.

한국은 미국과 중국의 반도체 전쟁에서 꽃놀이패를 쥐었다. 미국도 중국도 한국 없이는 동맹이든 제품 구입이든 간에 문제가 생긴다. 한국은 단군 이래 처음으로 세계 D램 반도체 시장에서 72%대의 점유율을 가진 기가 막힌 무기가 있기 때문에 미·중과의 기술 외교에서 스스로 지레 겁먹고 자기비하에 빠질 필요가 없다. 반도체를 방패로 당당하게 대응하면 된다.

트럼프, 바이든 대통령의 대중국 반도체 제재는 한국에 단기적으로는 득이지만 장기적으로는 중국이 각성하고 분발해서 차세대 반도체에서 국산화를 가져온다면 실이 될 가능성이 높다. 중국은 맨땅에서 원자폭탄을 5년 만에 개발한 나라다.

중국은 2010년부터 첨단 산업 육성 계획을 시작했는데 1순위에 반도체 기술을 포함한 차세대 IT 기술이 올라가 있다. 중국의 정책 우선순위 1번은 모든 자원 동원의 최우선순위라는 데 주목할 필요가 있다.

중국은 한 번 계획을 세우면 일관성 있게 지속적으로 추진한다. 2010년의 7대 전략 신흥 산업을 세운 이후 15년간 1~2개 업종이 추가되거나 제외되기는 했지만 7대 핵심 기술 산업의 기술 개발은 변동 없이 추진되고 있다.

중국은 맨땅에 헤딩하면서 원자폭탄, 수소폭탄, 항공모함, 우주선, 우주정거장을 만들었던 정신과 독기 이상으로 차세대 반도체 국산화에 올인하고 있다. 중국은 지금 미국의 반도체 제재로 인해 우리에 갇힌 맹수처럼 보이지만, 맹수가 우리를 탈출할 가능성에 대비해야 한다. 한국은 중국을 짝퉁의 나라로만 볼 것이 아니라 미국을 넘어설 신개념 반도체를 개발하는 나라로 보고 대응 전략을 짜야 한다.

첨단 반도체 칩을 만드는 것은 결코 쉽지 않다. 이유는 반도체 칩은 전체 산업의 밸류체인이 길고 복잡하고, 제조 과정에서 수천 개의 공정과 장비를 거쳐야 하는데 그 공정 기술과 장비는 모두 서방 세계

중국의 첨단 산업 육성 정책

계획	12.5 계획(2010~15) 기계 전략 신흥 산업		중국 제조 2025(2015~25)		13.5 계획(2016~20) 국가전략신흥산업		14.5 계획(2021~25) 전략신흥산업	
명칭 / 항목	항목	2010	항목	2015	항목	2016	항목	2021
시기	(7)	2010	(10)	2015	(8)	2016	(9)	2021
세부 계획	1	차세대 IT 기술	1	차세대 IT 기술	1	차세대 IT 기술	1	차세대 IT 기술
	2	첨단 장비 제조	2	첨단 장비 제조	2	첨단 장비 제조	2	첨단 장비 제조
	1)	스마트 제조 장비	2)	첨단 CNC 공작 기계/로봇	1)	스마트 제조 장비	1)	스마트 제조 장비
	2)	우주 항공 장비	3)	우주 항공 장비	2)	우주 항공 장비		
	3)	해양 공정 장비	4)	해양 공정 장비/고기술 선박	3)	해양 공정 장비		
	4)	궤도 교통 장비	5)	선진 궤도 교통 장비	4)	궤도 교통 장비	2)	궤도 교통 장비
			6)	전력 장비				
			7)	농업 기계				
	3	신에너지 자동차	8	신에너지 자동차	3	신에너지 자동차	3	신에너지 자동차
	4	신소재	9	신소재	4	신소재	4	신소재
	5	바이오	10	생물 의약/고성능 의료기	5	바이오	5	바이오
	6	에너지 절약/환경보호			6	에너지 절약/환경보호	6	에너지 절약/환경보호
	7	신에너지			7	신에너지	7	신에너지
					8	디지털 창의 산업	8	우주 항공
							9	해양 장비

자료: Best Materials Science Scientists in China, 2022.

의 특허와 기술로 보호막이 쳐져 있기 때문이다.

2등이 1등을 이기고 싶어 하는 것은 당연하다. 중국이 미국을 반도체에서 이기고 싶어 하는 것은 본능이고 필연이다. 무서운 것은 보이는 힘이 아니라 보이지 않는 절실함이다. 미국이 단칼에 중국을 죽이지 못하고 어설프게 이리저리 중국을 찌르는 바람에 4차산업혁명 앞에서 죽음의 문턱에 선 중국이 느낀 절박함이 무섭다. 더욱 분발해서 목숨 걸며 국산화하고 미국과 세계를 뛰어넘어야 산다는 중국의 절실함을 주의해야 한다.

BEP와 ROE로 계산해 투자를 결정하고 승자와 패자를 정하면서 성장해 온 서방의 반도체 산업과 다른 성장 방식이 등장했다. 국가자본주의가 국가총동원 체제(거국체제)를 이용해 수익이 아니라 기술 확보가 우선이고, 수율이 아니라 제품만 나오면 된다는 무지막지한 중국의 반도체 전략을 조심해야 한다.

과거의 일본과 중국이 다른 점은 일본 기업이 미국 기업을 따라잡는 데는 민간의 돈으로 스스로의 힘으로 투자하고 개발하고 노력했다. 그러나 지금 중국이 무서운 것은 정부가 돈을 투자하고 개발한다는 것이다. 무한대의 자금이 제한 없이 반도체, 장비, 소재로 쏟아져 들어간다는 점이다.

중국산 반도체 장비도 아직은 허접하지만 미국이 반도체 장비 공급을 막음으로써 중국산 장비를 쓸 수밖에 없어 반도체 장비 국산화가 가속도를 내고 있다. 장비 산업도 서방은 경쟁이지만 중국은 장비 개발을 정부가 '1사 1장비' 개발로 지정해서 인재, 기술, 자원을 한

곳으로 몰아서 효율성을 높이고 규모의 경제를 쉽게 만들 수 있게 하고 있다.

중국은 정부 주도이기 때문에 민간과 달리 수익성을 따지지 않고 될 때까지 달린다. '장강의 앞물은 뒷물이 밀어낸다.'는 중국 고사가 있듯이 중국은 뭐든 시작했다 하면 멈추지 않는 우공이산愚公移山의 정신으로 한다. 그래서 뒤에 오는 자는 앞에 가는 자의 등만 보고 달리기 때문에 앞에 가는 자는 뒤에 오는 자의 추격을 제대로 알아채지 못하다가 당할 수 있다.

칼은 항상 등 뒤에서 꽂힌다. 무시하다가 당한 역사는 차고 넘친다. 중국은 영국을 무시하다가 당했고, 영국은 미국을 무시하다가 당했다. 중국이 한국보다 못하다고 무시했던 30년이 지나갔다. 미국마저 전력투구해서 중국을 견제하는 마당에 한국은 이미 중국의 상

■ 중국 반도체 장비 국산화 소요 기간 추정

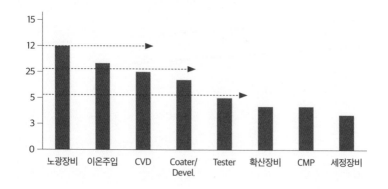

자료: Equal Ocean

236

대가 아닐지도 모른다. 그런데도 한국은 중국과의 관계에서 한국이 기술 우위에 있다는 착각에 빠져 있다. 갑갑한 노릇이다.

현재 상황으로 볼 때 미국이 발목 잡은 중국의 반도체 기술과 장비를 한국이 스스로 극복하려면 10~12년 이상의 시간이 걸린다. 이 시간은 한국에게는 천행이다. 미국의 중국 견제를 이용해 한국은 중국과의 격차를 10년 이상 크게 벌려야 한다.

PART 6

한국은
파운드리에서
'KSMC'를 만들어라

01

반도체 기술은 격차를 생명으로 하는 안보 산업이다

지금 반도체는 미국에서는 안보, 중국에서는 심장이다. 미국은 4차 산업혁명 전쟁을 반도체로 시작하고 있다. 첨단 반도체는 공장 짓는 데 2년, 정상 가동에 1년 이상 걸린다. 40년 전에 아시아로 옮겨 간 미국의 반도체 산업이 4년 만에 다시 돌아갈 수는 없다.

동북아 반도체 전쟁은 실제 전쟁으로 이어질 수 있는 위험도 있다. 바로 북핵과 중국 리스크 때문이다. 세계 최첨단 반도체 공장이 한국과 대만에 밀집해 있어 한반도에 유사시에 불상사가 생기거나 대만해협에 위기가 발생하면 전 세계는 반도체 없는 4차산업혁명을 맞이해야 하는 일이 벌어질 수 있다. 그러면 미국의 4차산업혁명에서 주도권 장악은 물 건너간다. 미국이 대중국 반도체 봉쇄를 진짜로 실행할 경우 중국은 갖지 못하는 대만 반도체 공장을 공격함으로써 미국의 4차산업혁명을 좌초시킬 계기로 삼을 수 있다.

이런 지정학적 리스크 때문에 미국은 미국이 만든 반도체 기술을 반도체법, Chip4 동맹을 통해 미국으로 회수하는 전략을 쓰고 있다. 그리고 IPEF, Chip4, 반도체법을 통해 미국에 들어온 공장과 기술은 다시 미국에서 나가지 못하게 하려고 한다.

그러나 기술은 격차로 관리하는 것이지 상대를 원시 상태로 되돌리는 것이 답이 아니다. 이는 실현 가능성도 작다. 상대를 무리하게 원시 상태로 되돌리는 것이 아니라 내가 기술 격차를 더 벌려 상대를 하청으로 전락시키는 것이 답이다.

빌린 기술로 1등 하기는 어렵다. 미국이 당장 40년 전에 해외로 나간 반도체 기술의 리쇼어링이 안 되니까 돈과 힘으로 유혹하고 압박하는 프렌드쇼어링은 결국 인텔의 기술이 세계 정상을 다시 회복할 때까지 한국과 대만 기업을 불러들이는 꿩 대신 닭의 전략이다.

02

미국 보조금으로 공장 유치하면 다음 수순은 기술 요구다

보조금으로 공장을 지을 수는 있지만 수익성은 별개다. 생산성은 국가의 여건이 좌우한다. 미국은 높은 인건비와 낮은 생산성으로 제조 경쟁력이 현저히 떨어진다. 정부 보조금을 주며 인텔 같은 미국 회사들에 생산 시설을 확충하도록 하고, 한국과 대만 같은 동맹국 회사들의 공장을 유치하지만, 생산성이 낮아지면 보조금과 정부 요구도 의미가 없어진다.

미국의 점심을 중국이 공짜로 먹었다고 하지만 이는 한국과 대만도 예외가 아니다. 미국의 반도체 보조금은 절대 공짜가 아니다. 이미 한국이 중국에서 경험한 바인데 공장을 유치할 때는 각종 지원책을 말하지만 공장을 지은 다음 빼도 박도 못하는 상황이 오면 태도가 달라지고 기술 이전의 강요가 자동으로 따라 나온다.

미국은 중국과 다를 것인가? 미국이 필요한 것은 공장이 아니라 기술이다. 미국이 공짜 점심을 한국과 대만에게만 제공할 가능성은 제로다. 미국식 공짜 점심의 대가는 결국 기술과 영업 기밀 정보를 미국에 넘기라는 것이다.

백악관과 미국 상무부가 세계 반도체 회사들을 불러 회의를 하고 협조 요청을 했다. 2021년 9월 24일 바이든 정부의 미국 상무부는 반도체 부족을 해소하기 위해 반도체 공급망 파악 목적이라는 명분으로 11월 8일까지 전 세계 주요 반도체 설계·제조에 관여하는 공급 업

■ 미국정부 반도체 정보 제공 요구 사항 변화

2021	2023
26개 문항 반도체 공급망 설문 조사	반도체 보조금 신청 세부 지침
1. 매출 및 주문 현황 　- 3년 매출액, 주문량, 최대 품목 월매출액 　- 최근 3년 원재료 및 장비 구매 변화 　- 반도체 원자재와 장치 유형 　- 생산 공정 리드타임 　- 생산 지연된 병목 지점 2. 재고 현황 3. 고객 정보 　- 제품별 3대 재고 리스트 및 고객별 예상 매출 비중 4. 경영 계획 　- 공장 증설 계획 　- 6개월 내 반도체 공급 확충 변화	1. 재무 모델 　- 웨이퍼 종류별 생산 능력 및 가동률 　- 예상 웨이퍼 수율 　- 연도별 판매량 　- 판매 가격 2. 비용 　- 소재, 소모품, 화학 제품, 공공 요금, 연구 개발 비용 　- 직원 유형별 고용 인원 3. 상세 지원금 및 대출 내역 등 　- 엑셀 파일로 제출

자료: 미국 상무부

체와 자동차·전자 회사 등 수요 업체를 대상으로 각각 13개 항목의 설문서에 답변을 제출하게 했다. 삼성, SK하이닉스 등 제조사 대상 설문에는 3대 고객 리스트, 예상 매출, 제품별 매출 비중, 리드 타임 등 대부분의 영업 기밀이 포함됐다.

미국 상무부는 기업들의 자발적인 답변으로 진행된다고 하면서 기업 기밀을 외부에 공유하지 않을 것이라고 약속했지만, 지나 러몬도 미국 상무장관은 제출한 자료가 부실할 경우 국방물자생산법을 적용해 통제할 수 있음을 밝혔다. 한국과 대만의 반도체 업체로서는 미국의 반도체 공급망 재편을 추진하는 가운데 인텔이 파운드리 재진출을 선언한 상황에서 기업의 핵심 정보가 미국에서 어떤 식으로 활용될지 알 수 없다.

2021년 9월 24일 미국 상무부의 '반도체 공급망 위험에 대한 공개 협의'에 대해 TSMC와 삼성을 비롯한 다수의 칩 관련 회사에 근거를 요구한 것은 '글로벌 반도체 부족'을 명분으로 고객 목록, 재고 수량 등과 같은 기밀 데이터 및 정보 수집이었다.

미국의 반도체법, Chip4는 선견지명이 필요하다. 대만은 미국에 공장을 짓는 것이 '호랑이 입으로 들어가는 양'이라는 것을 알고 있다. 대만 정부는 정치적 이유로 입 다물고 있지만 TSMC 장충모 회장은 TSMC가 미국에 공장을 짓고 거기서 생산을 하게 되면 칩 비용이 급격히 치솟아 실익이 없다고 이미 간접적으로 말했다.

그러나 TSMC 장충모 회장의 진짜 속내는 비용이나 원가 문제가 아니다. TSMC가 미국에 최첨단 공장을 건설한 후 기술 손실, 두뇌

유출, 생태계 조성을 위한 경쟁자 지원 등의 요인으로 미래에 현재 가지고 있는 TSMC의 절대 독점 지위를 잃게 될 것이라는 우려를 에둘러 표현한 것이다. 이것이 미국의 속내를 꿰뚫어 본 대만 반도체 대부의 선견지명이자 핵심이다.

미국이 한국과 대만에 미국 내 생산 공장 건설과 기업 정보 제공을 요구한 것은 결국 한국과 대만이 공산주의로부터 위협받는 분단국가라는 약점 때문이다. 미국의 반도체 공장 유치와 기술 공개 요구는 암묵적으로 한국과 대만의 안보에 미치는 미국의 영향력에 대한 반대급부이다. 한국에게는 북한과의 군사적 대치에서 힘의 균형을 유지하는 데 대한 보상이고, 대만에게는 중국의 침공 위협에서 보호해 주는 데 대한 보호비다. 북한이 미사일을 쏠 때마다 한반도에 미국의 전투기와 군 전략자산이 전개되는 것은 절대 공짜가 아니다.

03

ROE 경영은
사회주의식 '규모의 경제'를
이기기 쉽지 않다

미국이 첨단 반도체 생산을 아시아로 넘긴 배경은 자본주의 ROE 경영의 결과다. 고정비를 줄이고 레버리지를 키워 투하자본수익률^{ROE}을 높이는 월스트리트식 자본경영은 자본주의 국가인 일본, 한국, 대만에는 먹히지만 사회주의 국가인 중국에는 소용없다.

맨땅에 헤딩해서 원자폭탄을 만든 중국은 반도체=원자폭탄으로 보고 무식하게 모든 국가 자원을 반도체 기술 확보에 털어 넣는 거국체제를 동원하고 있다. 적자가 나든 말든 기술만 확보하면 되고 수율이 낮건 말건 제품만 나오면 된다. 안 되면 될 때까지 무한대의 자금을 국가펀드와 지방정부펀드가 자금을 퍼 넣는 것이 사회주의식

246

■ 반도체 파운드리 산업의 기술 진화와 과점화

기술별 반도체 제조 업체 수

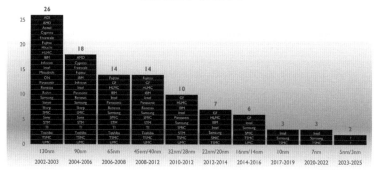

자료: YOLE

첨단 산업 투자 방식이다. 서방의 수익성 위주의 자본주의식 경영은 이런 식으로 장기 투자하는 무식한 사회주의적 투자 방식을 당해 내지 못한다.

첨단 반도체는 라인당 투자 규모가 150~250억 달러에 달하고 그 투자 규모는 계속 늘어난다. 이제 반도체 투자는 스타트업이나 어지간한 대기업이 할 수 있는 규모가 아니다. 거대해진 투자 규모가 자연스러운 진입장벽과 시장독점을 만든다. 결국 국가급의 자금을 동원할 수 있는 기업만이 살아남는다. 여기에 국가가 경제 안보, 산업 안보, 4차산업혁명 패권 장악을 위해 본격적인 관여를 시작했기 때문에 단순한 주주 이익 극대화, 이익 극대화의 논리와 이념으로는 감당이 안 된다.

미국은 무한 경쟁이 벌어지는 자유 시장 경제에서 '혁신'이 생산성을 향상하고 경제를 발전시키는 핵심이라고 주장했고 이를 모든 국가에 전파했다. 자유 시장 경제에 반하는 정부의 간섭이나 보조금 지급 같은 산업 정책은 독이라고 강조하고, 이를 걷어차는 것이 경제 발전의 정석이라고 설파했다.

그러나 이것은 미국이 모두 1등 하던 시절의 강자 논리다. 미국은 중국이 부상하고 모든 분야에서 추격하고 나서자 말을 바꾸었다. 미국이 중국과의 경쟁에서 이길 방법은 미국 내에서 생산하는 것밖에 없고 이를 위해서 미국 기업 혹은 미국에서 생산하는 기업에 대해 보조금을 지급하고 조세를 감면하는 특혜와 우대조치를 한다는 것이다. 시장 경제가 아니라 중국이나 개도국이 쓰는 계획 경제 보조금 정책을 아무 거리낌 없이 쓰겠다는 것이다.

전형적인 내로남불이고 모순이다. 미국의 반도체 기술이 10% 이상 들어간 제품과 14nm 이하 첨단 장비의 대중국 수출은 미국 상무부의 허가를 받도록 하고 미국의 보조금을 받은 반도체 기업은 중국에서 10년간 28nm 이하의 생산 투자를 하지 못하게 한다는 것이다. 중국 봉쇄는 명분이고 실제로는 미국의 반도체 생산 내재화 전략이다. 첨단 제품의 미국 이외 지역의 생산 제한 조치는 결국 반도체 장비의 세계적인 공급 과잉을 부를 수 있고 대중국 반도체 판매 제한 조치는 전 세계적인 반도체 공급 과잉을 초래할 수도 있다.

연간 5,558억 달러 매출 규모의 세계 반도체 시장인데 미국의 보조금 유인 정책에 따라 인텔, TSMC, 삼성 등을 유치하기 위한 주요국 반도체 보조금은 2,688억 달러다. 1,366억 달러 규모의 세계 파운드리 시장에 인텔, TSMC, 삼성이 미국에 공장을 짓는 데 투자하겠다는 투자 금액만 해도 970억 달러로 연간 매출액의 71%에 달한다. 보조금을 받아 이들 공장이 완공되는 순간 세계 첨단 파운드리 시장은 공급 과잉에 빠질 가능성이 매우 크다.

2024년 대선을 앞둔 미국 바이든 정부가 반도체 산업에서 중국식 보조금 정책을 성공시킬 수 있을지는 두고 볼 일이다. 하지만 역사적으로 보면 시장 원리가 아닌 정치 논리로 급조한 정책은 성공 가능성이 작다.

■ **주요국 반도체 보조금 총액(달러)**

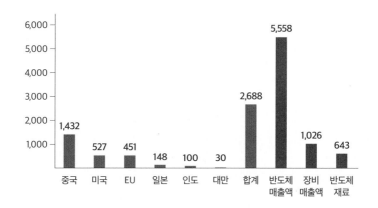

자료: WSTS, SEMI, 언론 보도자료

04

반도체 산업에서 경쟁 패러다임의 대전환

미국이 기술이든 시장이든 간에 절대 우위에 있던 그간의 세계 반도체 시장은 '약한 정부 + 강한 시장' 모델이었다. 그러나 미·중의 반도체 전쟁은 그간의 세계 반도체 산업 경쟁의 구조와 시장 모델을 송두리째 엎는 결과를 가져왔다. 반도체의 세계화, 공정 분업을 통한 최적의 생산 시스템과 최저원가의 추구 그리고 이를 미국 자본의 지배로 운영되어 온 자유 시장 경제 원리에 의한 반도체 시장의 판도가 통째로 바뀌고 있다.

미·중 전쟁으로 인한 세계화의 종말과 함께 반도체 시장 모델은 '강한 정부 + 약한 시장' 모델로 진화해 버렸다. 민간의 반도체 거인의 경쟁 뒤에는 이제 국가의 종합적인 힘의 경쟁이 숨어 있다. 미국이 주도하는 이 모델은 미국의 강력한 경제, 군사, 기술처럼 미국 반도체 기업이 미국 정부의 지원을 받아 경쟁자보다 훨씬 강력한 힘을 얻게 된다. 마찬가지로 중국 기업은 중국 정부의 막강한 지원을 받고 있다.

이는 소규모 경제와 소규모 시장을 가진 나라의 반도체 기업들에는 매우 나쁜 신호이다. '약한 정부 + 강한 시장'의 시대에는 작은 경제와 작은 시장을 가진 나라도 전 세계를 시장으로 삼아 반도체 거대 기업을 낳을 수 있었다.

그러나 지금은 '강한 정부 + 약한 시장'의 시대에 들어서면서 국가의 종합적인 강점이 기술 선도 기업의 성장 공간을 결정한다. 미국은 역대 최대의 보조금과 세액공제 혜택을 자국 기업에 제공한다. 중국은 거대한 경제 규모, 강력한 제조 능력, 거대한 반도체 시장을 기반으로 전 국가적인 차원에서 국가 자원을 총동원해서 반도체 기업을 육성하기 때문에 중국 반도체 기업도 시간이 문제이지 10~15년을 내다보면 거대 기업으로 성장하는 것은 당연하다.

현재 세계 파운드리에서 1위인 TSMC와 2위인 삼성은 단기적으로는 혜택을 받지만 '강한 정부 + 약한 시장'의 시대에는 장기적으로 현재와 같은 수준을 유지하거나 발전하는 것은 한계가 있다. 대만해협을 두고 대만과 중국이 서로 싸우고 있지만 대만해협의 양측은 세계 최대 반도체 시장이자 세계 최강의 반도체 제조 지역이다. 미국이 이를 떼 놓기 위한 전략이 '하나의 중국'을 부정하는 것이지만 상황이 변해 중국과 대만이 협력하는 일이 벌어지면 대사건이 일어날 것이다.

이런 상황을 감안한다면 '강한 정부 + 약한 시장'의 시대에 시간이 갈수록 한국의 반도체 산업의 취약성은 더 심각해질 수밖에 없다.

미·중의 신생팀은 올스타팀을 이기지 못한다

미국이 트럼프 2년간 중국의 무역을 공격했지만 스마일 커브의 하단인 생산을 장악한 중국을 당하지 못했다. 미·중의 무역 규모와 미국의 대중국 무역적자는 다시 늘어났고 중국은 멀쩡하게 살아 있다. 미국은 탈중국을 외쳤지만 중국의 무역 규모와 무역흑자는 사상 최대치를 갱신했고 중국의 대미국 무역의존도와 대미국 흑자 비율은 더 낮아졌다. 중국의 미국 이외 지역의 수출과 흑자가 더 늘었기 때문이다.

스마일 커브의 양 끝단인 기술과 유통만 장악하면 떼돈 버는 스마일 커브 모델은 미·중 전쟁과 코로나19로 이미 수명이 다했다. 선진국이 자본으로 생산을 통제할 수 있을 때는 일 잘하는 머슴을 이용해 단 꿀을 빨 수 있었지만 머슴이 파업하면서 기술도 유통도 소용없게 되었다. 세계 2위의 스마트폰 회사 애플은 중국 정조우 스마트폰 OEM 공장 노동자의 코로나19로 인한 탈출로 공장이 서자 매출이 중단될 위기에 직면했지만 손쓸 방법이 없었다.

■ 미·중 전쟁 이후 미·중 무역 규모와 중국의 대미국 무역의존도 추이

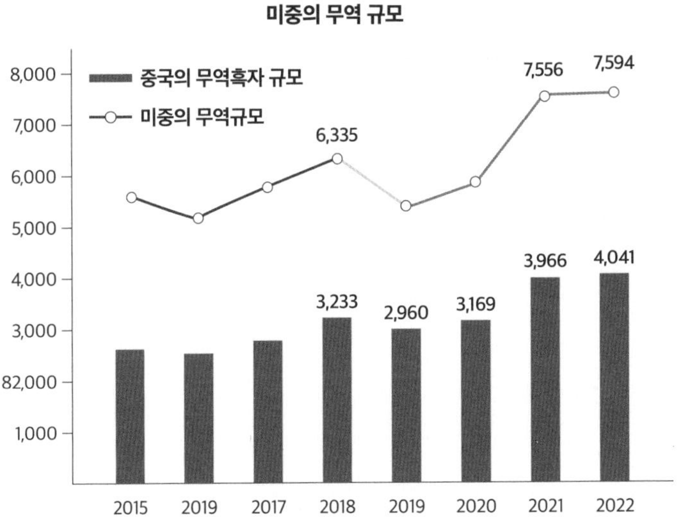

미중의 무역 규모
중국의 무역흑자 규모
미중의 무역규모
8,000
7,000
6,000
5,000
4,000
3,000
82,000
1,000
6,335
7,556
7,594
3,233
2,960
3,169
3,966
4,041
2015
2019
2017
2018
2019
2020
2021
2022

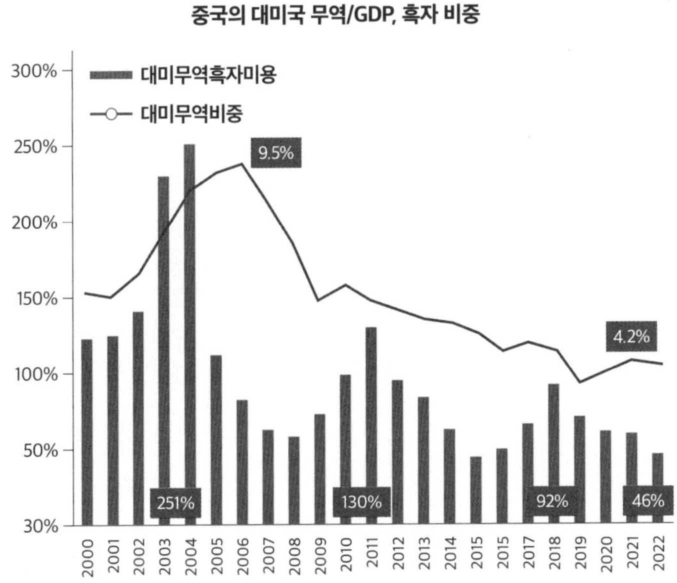

중국의 대미국 무역/GDP, 흑자 비중
대미무역흑자미용
대미무역비중
300%
250%
200%
150%
100%
50%
30%
9.5%
4.2%
251%
130%
92%
46%
2000
2001
2002
2003
2004
2005
2006
2007
2008
2009
2010
2011
2012
2013
2014
2015
2015
2017
2018
2019
2020
2021
2022

자료: 중국해관통계

이는 30년간 이루어진 '글로벌화의 저주'다. 이젠 반도체, 핸드폰, 전기차 등 첨단 제품은 적어도 수 개국 혹은 수십 개국의 손을 거쳐서 만들어지고 있는데 밸류체인의 어느 한군데서라도 사고가 나면 중단이다.

지금 세계는 미국이 기술로만 통제할 수 있는 것도 아니고 자원 보유국이 자원으로 몽니 부린다고 되는 시대도 아니다. 단기적으로는 기술과 원재료 수출 통제를 통해 경제적 이득이나 정치적 이득을 누릴 수 있지만 한 사이클만 지나면 바로 생산과 구매 축소의 부메랑이 자신에게 되돌아오는 시대다.

미국의 '생산 내재화'도, 중국의 '기술 국산화'도 30년 글로벌화를 되돌리려면 적어도 그 절반 혹은 1/3인 10~15년은 걸린다. 미국이 신생 축구팀을 만들고 중국이 신생 농구팀을 만들어도 지난 30년간 훈련된 전 세계 올스타팀과 붙어서는 이길 수 없다. 공급망은 소유하는 것이 아니라 관리하는 것이기 때문이다.

첨단 반도체 산업은 지금 '쩐의 전쟁' 시대다

이젠 반도체와 배터리는 기술이 아니라 '쩐錢의 전쟁'이다. 차고에서 창업해서 아이디어 하나로 일어서는 시대가 아니다. 라인 하나 만드는 데 150억 달러 이상 들어가는 돈 먹는 하마이며 거대 프로젝트다. 삼성, TSMC, 인텔 같은 반도체 회사는 시설 장비의 감가상각을 단 5

■ 반도체 공정 기술의 진화와 투자 금액

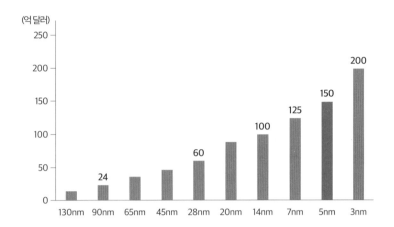

자료: IC Insight

년 만에 끝낸다. 기술 개발도, 생산도 돈이 결정짓는다. 민간의 창의
성이 아니라 누가 더 거대한 장치 산업의 공급망을 구축하느냐의 경
쟁이다. 130nm 시대에 반도체 기업은 26개였지만 5nm 시대에 들
어서면서 5nm 기술을 보유한 기업은 TSMC와 삼성 단 2개로 줄어
들었다.

　보조금은 시장 경쟁을 해치는 나쁜 것이라고 전 세계를 가르쳤던
미국이, 중국 제조 2025에 보조금 준다고 중국을 벌세웠던 미국이
반도체 산업에 527억 달러의 보조금을 퍼 주고 있다. 미국 이외의 나
라가 하면 불륜이고 미국이 하면 자국의 경쟁력을 높이는 최고의 선
택이라는 식이다. 규칙은 힘 있는 자가 만드는 것이고, 힘 약한 자는
욕은 하지만 따라가지 않을 방도가 없다.

인텔이 2022년 1월 200억 달러를 투자해 반도체 공장 2개를 짓고, 2025년까지 1.8nm급 제품인 Intel 18A 프로젝트를 추진한다. 대만의 TSMC는 이미 미국에 120억 달러를 투자해 2024년 완성 예정인 5nm급 공장을 짓고 있으며, 애리조나주에도 280억 달러를 투자해 3nm급 2공장을 짓고 있다. 삼성과 치열한 기술 경쟁을 하는 TSMC는 2025년에 2nm, 2027년에 1.4nm를 양산하겠다는 삼성에 맞대응해 대만 신주에 2nm 공장을 짓고 있고, 추가로 3개의 공장을 지어 총 4개의 라인을 건설할 계획이다. 독일의 드레스덴에도 공장 건설을 추진 중이다.

일본도 토요타, 소니, 소프트뱅크, 키옥시아, NTT, NEC, 덴소, 미쓰비시 UFJ의 8개 사가 연합으로 래피더스를 설립해 2027년까지 2nm 공정 제품을 양산하는 목표를 세웠다. 여기에 일본 정부는 700억 엔을 지원한다.

반도체 외발자전거는 언젠가는 넘어진다. 영리한 토끼는 굴을 3개 파 놓는다. 미·중이 싸우든 말든 한국은 삼성 같은 회사 2개만 더 있으면 당당하게 잘 살 수 있다. 반도체 외에 배터리와 바이오에서 삼성 같은 회사를 2개 더 만들어야 한국이 산다.

미·중이 반도체와 배터리에 돈을 퍼 주고 세금을 깎아 주는 경쟁을 하고 있다. 한국은 이럴 때 어떻게 해야 할까? 죽은 말馬을 붙들고 통곡하기보다는 달리는 말에 베팅해야 한다. 미·중의 퍼 주기 경쟁에서 뒷북치면 말이 죽는다. 중국에서 퇴출하는 전통 산업 살리기에 집중하기보다는 반도체와 배터리에서 천하무적 어벤져스팀을 구축

해야 한다.

미국이 배터리와 반도체 보조금을 주냐 마냐에 신경 쓰지 말고 아예 미국처럼 정부 보조금을 지급하고 미국에서 시장과 브랜드를 장악하는 과감한 전략도 생각할 필요가 있다. 보조금과 동시에 세계 최대의 첨단 공장으로 규모의 경제를 이용한 원가 하락을 통해 보조금의 장애물을 뛰어넘는 통 큰 전략을 구사할 필요가 있다.

미국도 중국도 외국 기업에 보조금을 주기 싫기는 마찬가지다. 이미 중국에서 배터리 보조금으로 인한 경험을 했다. 애초부터 한국에 보조금을 주기 싫어 만든 보조금법에 대해 계속 따져 봤자 치사한 모습만 보이게 된다. 미국에서도 시간만 끌 뿐 결과는 중국과 같을 가능성이 농후하다.

기술 격차가 아니라 대체불가기술이 답이다

미·중 전쟁과 코로나19, 러시아-우크라이나 전쟁을 계기로 자원 보유국은 '자원 무기화'를 시작했고, 미국은 '기술 무기화'를 시작했다. 자원과 기술의 무기화 시대에 당하지 않으려면 한국은 '제품의 무기화' 전략을 가져가야 한다. 반도체 세계 1위는 불황에 ROE 계산해서 투자를 축소하는 전략이 아니라 투자 확대로 가는 전략이 맞다. 3위를 죽여서 살아남은 자의 축제를 즐기는 전략을 펼쳐야 한다.

리튬의 최대 생산국인 호주, 중남미, 아세안 국가들은 자원 국유

화를 하지만 국내에 소비 시장이 없다. 미국이 IRA를 통해 배터리 산업을 육성하려고 하지만 기술도 공장도 없다. 자원 보유국과 기술 보유국의 무기화도 종국에 가면 시장을 이기지 못한다.

중국, 미국과 같은 큰 나라들과 큰 승부를 펼칠 때 중요한 것은 마음가짐이다. 감정을 억제하고, 냉정하게 판단하고, 겁먹지 않고, 그렇다고 자만하지도 않는 자세가 승리하는 방법이고 강한 자와 맞붙었을 때의 지혜다.

중국이라는 새로운 강자 앞에서 보복의 공포, 패배의 두려움이 사라져야 이긴다. 우리가 잘나갔던 과거 30년의 영광을 회상만 하고 있으면 안 된다. 이젠 한·중 관계에서 한국의 약점을 보완하기보다는 강점을 살려야 이긴다.

지금 한국은 천행으로 미국과 중국의 결핍을 모두 가지고 있다. 미국은 배터리, 중국은 반도체가 없다. 한국은 거대 양대 강국인 미·중을 상대로 협상할 카드를 쥐고 있다. 미국의 규제와 중국의 보복을 두려워하기만 하면 카드는 의미 없다.

적을 의식하면 진다. 적이 나를 의지하게 만들어야 이긴다. 한국이 미국과의 배터리 전쟁, 중국과의 반도체 전쟁에서 반드시 기억해야 할 전략이다. 반도체와 배터리에서 초격차를 얘기하지만 기술 격차가 아니라 대체불가기술^{NFT: Non-fungibleTech}을 만들고 유지해야 진짜 이긴다.

네덜란드의 작은 기업 ASML은 세계 반도체 업계를 쥐고 흔들며, 미국도 중국도 두려워하지 않는다. 노광장비에서 대체불가기술^{NFT}

을 만들었기 때문이다. 미국과 대만, 한국이 경쟁적으로 2024~26년을 목표로 5nm 이하 제품을 생산하는 공장을 짓고 있다. 그런데 짓는 것은 반도체 회사 맘이지만 완공은 ASML 맘대로다.

이런 ASML에 대응해 일본 캐논이 저렴한 UV를 광원으로 활용하고 렌즈를 사용하지 않는 나노임프린트 리소그래피[NIL: NanoImprint Lithography] 기술을 개발하고 있다. 2023년 엔비디아는 ASML, TSMC, 시놉시스[Synopsys]와 함께 리소그래피 공정에 가속 컴퓨팅을 도입하는 '쿠리소[cuLitho]'라는 획기적인 기술을 개발했다고 발표했다.

엔비디아 CEO인 젠슨 황은 리소그래피가 물리학의 한계에 도달한 지금, 쿠리소 기술을 통해 파트너사인 TSMC, ASML, 시놉시스와의 협력을 통해 파운드리에서 처리량을 늘리고 탄소 발자국을 줄이며, 2nm 이후의 생산 기반을 구축할 수 있다고 언급했다. TSMC는 2nm 공정 개발을 위해 엔비디아와 기술 관련 협업을 강화해 2023년 6월부터 노광(리소그래피) 공정에 엔비디아의 슈퍼컴퓨터를 활용할 수 있는 쿠리소 기술을 적용하기로 했다.

노광 공정은 '포토마스크'에 그려진 회로를 극자외선[EUV]을 활용해 웨이퍼(반도체 원판)에 사진을 찍듯 옮기는 것이다. 반도체 선폭이 nm 단위로 좁아지면서 포토마스크에 반도체 회로를 정확히 그리고, EUV를 정밀하게 쏘기 위해서 AI를 활용한 고성능 컴퓨팅 기술이 필요하다.

개별 포토마스크를 설계할 때 중앙처리장치[CPU]를 활용하면 2주가 걸린다. 엔비디아는 데이터 병렬 처리가 가능한 그래픽처리장치[GPU]

를 활용해 포토마스크 설계 기간을 8시간으로 단축했다. 엔비디아의 GPU 기반 컴퓨팅 노광 공정인 쿠리소 기술을 활용하면 소비전력도 85% 감소하는 것으로 알려졌다.

EUV는 기존 반도체 노광 공정에 활용되어 온, 광원 대비 파장이 짧아 더 미세한 회로를 구현하는 데 용이하다. High-NA(렌즈 수차) EUV는 여기서 한 발 더 나아가, 렌즈의 크기를 기존 0.33에서 0.55로 키운 차세대 기술이다. 렌즈가 빛을 받는 범위가 넓어지기 때문에 더 세밀한 해상력을 얻을 수 있다.

3nm 이하 첨단 공정에서 필수인 ASML의 High-NA EUV 장비 가격은 EUV 장비 대비 2배가 넘는 1대당 5,000억 원 이상으로 예상되지만 패터닝 비용을 최대 50%, 프로세스를 최대 60% 효율화할 수 있어 도입이 필수불가결하다. High-NA EUV는 현재 개발 속도를 보면 잘해야 2025년 말에 상용화될 것이고 2026년에도 20대 이상 생산되기 힘들다. 그래서 첨단 반도체 공장의 완성은 대체불가기술[NFT]을 가진 ASML이 결정한다.

05

170억 달러 미국 투자
vs
300조 원 한국 투자

미국이 갑자기 세계 파운드리의 메카가 될 판이다. 미국의 파운드리 육성책에 527억 달러의 보조금을 내걸자 인텔, TSMC, 삼성 같은 세계 반도체의 거두들이 앞다투어 경쟁적으로 미국에 반도체 공장 투자를 발표했다.

삼성은 텍사스에 170억 달러를 투자해 2024년부터 가동할 계획이고, 인텔은 애리조나주에 200억 달러를 투자해 2024년부터, 오하이오주에 200억 달러를 투자해 2025년부터 공장을 가동할 계획을 발표했다. TSMC는 애리조나주에 120억 달러를 투자해 4nm 제품을 생산할 수 있는 공장을 2024년에 완공한다는 계획을 세웠지만, 다시

총 400억 달러를 투자해 3nm를 생산하는 2공장을 2026년까지 완공하겠다는 발표를 했다.

2026년까지 미국에만 총 970억 달러가 투자되고 5nm 이하의 최첨단 라인 5개가 등장한다. 미국이 527억 달러를 투자해 970억 달러를 유치한 것이다. 연간 1,300억 달러 내외의 세계 파운드리 시장에 970억 투자는 과하다. 공짜 돈을 준다고 서로 보조금 따먹기 경쟁을 벌이고 있다고 봐야 할 것 같다.

미국의 보조금 수령 조건 4가지와 심사 기준 6가지는 아무리 봐도 심하다. 반도체 보조금 수령 조건 4가지는 10년간 중국 투자 제한, 중국 등 안보 우려국과 공동 연구 금지, 미국 정부와 초고수익 공유, 배당 및 자사주에 사용 금지다. 심사 기준 6가지는 미국안보기관과 국방용 반도체 우선 공급(안보), 첨단 공정(상업성), 재무 정보 제출(재무), 공장 건설과 제품 생산 계획(투자 이행 역량), 취약 계층 보호와 보육 지원(근로자 보호), 미국산 철강 건자재 사용(지역 사회 공헌)이다. 이를 보면 미국에 투자하지 않는 것이 맞다.

미국과 대만이 400억 달러씩 투자하는 공장을 짓는데 한국은 170억 달러 공장이면 '규모의 경제'에서 원가 경쟁이 되지 않는다. 미국의 생산 원가가 높은데 거기에 미국 상무부의 조건을 다 만족하면 원가는 더 높아지고, 그래도 이익이 나면 미국 정부와 나눠 가지면 사업을 하는 의미가 없다. 미국 공장 투자는 실속 없는 데릴사위 격일 뿐이다.

미국이 반도체 보조금 가드레일 조항을 통해 반도체 공장 접근권과 기업 정보 공개를 공개적으로 요구하는 상황에서 미국에 최첨단 라인을 짓는 것이 맞는가에 대한 논란이 있다. 하지만 이미 시작한 공장 건설 작업을 멈출 수도 없고, 미국 대통령에게까지 약속한 공장 건설을 한국 같은 작은 나라가 지금 와서 보조금 지급 조건에 불만이 있다고 파투를 놓기는 불가능하다.

한국은 미국이 쳐 놓은 '보조금의 덫'에 걸렸다. 중국보다 더한 미국의 뒤통수치기에 항의는 할 수 있을지 몰라도 한국의 뜻대로 수정될 가능성은 별로 없어 보인다. 복수는 당한 사람이 하는 것이 아니고 힘 있는 사람이 하는 것이다. 미국에 당했다면 실력을 키우는 것이 답이지 섭섭하다고 미국을 욕해 봐야 아무 소용이 없다.

한국이 미국의 치사한 동맹국 뒤통수치기에 복수하는 길은 단 하나다. 미국 공장은 최소한의 투자로 TSMC로만 몰리는 파운드리 고객의 2번째 선택지로라도 참가하는 것에 의의를 두는 것이다. 대신 미국의 인텔, TSMC의 신공장을 2~4년 안에 레거시 기술로 만들어 버릴 기술 개발을 하고, 이를 한국에서 상용화해 시장을 제패하는 수밖에 없다.

미국에 대한 파운드리 투자는 고객 관리와 한·미 관계 관리를 위한 최소한의 방어선에 그쳐야 하고 한국은 절대 반도체를 내주면 안 된다. 한국은 반도체가 끝나는 순간 미국과 중국에서 빈털털이가 된다. 삼성이 170억 투자해 5~15% 보조금을 받아야 1조 1,000억~3조 3,000억 원인데 이는 삼성 1년 이익의 연간 이익의 2.8~8.3% 선에 그친다. 이 보조금을 받자고 영업 기밀을 다 내준다는 것은 말이 안 된다. 얻는 것보다 잃는 것이 너무 크다.

2023년 3월 15일 삼성은 정부가 2042년까지 용인에 조성하는 710만㎡ 규모의 첨단 시스템 반도체 클러스터에 향후 20년간 300조 원을 투자하기로 했다고 밝혔다. 정부는 이곳에 첨단 반도체 공장 5개를 구축하고, 국내외 소재·부품·장비(소부장) 업체, 팹리스 등 최대 150개 기업을 유치할 계획이다.

SK하이닉스가 120조 원을 투자하는 원삼면 반도체 클러스터에는 SK하이닉스와 50여 개 소부장 기업이 입주할 예정이다. SK하이닉스 중심으로 추진 중인 원삼면 반도체 클러스터와 이번 남사읍 프로젝트를 더하면 용인에 한국 최대의 세계적인 '반도체 메가 클러스터'가 생긴다.

악마는 디테일에 있고, 골프에서 돈은 드라이브샷이 아니라 어프로치에서 번다. 300조 원, 120조 원의 드라이브샷이 아니라 진정한 투자 실행과 자금을 어떻게 조달하느냐가 관건이다. 미국처럼 파격적인 지원을 하거나 중국처럼 무한대의 자금을 지원하지 않으면 의미 없다.

한국에서도 뒤늦게 반도체지원법이 국회를 통과했다. 한국의 내부 입장에서는 반도체지원법은 대기업의 특혜, 반도체 기업에 대한 특혜로 보일 수 있지만 미국, 중국, 대만, 일본, 유럽의 지원 조건과 비교하면 취약하다. 미국과 대만보다 약한 나라가 이를 넘어서려면 이들보다 낮거나 비슷한 수준으로 지원해서 미국과 대만을 따라잡을 수 있을까?

연간 40조 원 이익이 나는 회사에 기껏해야 추가적인 1~3조 원 세금을 감면한다고 국회와 정부가 바쁜 반도체 공장 임원들을 오라 가라 하고, 언론에 생색내는 것은 반도체 산업의 발전에 도움이 되지 않는다. 한국 사회의 정서나 정치 상황 때문에 미국과 중국을 넘어서는 파격적 지원이 어렵다면 정부는 세금 감면이 아니라 인프라와 유틸리티를 만들어 주는 것이 답이다. 반도체에는 물과 운송 그리고 환경이 중요하다. 그리고 MZ세대 인재는 돈보다 워라밸이고 생활 조건이 중요하다.

용인에 20년간 300조 원 투자한다면 연평균 15조 원이다. 삼성은 연간 30~40조 원의 투자를 매년 하는 기업이다. 20년간 300조 원 투자는 기업이 충분히 알아서 투자할 수 있는 규모이고 감내할 만한데 중요한 것은 금액이 아니라 반도체 공장의 인프라와 환경이다. 1994년에 싱가포르와 수조우시가 만든 중국 수조우 싱가포르공업단지에 가 보면 공원인지 공장인지 구분되지 않는다.

2023년에 용인에 건설하는 한국의 300조 원 반도체 공장단지는 양이 아니고 질이어야 한다. 미국의 실리콘밸리, 중국 수조우 싱가포르공업단지는 비교도 안 될 정도로 전 세계 반도체 회사가 몰려올 수 있도록 교육, 생활, 레저, 문화, 환경을 최첨단으로 쾌적하게 건설하면 인력 유치, 생산 효율이 높아지고 반도체 산업의 경쟁력도 자동으로 올라갈 것이다.

06

대안은 KSMC
(Korean Semiconductor
Manufacturing Co.)다

미·중의 전쟁이 기술 전쟁으로 가고 미국이 반도체를 무기로 신냉전을 시작했다. 이제 반도체는 기업의 수익 사업이 아니라 국가 운명이 걸린 안보 산업으로 바뀌었다. 한국도 반도체 산업에 대한 새로운 국가 전략이 필요하다.

한국이 세계 1위인 D램은 국내 경쟁이지만, 첨단 파운드리는 치열한 국제 경쟁이고 기술 전쟁이다. 한국은 이제 메모리가 아니라 첨단 파운드리에서 대만을 추월하는 것이 반도체 산업에서 과제다.

TSMC의 3nm 공정 기술은 PPA(성능, 전력 소모, 면적)와 트랜지스터 기술 측면에서 이미 글로벌 반도체 업계에서 가장 앞선 기술이다.

더욱이 TSMC는 3nm 생산 능력을 늘리기 위해 총력을 기울이고 있는데, TSMC의 3nm 생산 센터는 팹18이 중심인데 이미 5~8기의 4개 공장은 완성 단계에 있다. 3nm 웨이퍼 팹의 향후 시장 수요에 따라 9기 건설도 결정할 계획이다. 이외에도 TSMC는 미국 애리조나주 팹 21 공장에 3nm 웨이퍼 팹 2기 공장을 건설한다고 발표했으며, 2025년 이후 양산에 들어갈 것으로 추정된다.

TSMC의 2nm도 계획대로 진행되고 있는데, TSMC가 공개한 정보에 따르면 TSMC는 2nm 초대형 팹 팹20은 1기부터 4기까지 총 4개의 팹을 건설할 예정이다. 타이중台中 공업단지에 2기 공장 부지를 찾고 있다. 계획대로라면 향후 5년 동안 TSMC는 총 10개 이상의 3nm와 2nm 팹을 갖게 될 것이고, 월 3만 장 공장의 팹당 투자 금액을

■ **세계 반도체 산업의 비즈니스 모델 변화**

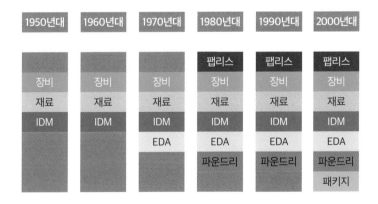

자료: 芯东西

200억 달러로 보면 총 투자 금액은 2,000억 달러를 넘어설 것으로 추정된다.

미래는 시스템 반도체, AI 반도체가 세상을 바꾼다. 첨단 파운드리에서 2등 하면 망한다. 시장점유율 16%인 한국의 삼성이 시장점유율 59%인 대만의 TSMC를 잡을 전략이 있어야 한다. 현재와 같은 점유율이 지속되면 첨단 반도체 생산에서 영원한 2등이고 1위와 갭

■ 애플 칩의 공정 기술에 따른 파운드리 공장 변화

Apple Chip	공정 기술	용도	시기	파운드리
A5	45nm	iphone 4s, ipad2	2011	삼성
A6	32nm	iphone 5, iphone 5c	2012	삼성
A7	28nm	iphone 5s, ipad Air	2013	삼성
A8	20nm	iphone 6/6plus AppleTV/ipadmini4	2014	삼성
A9	16/14nm	iphone 6s/6s+	2015	TSMC
A9X	16/14nm	ipad pro	2015	TSMC, 삼성
A10	16nm	iphone 7/7+	2016	TSMC, 삼성
A10X	16nm	2세대ipad pro	2017	TSMC
A11	10nm	iphone 8/8+/X	2017	TSMC
A12	7nm	iphone XS/XR	2018	TSMC
A12X	7nm	3세대ipad pro	2018	TSMC
A13	7nm	ipad/SE, iphone11	2019	TSMC
A14	5nm	iphone 12, ipad Air	2020	TSMC
A15	5nm	iphone 13, ipad mini	2021	TSMC
M1	5nm	Mac13/13pro/mini	2021	TSMC

자료:Apple, TSMC(台积电)

이 계속 커지는 2등에 머물 수밖에 없다.

세계 5nm급의 첨단 파운드리의 고객은 이미 정해져 있다. 애플, 퀄컴, AMD, 엔비디아, 미디어텍 같은 회사들이다. 이들 기업 중 애플, 퀄컴, AMD, 엔비디아 같은 빅 4의 점유율이 80% 이상을 차지하는데 이들 기업은 모두 삼성과 다른 사업부와 경쟁 관계다. 애플의 칩 파운드리 위탁 서비스의 변화를 보면 이런 현상을 적나라하게 알 수 있다.

TSMC의 고객을 삼성 파운드리의 고객으로 대체하는 것은 월등한 기술 격차로 고객을 빼내야 하는데 이는 대규모 투자가 반드시 이루어져야 한다. 반도체는 전형적인 규모의 경제가 작용하는 산업이기 때문에 시장점유율 16%인 한국의 삼성이 시장점유율 59%인 TSMC와 계속 경쟁하면 이길 수 없다. 이를 극복하려면 막대한 자금과 정책 지원이 필요하다.

가정이지만 한국 파운드리 산업의 지배 구조 전환을 생각할 필요가 있다. 주주 구성을 전환함으로써 삼성 파운드리 고객의 경계심을 누그러뜨리고 대규모 자금을 조달할 방안을 마련할 수 있기 때문이다. 삼성의 파운드리 사업을 분리해 독립시키고 경영은 삼성이 하지만 국민+연금+삼성이 1/3씩 지분을 갖는 주주 구성으로 삼성이 아닌 KSMC^{Korean Semiconductor Manufacturing Co.}를 만들어 파운드리 사업을 국가적 산업으로 키우는 것이다.

국가 사업이기 때문에 미국, 대만, 중국이 제공하는 조세 특혜를 넘어서는 파격적 조건의 조세 편의를 제공하고 인재 조달을 위해

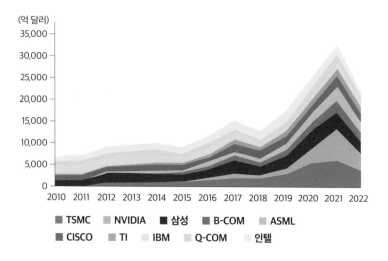

■ 세계 주요 반도체 업체 시가 총액과 TSMC 시총 추이

(억 달러)

35,000
30,000
25,000
20,000
15,000
10,000
5,000
0

2010 2011 2012 2013 2014 2015 2016 2017 2018 2019 2020 2021 2022

■ TSMC　■ NVIDIA　■ 삼성　■ B-COM　■ ASML
■ CISCO　■ TI　■ IBM　■ Q-COM　■ 인텔

자료: 블룸버그

IPO를 통해 전 세계 최고 수준의 스톡옵션을 제공함으로써 부족한 인재를 전 세계에서 확보하는 것이다.

KSMC의 파운드리 사업이 성공해 만약 5~10년 내 대만의 TSMC를 넘어선다면 모두가 윈-윈이다. 2023년 3월 20일 현재 TSMC의 시총은 4,626억 달러인데 이중 1/3이 국민연금의 지분이라면 201조 원에 달한다. 이는 삼성전자의 시총 3,108억 달러의 50%에 달하는 금액으로 2022년 말 기준 국민연금의 자산 규모 890조 원의 23%에 달해 국민연금의 고갈을 막는 방안이 될 수 있다.

아시아-태평양 지역의 기술 판도, 지정학적 판도를 바꿀 수 있는 것이 반도체 산업이다. 한국은 담대한 사고와 전략적 사고로 반도체를 키워야 한다. 재벌의 사업이 아닌 한국의 방패로 키워야 한국이 미·중의 전쟁 속에서 당당하게 큰소리치면서 살 수 있다.

기술 전쟁에서 패하면 상처만 남고 사라진다. 반드시 이겨야 살고 이를 위해서는 파격과 발상의 전환이 있어야 성공한다. 미국의 반도체법을 벤치마킹하고 이를 뛰어넘는 법과 제도를 만들지 않을 이유가 없다. 한국의 반도체 배터리 기업이 미국의 보조금에 홀려 미국에 간다는데 한국 정부는 왜 손을 놓고 있을까?

미국의 주정부보다 더 파격적인 조세 조건으로 11개의 첨단 반도체 공장을 한국에 짓는다면 한국의 고용과 지방 산업의 육성에는 어떤 영향이 있겠는가? 한국 기업들이 떼로 미국으로 몰려가는 것을 보고만 있는 것이 과연 맞는지 생각해 볼 일이다.

이젠 반도체가 절대 권력이고 4차산업혁명의 판도를 바꾸는 비밀 병기다. 한국이 2천여 년의 역사에서 미국과 중국에 당당해질 수 있는 천재일우의 기회를 잡았는데 이 불씨를 못 살리면 천추의 한이 되고 후손들을 볼 낯이 없어진다.

중국과의 무역적자 문제도 반도체 수출이 늘면 간단히 해결될 일이다. 중국에 경쟁력이 떨어진 전통 산업을 붙들고 중국을 비난할 이유가 없다. 한국이 경쟁력이 강한 품목에서 치고 나가 수출을 2배로 늘리면 될 일이다. 한국 반도체 산업에서 담대한 시각으로 획기적인 돌파구를 만들어야 한다.

PART 7

한국은
메모리 반도체 제패에
목숨을 걸어라

01

기술은 보조금이 아니라 혁신으로 사는 것이다

인텔은 1968년 7월 18일 화학자 고든 무어와 물리학자이자 집적 회로의 공동 발명가인 로버트 노이스가 미국 캘리포니아주 마운틴 뷰에서 설립한 회사다. 인텔은 Integrated Electronics의 혼성어이다. 살아 있는 반도체의 역사인 인텔은 지금 아시아의 후발국 대만과 한국이 3nm 공정으로 들어가고 있지만 7nm 공정에서 헤매는 2류가 되었다.

기술 혁신의 아이콘 인텔이 미국 정부의 보조금을 지원받아 파운드리 공장을 재건하는 프로젝트에 쫓아 들었다. 무어의 법칙으로 영원한 세계 1위일 것 같았던 미국의 인텔이 이 지경이 된 것은 무엇 때문일까?

실리콘 반도체의 판에서 선발자 이익, 1등의 이익을 누렸던 미국의 인텔은 스마일 커브와, 월가가 원하는 ROE 경영에 너무 빠져들었다. 기술 극대화를 통한 수익 창출이 아닌 ROE 극대화를 통한 시가총액 창출에 목숨을 건 결과다. 고정비가 많이 들어가는 생산은 아시아로 넘기고 R/D와 유통에서 돈을 버는 비즈 모델에 취해 후발자에게 기술 추격을 당했다. 배부른 돼지는 굶주린 늑대 떼를 이기지 못한다.

첨단 산업의 역사를 보면 시발점과 종착역이 같은 적이 한 번도 없다. 40년 전에 지역을 떠난 기차를 미국 바이든 정부가 보조금과 외교의 힘으로 되돌리려 하지만 서방민주주의 정치는 4년마다 오락가락한다. 정권이 바뀌면 전임 정권의 정책은 홀랑 뒤집힌다.

정치 논리는 4년이지만 자본주의 경제 논리는 250년이다. 뿌리 깊은 나무는 바람에 흔들리지 않는다는데, 세상에서 가장 뿌리 깊은 나무는 돈이다. 돈에는 피가 흐르지 않는다. 정치는 좌우가 있지만 돈은 좌우가 없다. 돈이 되면 적과 손잡고 돈이 안 되면 동맹도 친구도 쉽게 버린다.

기술은 혁신으로 사는 것이지 보조금과 동맹으로 살 수 있는 것이 아니다. 2등까지는 베껴서 보조금으로 따라갈 수 있지만 빌린 기술과 공짜 돈으로 1등 하기는 어렵다. 운 좋게 1등을 해도 수성守城이 1등보다 어렵다. 세상에 없는 길을 만드는 것이 초격차고 1등의 길이다. 미국과 중국의 보조금은 2등까지는 가능하지만 창조적 파괴를 끊임없이 해야 하는 1등의 길에는 결국 마약일 뿐이다. 약 기운 떨어지면 금단 현상으로 괴로워질 뿐이다.

하늘의 제왕인 솔개는 수명이 70년인데 태어난 지 40년이 되면 부리와 발톱이 노화되어 먹이를 잡을 수 없게 된다. 그러나 솔개는 고통스러운 몸 만들기를 통해 수명을 연장한다. 돌에 부리를 쪼아 새 부리가 나게 하고, 그 부리로 발톱과 깃털을 뽑아내어 새로운 모습으로 변신한 뒤 창공을 차고 올라가 30년을 더 산다.

산업주기를 30년으로 본다. 천하장사도 산업의 강산이 2번 변할 때까지 60년이면 기력이 쇠한다. 1968년에 설립된 반도체의 원조집 인텔의 역사는 이미 강산이 두 번 변했다. (1968+30+30=2028)이다. 인텔의 기력이 쇠할 때다. 돌에 부리를 쪼아 새 부리가 나게 하는 것이 아니라 정부가 준 돈으로 임플란트를 하면 오래 가지 못한다.

반도체 비즈니스의 세계에는 영원한 인텔도, 영원한 삼성도 없다. 나침반과 화약 등 4대 발명품의 나라 중국이 무섭게 쫓아오고 있다. 이제 세계 1위인 삼성의 경쟁자는 미국이 아니라 중국이다. 맨땅에 헤딩해서 원자폭탄 만든 경험으로 반도체에 덤버드는 중국이다. 선쟁하듯이 국가가 나서서 반도체 산업을 만든다. 자본주의가 아니라 국가자본주의다. 수익성, 생산성이 아니라 기술을 확보해서 제품만 나올 수 있다면 무한대의 자금과 인력, 조세를 지원한다. ROE와 주가 영향을 따져서 투자하고 개발하지 않는다.

세계 1위의 반도체 회사로 등극한 삼성도 영원한 1등일 수는 없다. 인텔이 반면교사의 교과서다. 3차산업혁명의 중심에서 떼돈을 번 인텔은 4차산업혁명의 문턱에서 안주하다가 후발국 기업에 추월당했다. 다가올 4차산업혁명 시대는 다르다. 노트북과 핸드폰이 만든 사물인터넷[IoT]이 아닌 자율주행 전기차, 날아다니는 택시가 만드는 V2X의 시대에는 그간 세상을 변화시켰던 실리콘 반도체의 판을 엎는 새로운 기판의 반도체 기술 시대가 도래할 판이다.

삼성도 1등에 안주하면 인텔처럼 당한다. 바닥부터 새로운 창조를 해야 살아남고 한국을 당당하게 만든다. 2nm 이하의 공정에서 실리콘의 물리적 한계가 온다. 그러면 정말 판을 엎는 발상의 전환과 기술의 전환이 새로운 30년의 역사를 쓰게 된다. 3세대, 4세대 화합물 반도체에서 기선을 제압할 초격차가 없으면 삼성도 인텔의 길로 갈 수 있다.

02

일본의
미·일 반도체 협정을
직시하라

지금 반도체는 발명자의 취미 생활도, 첨단 기술 개발로 선발자 이익을 누리는 고수익성 사업도, 재벌의 수익 사업도 아닌 국가의 안보 산업으로 변했다. 미·중의 반도체 선쟁을 계기로 4차산업혁명의 패권을 가를 무기로 등장했다.

반도체가 패권 장악의 무기로 변신하면서 반도체는 '먹고 사는 경제 상품'에서 '죽고 사는' 안보 상품으로 격상됐다. 하늘에 2개의 태양이 없고, 숲에는 2마리의 호랑이가 있을 수 없다. 반도체가 안보 상품으로 격상하는 순간 반도체는 위험한 무기가 되었다.

목숨을 다투는 전쟁에서 2류는 죽음이고, 빌려 온 무기와 용병으로는 한 번의 전투에서는 이길 수 있을지 몰라도 긴 전쟁에서는 이기지 못한다. 반도체는 이제 안보 상품으로 다루기 위험한 무기가 되었다.

첨단 무기는 수단과 방법을 가리지 않고, 비용과 수익 상관없이 확보하는 것이 정답이다. 미국이 외국 반도체 기업에 파격적인 보조금을 제공하는 것이나 천문학적인 정부 자금을 5~10년 이상 쏟아 붓는 것은 반도체가 아니라 원자폭탄을 개발하듯이 신무기를 확보하는 프로젝트이기 때문이다.

이제 반도체 패권의 법칙은 집적도를 높이는 무어의 법칙이 아니라 무조건 1류 기술을 소유하라는 것이다. 4차산업혁명의 신무기를 확보하는 미국의 프로젝트인 반도체에는 지금 자본주의 시장 경제가 없다. 오로지 미국우선주의만 있다.

IT 하드웨어가 중심이 된 정보혁명 시대의 3차산업혁명 시대에는 미국이 전자 기기를 만드는 데 핵심이 된 반도체에서 일본을 제거하는 데 성공했다. 하지만 데이터가 새로운 석유가 되는 4차산업혁명 시대에는 데이터를 만들고 이를 처리하는 소프트웨어적인 반도체의 중요성이 핵심이 되자 미국은 반도체를 외주 생산이 아닌 미국 내 반도체 내재화 전략으로 선회했다.

미국은 한국과 대만이 중국에 첨단 반도체를 공급하고 생산하는 것이 자국의 안보와 성장에 치명적인 독이라고 판단했다. 미국이 제조, 기술, 금융에서 세계 1위였을 때는 자유무역과 시장 개방, 글로벌화가 최고의 선이고 모든 나라가 따라가야 할 철칙으로 인식시켰다. 그러나 2000년부터 중국의 부상과 아시아 국가들의 진격으로 미국의 입지가 흔들리자 모조리 뒤집었다. 디커플링, 리쇼어링, 프렌드쇼어링이 시대의 새로운 패션이고 아메리카 퍼스트가 모든 가치의 최우선이다.

지금 주목해야 할 것은 1986년에 미·일 반도체 협정으로 일본 반도체를 죽였던 미국이 2022년 미·일 반도체 동맹^{Chip4}을 결성하고 나섰다는 점이다. 돈이 되면 동맹이고 돈이 안 되면 동맹도 죽이는 것이 냉혹한 국제관계다.

1980년대에 일본 반도체는 인텔마저 D램 사업을 포기하게 만들 정도로 잘나갔다. 미국은 1986년부터 5년 단위의 미·일 반도체 협정을 3번 연장하면서 일본 반도체를 몰살시켰다. 최첨단 기술을 자랑했던 일본 반도체의 몰락에는 여러 가지 배경이 있다.

반도체 산업 경영 측면에서 미국이 보장해 준 이익에 취해 기술 개발을 게을리하고 추격하는 한국을 물로 본 일본 반도체 업계의 오판이 있었다. 미국의 301조, 덤핑 제소, 직권 조사로 속수무책이 된 일본은 미·일 반도체 협정을 체결해 당시 10% 수준이던 일본 내 미국산 반도체 점유율을 1992년까지 20%로 높이고 기존의 반도체 저가 수출을 중단했다. 또 미국의 대일본 반도체 직접투자 금지도 철폐했다. 협정 이후에도 미국은 일본의 미준수를 거론해 보복관세를 부과하며 압박했고, 일본 반도체 산업을 지속적으로 감시했고 그 결과 일본 반도체 업계는 몰락했다.

그러나 G2로서 MIT가 『저팬 배싱^{Japan Bashing}』이라는 책까지 낼 정

도로 강력했던 일본이 미국의 요구를 순순히 들어줄 수밖에 없었던 진짜 이유는 국방을 미국의 핵우산에 의존할 수밖에 없었던 한계 때문이다. 일본 반도체 업계는 미국의 일본 핵우산 제거의 위협에 당했다.

37년 전 일본의 몰락을 잘 봐야 한다. 일본 기업이 미국이 보장해 준 이익에 만족해 한눈팔다 반도체를 몰살시켰다는 것은 절반은 맞고 절반은 틀린 얘기다. 지금 중국은 반도체를 인체의 가장 중요한 '심장'으로 정의했고 미국은 '안보'로 정의했다. 미국의 안보 상품으로 등장한 반도체는 막가파다. 뭐든 미국이 원하는 방향으로 하는 것이고 말을 듣지 않으면 말은 부드럽게 하지만 뒤로는 쇠몽둥이를 내 보일 판이다.

지금 미국은 대만의 로직 파운드리 첨단 기술을 확실하게 미국에 내재화할 때까지는 대만에게 온갖 감언이설과 우대 조치를 하고, 한국에게는 대만이 변심하지 않도록 페이스메이커의 역할을 하도록 조정하고 유혹할 가능성이 크다.

결국 반도체는 미국이 정의한 대로 안보 문제로 귀결될 수밖에 없다. 대만에는 중국의 위협에 대응해 무기를 팔고, 안전을 보장해 주는 대가로 첨단 반도체 공장을 미국에 짓게 만드는 것이다. 한국에게는 1970년 한·미 군사 동맹을 통해 과거 일본에 썼던 미·일 반도체 협정과 같은 안보 위협을 암시하면서 미국 내 반도체 공장 내재화에 동참을 요구할 가능성이 커 보인다. 중국의 군사적 위협과 마찬가지로 북한의 군사적 위협에 대응해 미국에 공장을 짓는 것이 정답이라는 논리다.

첨단 기술에서는 양보도 동맹도 없다. 일본과의 미·일 반도체 협정의 사례로 보면 미국은 첨단 기술 문제에서는 인정사정이 없다. 동맹도 죽인다. 세계 G2인 동맹도 죽이는데 G10 정도의 한국 같은 동맹은 말할 것도 없다. 우방이고 혈맹이기 때문에 한국에게는 특별 대우나 고려를 해 줄 거라는 것은 착각이고 환상이다. 미국의 반도체 내재화 전략을 냉정하게 봐야 하고 미국의 절박함과 강경한 의지를 오판하면 안 된다.

미국에 대해 어설픈 동맹으로 우대를 기대한 접근이나 중국에 대해 과도하게 감성적으로 접근하는 것은 의미 없다. 미국과 중국의 정부가 본격적으로 개입한 이상 이젠 서바이벌 게임이므로 냉철하고 현실적으로 봐야 한다.

기술의 세계는 냉정하고 냉혹하다. 자존심이고 체면이고 없다. 1980~90년대 세계 반도체 산업을 호령했던 일본은 21세기 산업혁명 시대의 석유 데이터를 생산하는 장비인 반도체 산업을 유지하는 데 실패했다.

그러나 일본은 30~40년 전이라면 쳐다보지도 않았을 대만의 TSMC에 다시 머리를 숙이고, 보조금을 주고 세금을 우대하면서 구마모토에 TSMC 공장을 유치하고 선생님으로 모시고 있다. 이젠 전략 물자로 성격이 바뀐 반도체를 일본이 다시 만들려면 10~20년 걸릴 판이고 대만 이외에 방법이 없기 때문이다.

미·일 반도체 협정을 반면교사로 삼아 한국은 잘하고 있는 메모리를 특화해 목숨 걸고 지켜내고 시장을 제패해야 한다. CPU, AP, GPU가 중요하고 기술 난이도가 높지만 메모리 없이는 작동이 안 된다. CPU든 AP든 GPU든 간에 반드시 메모리와 짝을 이루어 칩셋을 만들어야 한다. 엔비디아의 A100이 챗GPT 시장의 핵심으로 떠올랐지만 엔비디아의 1만 달러짜리 A100 칩셋은 200달러짜리 한국산 고대역폭 메모리_{HBM: High Bandwidth Memory}가 없으면 작동이 안 된다. 지금 엔비디아에 HBM을 공급하는 것은 SK하이닉스다.

03

반도체 공장을 짓는 데 신의 한 수는 없다

반도체를 생산하는 데 가장 안전한 국가는 과연 미국인가? 일본은 지진이 문제고, 대만은 지진과 물이 문제인 데다 중국의 미사일 한 방인데 끝난다. 한국은 지진과 물은 문제가 아니고 지역정서법이 문제인데 북한의 미사일 한 방이면 반도체 첨단 라인도 사라질 수 있다. 미국은 환경과 인권 그리고 보조금을 미끼로 한 기술 탈취의 위험이 있다. 중국도 당장은 보조금, 법인세 인하, 관세 인하로 유혹하지만 궁극적으로는 기술 약탈의 위험이 상존한다.

자연환경과 지정학적 관점에서는 한국, 일본, 대만이 위험한 지역이고 기술 보호에서는 미국과 중국이 더 위험한 지역이다. 부서진 공장은 다시 지을 수 있지만 빼앗긴 기술은 다시 찾아올 수 없기 때문이다. 결국 반도체 안전 지역은 세상 어디에도 없다. 지정학적 리스크와 자연재해를 철저하게 관리하고, 기술에서 다른 국가의 경쟁자들이 추격할 수 없게 만드는 수 외에는 묘수가 없다.

1995년 YS 정부 시절에 한국의 반도체는 1류, 기업은 2류, 관료행정은 3류, 정치는 4류라는 말이 유행했다. 그런데 28년이 지난 지금 이 말은 더 절절해졌다.

4류 정치는 세계 반도체 정세를 못 읽고 미국·중국·일본·대만·유럽이 모두 반도체 육성에 목숨을 걸었는데 한국만 반도체 지원을 재벌의 수익 사업으로, 당쟁의 건수 잡기로 보는 근시안적 태도로 귀중한 시간을 낭비하고 있다. 3류 행정은 여소야대 국회가 지레 겁먹고 하나마나 한 지원책을 내놓고는 대통령에게 지적 받고 부랴부랴 수정하는 판이다.

단군 이래 처음으로 2류였던 한국 기업들이 미국과 중국이 무시하지 못하는 세계 1류의 반도체를 만들었는데 3류와 4류가 길을 막으면 안 된다. 미국과 중국이 우리보다 잘하는 것이 있다면 벤치마킹하고 베끼는 것이 부끄러운 게 아니다. 뭐든 미국을 베끼면서 왜 반도체와 배터리 같은 한국의 미래가 달린 산업에는 미국의 반도체법과 정책을 베끼지 않는지 이상하다.

모든 국가가 첨단 반도체 산업 육성에 뛰어들었다. 지금은 첨단 반도체의 천국일지 모르지만 시장이 아닌 정부가 무지막지하게 보이는 손을 집어넣으면 시장의 실패를 정부가 구제하는 것이 아니라 정부가 시장의 실패를 만들 가능성이 있다. 그러면 첨단 반도체는 천국이 아니라 지옥을 맛볼 수도 있다. 결국 지옥에서 살아남는 비법은 맷집 키우기다.

한국 인구의 28배, 대졸자의 24배를 가진 G2 중국이 반도체 국산화에 목숨을 걸었고, 반도체 기술의 원조집 G1 미국이 반도체 생산을 국가 안보라고 하며 승부수를 던졌다. 이런 G1, G2가 10년 동안 칼 한 자루만 갈면 세상에 못 벨 나무가 없고 당할 고수가 없다.

미국도 반도체 육성책이 파격적이지만 중국은 미국보다 더 파격적이다. 중국의 반도체 육성 정책을 보면 10년 뒤 세계 시장에서 한국이 1등 한다는 것은 낙타가 바늘구멍 통과하기가 될 것이다.

■ 세계 주요국 반도체 팹 증설 전망(2023~26)

반도체 종별	세계	대만	중국	일본	한국	미국	유럽	기타
로직	28	10	6	1	1	4	4	2
아날로그	7		2			3		2
개별 소자	15		12				2	
메모리	10	1	1	2	5	1		
합계	60	11	21	3	6	9	6	4

자료: SEMI WFF, 2022. Sep. 맥킨지

04

불황에 투자를 늘려 메모리 시장을 제패하라

미국에 공장을 짓는 대만의 TSMC와 한국의 삼성은 처한 상황이 다르다. 대만의 TSMC는 파운드리에서 세계 1위이고 삼성의 3배 규모 기업이다. TSMC 매출액의 64%는 미국이다. 공장은 고객과 시장이 있는 곳에 지으라는 경영 철칙에 위배되지 않는다.

한국은 첨단 파운드리에서 TSMC보다 시장점유율, 생산 규모, 기술에서 모두 뒤진다. 미국은 1등과 최고가 필요하지 2등과 차선은 필요 없다. 단지 1등을 끌어오고 유혹하는 데 필요한, 마라톤으로 치면 페이스메이커가 필요할 뿐이다.

미국과 중국을 이기려면 미국과 중국보다 더 강한 정책으로 가야지 약한 정책으로는 지킬 수 없다. 미국이 파격적인 우대 조치로 보조금을 뿌리면서 한국과 대만 기업을 유혹하고 있지만 물고기는 미끼를 물 때 잡힌다. 세상에 공짜 돈은 없다. 하물며 세계 최고의 나라인 미국 돈을 공짜로 먹겠다는 생각은 오산이다.

코로나19 특수를 반도체 슈퍼사이클로 오판한 결과가 공장에서 유통 최종 단계까지 모두 과잉 재고로 대불황의 몸살을 앓는 것이 지금 세계 반도체 시장이다. 메모리의 경우 2, 3위는 이미 적자가 났고 1위 업체도 손익분기점이다. 4년마다 천당과 지옥 사이를 오가는 현기증 나는 반도체 사이클에서 경기 하강은 하수에게는 개미지옥이고, 고수에게는 놀이터다.

D램에서 한국은 꽃놀이패를 쥐었다. D램 가격 하락을 걱정하지만 지금 D램의 시장 구조를 보면 D램 가격은 애플이나 마이크론이 정하는 것이 아니라 1위 업체가 결정한다. 지금 1위 업체가 약자 코스프레를 하지만 가격을 올리고 싶으면, 시장 50%대의 공급력을 가진 1위가 20%만 감산하면 바로 가격은 초강세로 반전한다. 그러나 불황에 투자해 2, 3위 기입과의 격차를 더 크게 벌리는 전략이 3~4년을 내다보면 시장제패의 묘수다.

2023년 3월 미국과 네덜란드에 이어 일본이 자국 반도체 장비의 대중국 수출을 금지하는 조치를 발표했다. 세계 10대 반도체 장비회사 중 4개가 일본 업체다. 당장 한국의 중국 반도체 공장이 증설과 업그레이드에 타격을 받지만 장기적으로는 중국의 양쯔메모리YMTC와 창신메모리CXMT의 공장 건설을 불가능하게 해 중국의 추격을 막

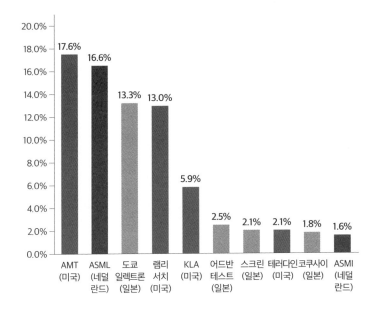

■ **미·일이 장악한 세계 반도체 장비 시장(2021)**

자료: 테크인사이츠

아 주는 효과가 있다. 한국 메모리 업계 입장에서는 시장의 공급 부
족을 유발하는 계기가 되고 중국의 메모리 시장 진입을 막아 주는 효
과가 있어 단기로는 악재지만 장기로는 호재다.

중국은 2023년 3월 31일 미국의 마이크론사에 사이버 안보를 이
유로 마이크론으로부터 수입하는 메모리 칩에 대해 조사할 것이라
고 밝혔다. 중국 사이버공간관리국CAC은 핵심 정보 인프라의 공급망
안전을 확보하는 것이 중요해 이 같은 조처를 취했다고 밝혔지만 이
는 첨단 반도체, 반도체 장비의 대중국 수출을 막은 미국 정부에 대

한 맞불 작전이다. 한국으로서는 메모리 3등 업체를 중국이 제거해 주는 조치라서 조심은 해야 하지만 미국마저 중국이 견제해 주면 장기적으로는 메모리 시장에서 입지가 나쁘지 않다.

D램 시장의 역사를 보면 대불황 때마다 3류를 죽이고 살아남은 1, 2류의 생존 잔치였다. 1970년대 일본의 미국 죽이기, 1980년대 미국의 일본 죽이기(1986년 미·일 반도체 협정), 2000년대 대만의 독일 죽이기(2009년 키몬다 파산), 2010년대 한국의 일본 죽이기(2012년 엘피다 파산)가 예이다. 2020년대의 반도체 대불황기에 한국이 과감한 투자 전략으로 3류 기업 하나를 더 정리하면 D램은 한국 기업의 독점시장이 된다.

미·중의 반도체 전쟁에 끼인 한국은 미국의 보조금 함정에 빠졌다. 시간이 촉박하지만 약한 것을 보완해 이기는 것이 아니라 강한 것을 무기로 곤경을 타개하는 것이 답이다. 한국은 반도체 불황에 1등의 강점을 활용해 과감한 3등 죽이기 전략을 세워야 한다. D램 시장은 과거 20개 이상의 기업이 피 터지는 경쟁을 하던 완전 경쟁 시장에서 삼성, SK하이닉스, 마이크론의 3개 기업으로 정리되었다.

작은 나라가 큰 나라를 상대할 때는 골리앗에 맞서는 다윗의 전략을 기억할 필요가 있다. 선택과 집중이 답이다. 큰 나라와 모든 라인업에서의 경쟁은 실패할 확률이 높다. 규모가 아니라 정확성으로 승부해야 한다. 무작정 마구 던진다고 되는 것이 아니라 정확히 급소를 맞추는 것이 중요하다. 단 1개의 돌팔매가 적의 심장을 정확히 맞춰 숨을 멎게 하려면 엄청난 연습과 내공이 있어야 한다. 설익은 돌

■ 반도체 경기 하강 사이클과 기업 부도

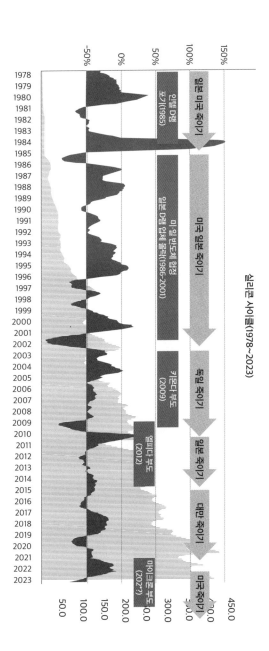

실리콘 사이클(1978~2023)

자료: WSTS, 중국경제금융연구소

팔매질로 상대를 화나게 하면 역습당해 한 방에 혹 가는 수가 있다.

CPU든 GPU든 메모리 없이는 안 된다. 한국은 미국의 쥐꼬리만한 보조금에 목숨을 걸기보다 D램 시장의 제패에 목숨을 걸어야 반도체 전쟁에서 승산이 있다. 그러나 상대는 미국 기업이고 이를 실행하려면 기업의 결기와 패기가 있어야 한다. 지금 반도체는 기술 전쟁이 아닌 '쩐錢의 전쟁', '인재 전쟁'이다. 과감한 정부의 인재와 자금 지원이 뒷받침되어야 가능하다.

미국보다 못한 자금, 세제 지원, 기업이 시급하고 절절히 필요하다는데도 반도체학과 정원을 늘리지 않는 교육 정책을 계속 유지하면 한국의 반도체 산업도 1980년대 중반에 일본이 갔던 몰락의 길로 갈 수밖에 없어 보인다.

한국은 파운드리에서는 재벌 회사가 아니라 국민 기업으로 독립시켜 시장점유율이 3.5%씩 올라갈 때마다 세금을 5%씩 감면해 주어야 한다. 한국이 대만을 추격할 동안에 중국과 같은 수준으로 법인세를 낮추어 기업의 경쟁력을 높여 주어야 한다. 또 D램은 반도체 경기의 하강 사이클을 이용해 과감한 투자와 기업 지원으로 3등 죽이기를 통해 한국의 시장점유율을 95%로 올리면 미국이든 중국이든 두렵지 않다.

그러나 상대가 미국 기업이기 때문에 여차하면 3등을 죽이기 전에 한국의 2등 기업이 치킨게임에서 다칠 위험이 있다. 한국 금융과 정부는 전략적으로 한국의 2등 기업이 불황을 넘고 3등 죽이기에 동참할 수 있도록 특단의 금융 지원을 할 필요가 있다. 그리고 국가 이익이라는 대승적인 차원에서 1, 2위 기업은 연구 개발과 기술에서 겉으로는 박 터지게 싸우는 것처럼 보이게 하고 내부적으로는 3등 죽이기 전략에서 서로 전략적 동맹 같은 협력을 할 필요가 있다.

반도체 경기 하강일 때 낸드에서도 같은 전략을 쓸 필요가 있다. 규모의 경제가 작용하는 낸드에서 투자를 축소하는 것이 아니라 대폭 확대해 4~5등 미국 기업 죽이기 전략을 쓰는 것이다. 그렇게 되면 시장 구조상 미국 기업 2개 사가 먼저 도태될 가능성이 있다.

이것이 성공하면 3~4년 뒤에는 낸드에서 점유율이 한국 78%, 일본 19%로 마치 지금 파운드리에서 대만과 한국의 구조와 같은 상황을 만들 수 있다. 그렇게 되면 시장의 과점화로 경기 하강과 미국의 압력, 중국의 유혹에도 강한 발언권과 시장 통제력을 한국이 갖게 될 것이다.

■ 한국의 D램 시장 전략

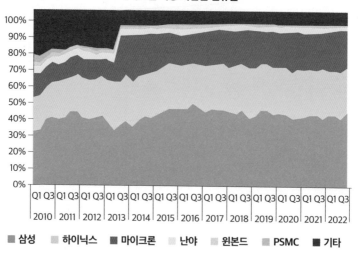

세계 D램 시장 기업별 점유율

■ 삼성 ■ 하이닉스 ■ 마이크론 ■ 난야 ■ 윈본드 ■ PSMC ■ 기타

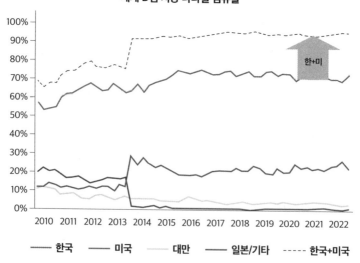

세계 D램 시장 나라별 점유율

── 한국 ── 미국 ── 대만 ── 일본/기타 ---- 한국+미국

자료: TrendForce

■ 한국의 낸드 플래시 시장 전략

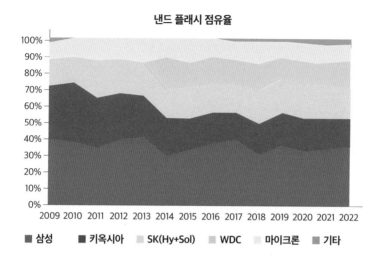

낸드 플래시 점유율

■ 삼성　■ 키옥시아　SK(Hy+Sol)　WDC　마이크론　■ 기타

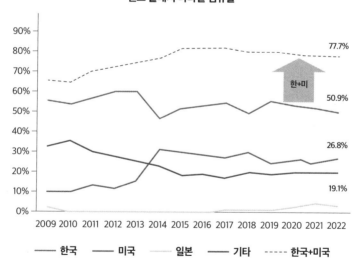

낸드 플래시 나라별 점유율

77.7%
50.9%
26.8%
19.1%
한+미

── 한국　── 미국　── 일본　── 기타　---- 한국+미국

자료: TrendForce

PART 8

반도체는
국가대항전이며,
영원한 1등은 없다

01

미국의
'반도체 지원 정책의 함정'을
넘어설 묘수

미국이 주는 반도체 지원금 527억 달러는 거저 받는 것으로 생각했는데 미국의 반도체 지원 정책에는 '디테일의 악마'가 숨어 있었다. 지원금을 받으면 유치원을 건설해야 하고, 초과이익을 공유해야 하고, 중국에 신규 투자를 해서는 안 되고, 미국 국가 기관에 생산 라인 접근권을 허용해야 한다. 그리고 정기적으로 제조, 투자, 판매에 관한 보고서를 제출하는 조건이다.

세계 최정상의 반도체 생산 기술을 가진 한국과 대만 기업은 미국이 쳐 놓은 보조금의 덫에 걸렸다. 미국의 보조금 갈라 먹기를 미끼로 한 첨단 반도체 공장의 입주 강요는 세부 지원 정책의 면면을 보

■ 주요 국가 1인당 국민소득과 반도체 패권의 변화

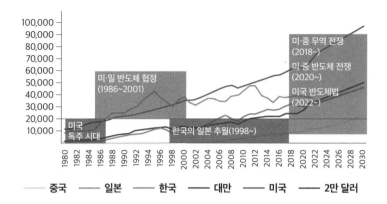

자료: IMF, 중국경제금융연구소

면 후속 지출이 더 커질 판이다.

1인당 국민소득 2만 달러가 넘어간 국가에서 3교대 산업이 살아남은 역사가 없다. 1인당 국민소득 3만 3,000달러대의 한국에서도 반도체 경기가 하강하면 적자인데 1인당 국민소득 7만 5,000달러의 나라에서 반도체 생산은 지금도 손익분기점을 맞추기 어렵다. 그런데 초과이익이 날 경우 보조금을 준 미국 정부와 공유해야 한다면 실익이 별로 없다.

그러나 국제 관계에서는 법보다 주먹이고, 규칙은 강자가 만드는 것이지 약자 편을 들어주지 않는다. 공장을 지을 때까지는 감언이설과 당근으로 유혹하고 공장을 짓고 나면 기술을 내놓으라고 요구하는 것은 지금 미국과 중국의 차이가 없다.

진행 과정과 점입가경인 후속 조치를 보면 미국의 반도체법은 '반도체패권법'의 다른 이름이다. 첨단 반도체 공장의 노골적인 미국 회귀 정책에 정치 외교와 금융의 양동 작전을 쓰는 형국이다.

공장은 보조금을 많이 주는 데 짓는 것이 아니라 시장 가까운 곳에 지어야 한다. 세계 반도체 시장의 61%가 아시아에 있고 미국은 26%에 불과하다.

미국의 IRA법은 결과적으로 한국 '배터리 회사 뒤통수치는 법'이었고, 미국의 새 반도체법은 '첨단 반도체 기술 후려치기 법'이다. 미국의 공짜 돈 527억 달러 뒤에 숨은 칼날을 제대로 봐야 한다.

삼성이 170억 달러를 투자해 투자금의 5~15%의 보조금을 받는다면 1조 1,000억~3조 3,000억 원인데 이는 최근 3년간 연평균 41조 원의 이익을 내는 삼성전자 순이익의 2.6~8.0% 선이다. 쥐꼬리 같은 보조금을 주면서 생산, 재무, 판매에 관한 모든 정보를 제공하라는 것이 본질인데 문제는 보고된 정보가 미국의 경쟁 기업에 흘러가도 막을 방법이 없다는 것이다.

한국의 반도체 산업은 미국의 반도체법으로 고약한 상황에 처했다. 그러나 미국의 내부 사정을 보면 패닉 상태에 빠진다거나 절망할 필요는 없다. 미국은 반도체 기술 강국이지만 생산 약소국의 다급함이 있다는 것을 직시할 필요가 있다. 1990년대에 세계 반도체 생산의 37%를 차지하던 미국이 2020년에는 12%로 낮아졌고, 이런 추세면 2030년에는 10% 아래로 추락할 전망이기 때문이다.

미국의 한국과 대만 반도체 '양자 들이기'에 겁먹지 말고 국익 극대화 차원에서 행동을 할 필요가 있다.

첫째, 한국의 반도체지원법에 '첨단 기술 외국 공개 금지법'을 추가해 개별 기업이 아닌 국가의 협상력을 높여야 한다.

둘째, 이익은 주주와 공유하는 것이지 보조금을 준 쪽과 공유한다는 것은 주주 이익의 손실을 가져오는 것이다. 외국인 지분이 51%가 넘는 한국 반도체 회사의 상황을 이용해 주주 이익의 손실 문제를 걸어 거부의 명분을 만들어야 한다.

셋째, 미국에 짓는 5nm 공정을 2~3단계 뛰어넘는 기술 개발로 5nm 공정을 레거시 기술로 만들어 버릴 기술 혁신을 하는 것이다.

넷째, 로직 파운드리에서 약점을 메모리에서 벌충하는 것이다. 메모리 불황에 1위 기업의 강점을 활용해 감산이 아닌 증산을 통해 3위 기업 죽이기를 하여 시장을 한국의 양대 기업으로 정리하면 메모리만으로도 미국과 얼마든지 협상할 수 있다.

다섯째, 첨단 산업에서 진정한 고수는 뒤에 오는 놈을 다리 걸어 넘어뜨리는 것이 아니고 도저히 따라올 수 없는 대체불가기술[NFT]을 만들어 상대를 좌초시키는 것이다. 반도체가 아니라 초전도체를 만들어 판을 엎는 것이다.

미국이 반도체 공장 터를 파고 나니 당근이 아니라 족쇄를 채웠다. 미국은 반도체를 '안보'로, 중국은 '심장'으로 정의하고 이 난리인데 우리는 재벌의 수익 사업으로 안일하게 보면 이 족쇄에서 벗어날 수 없다. 안보와 심장 산업인 반도체에 미국과 중국을 넘어서는 파격적인 지원을 빨리 해야 한다.

02
반도체 안보 시대, 한국 반도체 산업의 11가지 전략

반도체 경기가 하강 국면에 들어가고 반도체 가격이 떨어지자 바로 한국의 대중국 무역수지가 적자로 돌아섰고 이 때문에 탈중국화 논쟁이 가속화되고 있다. 반도체를 제외한 한국의 대중국 무역적자는 이미 2021년부터 시작되었는데 2022년 9월에 들어와 갑자기 중국에 큰 지각변동이 난 것처럼 호들갑이다. 중국의 성장이 한계에 도달했고, 중국이 대불황에 빠졌다는 얘기가 넘쳐난다. 그러나 몇 개월 만에 산업 구조가 바뀌거나 성장이 한계에 도달할 수는 없는 노릇이다.

한국의 대중국 무역적자는 반도체나 중국의 성장잠재력 소멸이 아니라 한국의 공급망 전략과 반도체 이외 산업의 대중국 경쟁력이 문제라는 것을 냉정하게 인식해야 한다. 한국의 대중국 무역수지 적자 전환은 속을 들여다보면 공급망의 복수다.

한국의 반도체, 희토류, 리튬이온 배터리 원자재의 대중국 의존도는 각각 40%, 52%, 93%나 된다. 러시아-우크라이나 전쟁을 계기로 국제 원자재 가격의 폭등으로 이들 품목에서 대중국 수입 원자재와 부품 가격의 폭등이 무역적자를 만든 주범이다. 반도체가 벌어들인 무역흑자를 배터리, 무선통신, 컴퓨터가 다 까먹었다.

그리고 중국의 성장잠재력이 아니라 한국의 반도체를 제외한 제조업의 경쟁력이 문제다. 세계 1위인 한국 스마트폰과 세계 3위인 자동차 업계의 중국 시장점유율이 0%대, 2%대로 추락한 것을 가지고 여전히 6년 전 사드 보복으로 몰아가기에는 논리가 딸린다. 한국 기업의 중국 시장에 대한 오판과 제품 전략의 오판이 불러온 사고라고 보는 것이 정확하다. 스마트폰 세계 2위인 애플의 중국 시장점유율은 여전히 두 자릿수이고, 미국과 일본·독일 자동차의 중국 시장점유율은 높아지고 한국만 낮아졌기 때문이다.

경제는 사이클이다. 어떤 경기 사이클도 끝나지 않는 불황은 없다. 불황에 비관하고 있기보다는 불황의 끝을 준비하는 선행 투자가 필요하다. 2등 하면 망하는 4차산업혁명의 시대가 이미 왔다. 그리고 미·중의 기술 경쟁 시대에 한국은 미·중이 서로 오라고 잡아당기는 반도체라는 꽃놀이패를 쥐었지만 오래 가기 어렵다. 세계의 1, 2위가 맘먹고 덤비면 시간이 문제지 한국을 넘어서는 것은 필연이다.

2등이 1등을 넘어서려면 파격이 필요하다. 중국은 반도체 산업에

55조 원을 지원하고, 미국은 527억 달러를 지원한다. 미국은 투자금의 25%를 세액공제해 주고, 중국은 28nm 이하의 기술력을 가진 반도체 기업은 10년간 법인세를 면제해 준다. 중국은 반도체 인력 문제를 해결하기 위해 바로 12개 대학에 반도체학과를 만들고 칭화대와 베이징대에 반도체대학을 설립해 인력 공급에 나섰다.

미국은 반도체, 배터리 기술 때문에 역대 처음으로 한국의 새 대통령 취임 후 한국 대통령의 방미가 아닌 미국 대통령이 방한했고, 역대 대통령과 달리 휴전선이 아니라 반도체 공장으로 직행했다. 방한한 미국 재무장관이 환율이나 금융 협력은 뒷전이고 배터리 회사를 방문하는데도 한국의 정치는 반도체 산업육성법안 통과를 미적거리다가 겨우 통과시켰다. 필요 인력 양성은 대학의 이해관계에 막혀 있지만 이를 풀어내는 정부의 산뜻한 해법은 나오지 않고 있다.

한국 반도체는 정부의 경쟁력이 아니라 기업의 경쟁력이다. 경제 안보 시대에 세계 1, 3위 하는 반도체 회사가 초격차를 유지하는 데 필요한 정책과 지원을 머뭇거리면 한국은 미·중의 기술 전략 경쟁의 희생양으로 전락할 위험이 있다.

미국의 IRA법 통과에 한국의 전기차 산업이 뒤통수를 맞았다. 새 정부가 들어서며 업무 파악이 늦었다고 하지만 공무원은 정부 교체와 상관없이 그대로다. 한국은 사전에 이런 조치를 알아차리지 못하고 법이 통과하고 나서야 WTO에 제소하고 미국 정부에 항의하고 야단법석이다. 하지만 이미 차는 지나갔다.

한국은 말과 구호에만 능하고 행동은 무디고 더디다. 무조건 K자를 붙인다고 세계 1등이 되는 것이 아니다. 엔터테인먼트, 문화 산업에서 세계 1위 했다고 K자를 붙이지만 다른 산업에도 K자를 불이는 것은 그냥 정치적 수사학이다. 반도체를 미국은 안보, 중국은 심장으로 격상시켰다. 한국은 이제는 반도체를 재벌의 수익 사업으로 볼 것이 아니라 경제 전쟁 시대의 안보 산업으로 봐야 한다.

한국 정치권에서는 국내 기준으로 반도체육성법을 만들면 안 되고 미국, 대만, 중국의 지원책과 비교표를 만들어 국민을 설득하고 파격적인 지원을 통해 한국의 경쟁력을 유지하도록 해야 한다. 반도체는 재벌의 수익 사업이 아니라 국가 안보 산업이기 때문이다.

반도체는 철저한 규모의 경제 산업이다. 생산량이 2배가 되면 이론상 원가가 33% 하락하는 학습곡선 효과가 적용되는 산업이다. 첨단 기술을 확보하는 것도 중요하지만 후발자가 결코 추격하지 못할 생산 캐파를 확보하는 것이 중요하다.

기술도 문제지만 라인당 150~200억 달러가 들어가는 투자 비용도 충당하기 어렵다. 설사 공장을 짓더라도 애플, 퀄컴, AMD 같은 세계 정상의 기업들은 1위 회사 공장에 주문하지 2, 3위 회사 공장에 주문하지 않는다.

그래서 한국의 삼성이 TSMC 출신 엔지니어를 활용해 FinFET 공정으로 TSMC의 16nm를 넘어선 14nm를 개발하면서 애플의 주문을 TSMC로부터 뺏어 왔다. 그러나 5nm 공정에서 TSMC의 우위로 삼성은 고객 확보에 고전했고, 다시 3nm 공정에서 삼성이 GAA 공정으로 앞서도 애플, 퀄컴 같은 대형 거래선들은 여전히 TSMC로 주문을 하고 있고 삼성으로 주문을 늘리지는 않는 형국이다.

불황에 하수는 투자를 줄이지만 고수는 투자를 늘린다. 삼성이 3nm 이하 공정에서 기술 우위를 확보했으면 다음은 생산 캐파 확보다. 통상 TSMC 같은 기업도 2년에서 2년 반에 팹 하나를 짓는다. 미·중이 목숨 걸고 반도체에 올인하지만 5nm 이하 첨단 공장이 아니다. 첨단 기술이 확실한 우위에 섰을 때 2년 반에 1개 공장을 짓는 것이 아니라 1년에 1개의 새로운 팹one year one new fab을 건설해 생산 원가에서도 확실하게 기선을 잡는 것이 중요하다. 3nm 공정 칩은 이전의 5nm 제품 칩에 비해 16% 축소되고 전력 효율은 45%가 높다. 여기에 생산 캐파를 2배 늘려 33%의 원가 경쟁력을 확보하는 것이 선두를 유지하는 비결이다.

지금 반도체는 미·중 관계에서 한국을 지킬 최종병기다. 한국은 말로만 초격차를 떠들지 말고 미국과 중국을 제대로 벤치마킹해야 한다. 1등의 선발자 우위를 지키려면 추격자의 지원보다 더 센 파격이 있어야 가능하기 때문이다.

한국의 반도체지원법은 미국, 대만, 중국의 반도체법을 제대로 분석하고 벤치마킹해야 한다. 남들과 같이 해서 남을 이길 수 없다. 반도체가 국가 안보인 시대다. 한국의 첨단 기술 기업이 보조금과 세금 감면에 한국이 아닌 다른 나라에 공장을 짓겠다는 데 박수 치고 있어서 될 일이 아니다.

미국의 압력에 공장을 짓는 시늉은 하고 혜택을 보기 위해 적당한 투자는 하더라도 한국이 중심을 잃으면 안 된다. 미국, 대만, 중국보다 더 파격적인 우대 조치를 하는 반도체법이 만들어지면 한국 기업이 미국과 중국에서 더 파격적인 대우를 받을 수 있기 때문이다.

'달러 깡패' 미국, '기술 강도' 중국 사이에 선 한국

'달러 깡패' 미국을 이길 자는 없다. 자국의 인플레 압력을 막기 위해 무자비한 금리인상으로 전 세계 자금 시장을 혼비백산시키고 달러의 환류로 각국이 어쩔 수 없이 금리인상, 경기침체를 겪게 만든다.

　미국의 진정한 힘은 반도체나 핵무기가 아니라 종이돈 달러다. 무한대의 프린팅에도 원가가 저의 제로이고 이익은 무한대다. 100달러 1장 찍는 데 19.6센트가 드는데 원가의 0.2%다. 100달러를 찍으면 수익률 99.8%인 99.804달러의 화폐 주조 차익이 발생한다. 2조 달러를 찍는다면 미국은 39억 달러를 들여 1조 9,961억 달러를 거저 먹는다.

　미·중의 전쟁이 무역 전쟁, 기술 전쟁으로 확산하면서 반도체가 태풍의 핵이 되었다. 미국과 중국 사이에서 반도체 생산 기술 세계 1위인 한국의 입지가 묘하다. 정서상으로는 우방 미국의 편이지만 실리상으로는 최대 IT 시장으로 부상한 중국의 편에 서는 것이 유리하다. 어중간한 자세를 통해 실리를 취하는 것이 맞지만 그러다가는 양쪽에서 다 터질 수 있다.

　미국은 경제로 경쟁하다가 여의치 않으니 자유민주주주의 동맹으로 편 가르기를 시작했고, 중국을 권위주의 국가로 칭하고 자유민주주의 동맹국을 중국과 분리하려는 동맹 전략으로 나섰다. 미국의 동맹 전략에 동북아와 유럽은 미국 편에 설 수 있지만 그간 미국과 유럽의 강대국에 반식민지로 털린 아시아와 인도, 중남미, 아프리카는 생각이 다르다.

돈이 되는 쪽에 붙는다는 것이고 정서상으로는 중국에 동조하고 미국과 유럽의 동맹에는 어깃장을 놓고 있다. 중국의 일대일로一帶一路 전략에 190여 개 국가가 참여했다. 중국이 제시하는 돈의 유혹에 혹한 것이다. 미국은 G7을 통해 말만 개도국 지원이고 투자였지, 이미 9,000억 달러 이상을 투자한 중국의 일대일로에 대적할 만한 투자를 전혀 하지 못하기 때문이다.

미·중의 기술 전쟁은 이제 물러설 수 없는 단계로 진입하고 있다. 4차산업혁명의 중심이 될 자율주행 전기차의 심장인 배터리와 두뇌인 반도체 기술 전쟁이 벌어졌다. 미국은 첨단 배터리를 만들지 못하고 중국은 첨단 반도체를 만들지 못한다.

중국 고사성어에 '원숭이 길들이려고 닭을 잡아 피를 보여 준다.'는 말이 있다. 한국은 미·중 전쟁에서 닭이 되면 곤란하다. 현재 상황에서 보면 사드 사태 때는 한국이 닭이었고, 이번 반도체 전쟁은 배터리가 없는 대만이 닭이다. 한국은 미국에 없는 배터리와 중국에 없는 반도체를 가지고 있어 어부지리의 수를 노릴 수 있는 절묘한 국면에 있다.

그러나 미국과 중국은 객관적으로 보면 한국보다 고수다. 세계 1,

2위의 나라가 마음먹고 덤비면 시간의 문제이지 반도체든 배터리든 국산화를 할 수 있다. 한국의 지금 상황은 오랫동안 지속될 수 있는 것이 아니다. 반도체의 1~3사이클이 지나면 4년 혹은 길어도 8~12년이면 끝난다.

영리한 토끼는 굴을 3개 판다. 한국은 중국의 위협과 미국의 압박에 대비한 전략이 3~4개는 있어야 한다. 반도체, 배터리, 바이오, 에너지가 답이다. 한국은 반도체와 배터리 외에 바이오와 수소에너지 같은 청정에너지에서 '기술 선진국'이 되면 중국이 두렵지 않다. 반도체와 배터리에서 '독보적인 우등생'이 되면 미국의 압박도 두렵지 않다.

반도체에서 절절매는 중국은 인구 고령화와 40년 공업화의 후유증으로 스모그에 신음하고 있다. 중국은 20차 당대회에서 국가 안보의 3대 아킬레스건을 언급했다. 식량, 에너지, 주요 산업의 공급망 안전이다. 화석연료가 아닌 청정에너지가 중국의 대안이다.

한국은 7~10nm 공정대에 머무른 미국 반도체 업계와 달리 1nm대 공정을 먼저 도달하는 반도체 기술을 확보하면 된다. 리튬이온 삼원계 배터리가 아니라 전고체 배터리에서 세계 정상에 올라가면 미국은 500억 달러가 아니라 1,000억 달러 보조금으로 한국 기업을 유치할 수밖에 없다.

한국이 미국의 동맹에서 제외되는 공포와 중국의 보복에 대한 두려움에서 벗어나는 방법은 미국과 중국이 절절히 원하지만 갖지 못한 기술을 가지면 된다. 천행으로 지금 한국은 반도체와 배터리에서 세계 선두의 기술로 적어도 3~5년의 시간을 벌었다. 그러나 이것만으로는 부족하다. 시간 격차를 6~10년으로 벌리는 기술 선도자로 자리매김해야 한국이 당당해진다. 그리고 바이오와 청정에너지에서 독보적인 기술이 받쳐 주면 금상첨화다.

한국은 전문 반도체대학으로 최종병기를 지켜야 한다

한국은 반도체와 배터리에서 세계 정상이라고 교만하면 안 된다. 교만은 패배를 부른다. 객관적으로 미국과 중국은 한국보다 고수다. 고수가 독하게 마음먹고 10년 칼을 갈면 결과는 보지 않아도 뻔하다. 고수와의 경쟁에서는 무난한 수로 절대 이길 수 없다. '파격의 한 수', '신의 한 수'가 없으면 바로 목이 날아간다.

기업은 '신의 한 수'를 놓을 자신감이 없으면 고수와의 싸움에서 다 잃는다. 지금 반도체, 배터리는 기업의 기술 경쟁이 아니라 국가의 전략 경쟁이고 투자 경쟁이다. 여기서 밀리거나 때를 놓쳐 기업이 자신감을 잃으면 안 된다.

석유의 시대가 가고 데이터의 시대가 왔다. 21세기의 석유는 데이터이다. 데이터의 시대에는 데이터를 만드는 반도체에서 대체불가기술NFT의 최고 성능을 가지면 그것이 표준이고 법칙이 된다. 중국의 화웨이 사건에서도 보았지만 경제 안보 시대에 반도체는 데이터를 만들고 활용하고 보호하고, 심지어 데이터를 빼 갈 수도 있는 최고의 첩보 무기이기도 하다.

미국이 목숨 걸고 반도체 생산 내재화를 하려는 것은 바로 전쟁이기 때문이다. 데이터의 시대에 반도체는 4차산업혁명의 핵심 무기인데 다른 나라의 무기에 의존해 전쟁을 한다는 것은 난센스다. 지금 받는 첨단 산업 보조금은 나중에 미국과 중국에 어차피 퍼 줘야 할 돈이다. 미국이 퍼 주는 돈의 2배를 한국의 반도체와 배터리 회사에 퍼 주어야 한다. 반도체와 배터리는 재벌의 수익 사업이 아니라 미·중의 기술 전쟁에서 한국을 지킬 최종병기이기 때문이다. 아직은 잘하고 있어 괜찮다고 생각하는 순간 위기는 찾아오고, 승부의 결단을 내려야 할 때 머뭇거리면 언젠가는 탈이 난다.

한국의 반도체지원법과 미국·중국·대만의 반도체법을 제대로 비교해 봐야 한다. 미국은 527억 달러 보조금에 투자금의 25%를 세액 공제한다. 중국은 28nm 이상 기술을 가진 기업은 10년간 법인세 면제이고 68nm 이상 기술을 가진 기업은 모든 수입 자재가 면세다. 대만은 R&D 투자에 15% 세액공제, 패키지 공정 비용의 40% 지원, 반도체 인력 육성에 대한 보조금을 지원한다.

미국과 중국, 대만보다 훨씬 파격적인 지원이 있어야 한국 반도체가 미국, 중국, 대만과 붙어서 이길 수 있다. 미국의 보조금 타령만 하지 말고 미국의 IRA를 넘어서는 배터리지원법을 한국은 왜 만들지 않는가?

반도체에서는 피가 흐르지 않는다. 반도체 투자와 생산에 감정을 섞어서는 답을 찾을 수 없다. 미국의 반도체 유치 전략은 동맹이 아

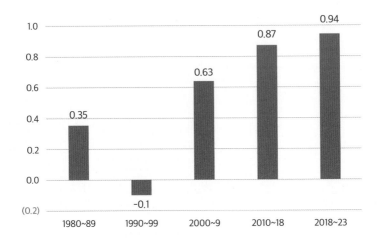

자료: IC Insight

니라 시장에서 결판이 난다. 중국을 대체할 시장을 제공하지 못하면 동맹에서 배반이 나올 수밖에 없다. 이미 몇 가지 사례가 있다. 쿼드 동맹에서 인도가 미국의 요구를 거부하고 러시아의 에너지를 사고 있다. 나토 동맹에서 독일이 미국의 러시아 제재 요구에도 불구하고 러시아산 천연가스를 구매하고 있다.

보조금을 받아 공장을 짓는 것은 가능하지만 돈을 버는 것은 별개 다. 이미 해외로 나가 돈맛을 알아 버린 기업들은 국가가 부른다고 쉽게 돌아오지 않는다. 돈이 되면 오지 말라고 해도 돌아오고 돈이 안 되면 아무리 오라고 해도 오지 않는다.

한국은 평소에는 이성적이지만 일본과 중국에 대해 중요한 결정을 할 때면 결정적인 순간 분노를 참지 못하고 감성적인 판단을 하는 경우가 많다. 대중국 관련하여 중요한 의사결정을 할 때도 경험, 감정, 분노에 휘둘리지 말고 냉정한 이성에 근거해야 한다.

자신을 이기는 자가 최후의 승자가 된다. 참을 때는 독하게 참고 감출 때는 깊숙이 감추어야 한다. 『삼국지』에 육출기산六出祁山에서 2,500명의 병사로 사마의의 군사 15만 명을 물리친 제갈량의 이야기가 나온다. 서성현에서 성문을 열고 망루에서 거문고를 타는 제갈량을 본 사마의는 갈등한다. 만약 매복이 있는데 성에 잘못 들어가면 훔치려던 닭은 못 훔치고 공연히 쌀만 축내는 꼴이 되고, 매복이 없다면 황금 같은 기회를 놓치고 마는 것이다.

제갈량은 상대 사마의의 선택 불안증을 절묘하게 읽고 이를 공성계의 전법에 활용한 것이다. 상대가 어떤지 꿰뚫어 보는 동시에 상대가 자신을 어떻게 볼지를 꿰뚫어 보는 것이 고수다. 비정상적인 행위의 배후에는 반드시 예상하지 못한 비밀이 있다.

미국의 공짜 점심은 없다. 반드시 대가가 있다. 한국이 경계해야 할 것은 1986년에 일본 반도체가 당했던 제2의 반도체 협정이다. 그리고 시장이 아닌 정부가 주도하는 인위적인 산업 구조조정은 4년을 이어가기 어렵다. 임기 2년이 남은 바이든 정부의 정책 지속성이 의심이 가는 것도 사실이다.

정치적인 면을 배제하면 공장은 미국이 아니라 최대 소비 시장인 중국에 지어야 하고, 중국에 공장을 짓기 어렵다면 한국에 첨단 반도체 공장을 증설하는 것이 맞다. 상하이에서 삼성 반도체 공장이 있는 시안^{西安}까지의 거리는 1,039km이고 비행거리는 2,126km다. 서울에서 상하이까지는 866km이고 비행기로 2시간이면 갈 수 있다.

미·중의 반도체 전쟁 속에서 파운드리 세계 2위, 메모리 세계 1위인 한국의 '반도체 방패'는 적어도 4~8년은 안심이다. 그러나 미국, 일본, 대만, 중국, 이제는 유럽까지 반도체육성법을 통과시켜 첨단 반도체 경쟁에 뛰어들었다. 미국도 여야가 항상 치고받지만 반도체 지원법에는 여야가 없다. 한국도 정쟁은 나중에 하고 반도체법을 통한 지원도 다른 나라와 비교해서 부족하면 더 줘야 한국 반도체의 경쟁력이 산다.

3차산업혁명 시대에는 스마트폰이지만 4차산업혁명 시대에는 전기자동차가 결정짓는다. 기흥과 이천 실리콘밸리는 스마트폰 생산지와는 가깝지만 자동차와는 멀다. 울산의 자동차단지와 가까운 과거 한국전자산업의 메카인 구미를 파격적인 지원과 인프라 구축으로 전기자동차용 실리콘밸리로 전환하는 것도 고려할 필요가 있어 보인다.

반도체도 인재 싸움이다. 중국의 연간 대졸자는 1,158만 명이나 되고 이중 절반이 이공계다. 결국 반도체 기술은 끝에 가면 중국과 전쟁이 될 가능성이 크다. 중국은 반도체를 심장으로 격상시키고 칭화대에 반도체대학을 만들었고 주요 대학에 반도체학과를 만들고 있다.

한국은 반도체학과 증설에 애를 먹고 있다. 산업계에서 절실히 필요한데도 대학간, 지역간, 대학 내부 문제로 지지부진이다. 대학의 반도체 계약학과 수시 합격자 전원이 의대로 가 버렸다는 얘기도 들린다. 이러면 망한다.

새집 짓기보다 헌 집 고쳐 쓰기가 더 어렵다. 인력은 부족하고 시간은 우리를 기다려 주지 않는다. 대안은 반도체대학을 설립하는 것이다. 포스코가 포스텍을, 한전이 한전공대를 만든 것처럼 삼성과 SK하이닉스가 정부와 합작으로 세계 최고의 반도체대학을 만드는 것이다.

삼성과 SK하이닉스의 최고 엔지니어들이 교수, 생산과 연구 현장이 강의장이 되면 세계 최고 수준의 반도체 인력이 나올 수 있다. 대학이 미적거린다면 산업계와 정부가 만들어 인재를 키워야 한다. 시간은 우리 편이 아니기 때문이다.

뛰어난 석·박사 인력은 화웨이의 런정페이 회장이 도입한 '천재소년계획'을 벤치마킹해 연봉 10억 원대의 반도체 박사 신입사원을 만들면 자동으로 해결될 수 있다. 파격이 없으면 미국과 중국의 파격적인 반도체 정책을 한국이 이겨 내기 어렵다.

한국 반도체 생태계 구축에 '메기 효과'를 활용하라

지금 미국의 대중국 반도체 장비 규제로 내로라하는 전 세계 반도체 장비 업체들이 한국 투자를 검토하고 있다. 한국은 이참에 한국의 실리콘밸리에 반도체 생태계를 만들어야 한다. 바로 테슬라 효과를 이용하는 것이다. 한국이 취약한 소재와 장비에서 삼성과 SK하이닉스에 납품하기 위해 한국에 들어오는 반도체 장비 재료 업체를 유치하고 한국의 장비, 재료 소재의 국산화 계기로 삼을 필요가 있다.

일부에서는 윤석열 정부의 일본 소부장 기업의 한국 유치에 대해 한국 소부장 업체 다 죽인다는 논리로 반대하는 주장을 하기도 한다. 하지만 기술은 시장을 이기지 못한다. 지난 일본과의 소부장 승부에서 누가 이겼는가에 답이 있다. 그리고 미국 AMT, Lam-R, KLA가 소부장 공장을 짓는 것과 일본의 소부장을 다르게 보는 시각, 즉 미국은 우리 편, 일본은 남의 편이라는 것도 정신 나간 소리다.

돈이 되면 적과도 동침하고 돈이 안 되면 동맹도 버리는 것이 반도체다. 미국의 행동을 살펴보고 얘기해야 한다. 미국은 1986년 미·일 반도체 협정으로 최대 동맹인 일본의 반도체를 싹도 남지 않게 잘라 버렸다. 지금 세상은 기술 싸움을 넘어 생태계 싸움으로 접어들었다. 미국이 돈을 주면서 한국과 대만의 1류 반도체 기업을 유치하는 것은 1류 하청기업이 같이 따라오기 때문이다. 그러면 반도체 생산 생태계의 황무지인 미국에 새로운 멋진 1류 생태계가 들어선다. 이게 고수가 두는 '신의 한 수'다.

한국의 장비, 재료 생태계를 한국에 만들어야 살 수 있다. 그런데 미국과 중국의 반도체 전쟁에서 세계 시장의 1/3인 중국 시장을 잃은 미국, 일본, 네덜란드의 소부장 업체들이 꿩 대신 닭으로 한국으로 몰려오는데 이걸 받지 않는다는 것은 제 발로 굴러 들어온 호박을 발로 밟아 깨 버리는 바보짓이다.

중국이 세계 최고 전기차 업체인 테슬라를 유치하면 중국 내 전기차를 다 장악할 텐데 상하이에 유치한 이유는 메기 효과와 생태계 효과를 노린 것이다. 중국은 메기 효과를 확실히 누렸다. 중국의 배터리 회사들이 세계 1류 테슬라의 기준에 맞추려고 목숨을 걸다 보니 한국을 제치고 세계 1위를 했다. 한국에 일본의 소부장 업체를 유치하면 한국 소부장이 다 죽는다는 것은 테슬라의 생태계를 이용한 중국의 상황을 보면 답이 나온다.

소재화학은 100년 산업이고 반도체보다 더 시행착오 산업이다. 한국이 첨단 화학 제품을 지금처럼 두면 한국이 일본 기술을 따라잡는 것은 한여름 밤의 꿈이다. 메기를 풀어 놓아 치여 죽는 놈은 죽는 것이고 살아남으면 메기를 먹는 고기가 나오는 것이다.

한국의 주중대사는 반도체 CEO 출신으로 보내라

미국의 대중국 반도체 공급망 봉쇄 전략은 중국의 첨단 산업 봉쇄에 결정적인 타격을 줄 좋은 전략이지만 한국으로서는 최대 수출 품목과 무역흑자를 내는 품목에서 큰 충격을 받을 수도 있는 '양날의 검'이 될 가능성이 있다.

미국의 대중국 반도체 봉쇄 전략에 중국은 '반도체 쿼드$^{Semi-QUAD}$'인 Chip4 동맹 중 가장 약한 고리인 한국을 건드리는 것으로 반격할 가능성이 크다. 그러나 중국 역시 한국에 대해 당장은 압박보다는 유혹과 회유 정책을 쓸 것이다. 한국이 '반도체 쿼드'의 가장 약한 고리일 수 있지만 미국·일본·한국·대만 중 중국과 협력할 가능성이 가장 큰 유일한 나라이기 때문이다.

중국은 어떤 형태로든지 반도체 산업에서 한국과 협력을 원할 가능성이 크고, 미국의 제재를 벗어날 방안에 골몰할 수밖에 없다. 한국이 미국의 반도체 공급망 동맹에 들어가 중국의 반도체 공급에 영향을 준다면 중국은 반도체를 건드리는 것이 아니라 제2, 제3의 요소수 사태를 만들어 한국을 곤혹스럽게 만들 가능성도 있다.

산업연구원의 조사에 따르면 한국의 대중국 수입의존도가 50%가 넘는 품목은 1,088개나 되고 70%가 넘는 품목은 653개에 달한다. 전

■ 한국 4대 산업의 소재 대중국 의존도(2021)

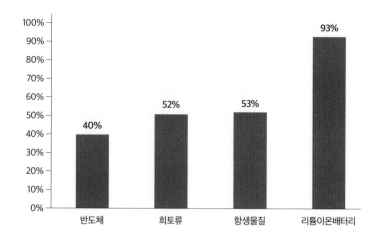

자료: 전국경제인연합회

국경제인연합회의 조사에 따르면 미국이 공급망 동맹을 통해 중국을 배제하려는 반도체, 배터리, 희토류, 의약품 산업에서 한국의 대중국 의존도는 각각 40%, 93%, 52%, 53%에 이른다.

결국 한국의 대중국 외교는 판세 읽기와 외교력에서 결판날 것으로 보인다. 2010년 이후 13년간 한국의 주중대사 7명 중 외교관은 단 1명이었고 6명은 중국 전문가라고 보기에는 전문성이 크게 떨어지는 정치권 혹은 학계 인사들이었다. 그 결과 한국의 대중국 외교력 약화는 필연적이었다.

중국은 2023년 3월 중국 정부가 전기자동차[EV], 풍력 발전용 모터 등에 필요한 고성능 희토류 자석 제조 기술에 대해 '국가 안보'를 이유로 수출을 금지하는 방안을 검토 중이다. 이중에는 희토류를 이용한 고성능 자석이자 첨단 산업의 '비타민'격인 네오디뮴, 최강력 자석이 되는 사마륨 코발트 등을 새롭게 포함한 걸로 알려진다. 일본의 반도체 장비, 소재 금수 조치에 맞불을 놓는 것이다. 이미 중국은 일본과 센카쿠 열도 사건 때 희토류를 무기로 일본을 위협한 적이 있는데 이번에는 자석의 원료다.

문제는 일본이 아니라 한국의 네오디뮴 중국 의존도가 88%가 넘는다는 점이다. 만약 중국이 반도체 전쟁의 보복으로 희토류 금수 조치를 실시하면 방법이 없다. 쌀이 아니라 비타민 결핍으로 첨단 산업이 중단될 상황이 될 수도 있다. 미·중의 반도체 전쟁이 가열되는 상황에서 대중국 외교를 세계정세와 미·중 간의 경제 전쟁 변화에 대응해 전략적으로 그간의 정치 외교 중심에서 '기술 외교', '자원

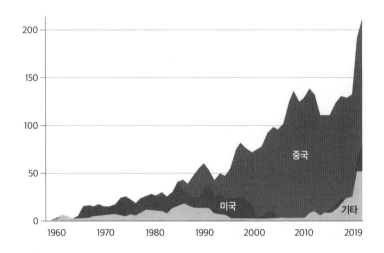

자료: US Buruau of Mining

외교', '실리 외교'로 전환하는 것을 생각할 필요가 있다. 희토류나 기초 원자재의 가공은 대체국을 찾을 수 있겠지만 원재료는 어렵고, 대체 재료의 개발은 더 어려운 일이기 때문이다.

상대가 절절히 원하는 것을 들고 있으면 협상 테이블에서 우위를 점할 수 있다. 향후 5~10년 한·중 관계에서 가장 핫한 이슈는 반도체가 될 것으로 보인다. 반도체 산업의 상황을 정확히 평가하고 중국이 원하는 바와 한국이 수용할 수 있는 정도를 정확히 볼 수 있는 삼성이나 SK하이닉스 CEO 출신의 반도체 전문가를 주중대사로 파견하는 것도 생각해 볼 만한 일이다.

중국 반도체 공장은 철수가 아니라 EV용으로 전환하라

미국에서 반도체 보조금을 받는 기업의 대중국 투자 제한 조치의 세부 사항이 나왔다. 첨단 제품은 10년간 5%, 성숙 제품은 10% 증설만 허용한다는 것이다. 당초의 투자 금지에서 완화된 조치이긴 하지만 한국과 대만의 대중국 투자 규모에 비하면 이는 코끼리에게 비스킷 하나 주는 격이다.

반도체는 18~24개월이면 제품의 집적도가 바뀌고 5년이면 감가 상각을 완료하고 신제품을 만드는 공장 업그레이드를 계속하는 외 발자전거 같은 산업이다. 그리고 생산량이 2배가 되면 원가가 33% 하락하는 학습곡선 효과가 적용되는 산업인데 생산 공장의 업그레이드와 공장 증설을 연간 0.5% 한다는 건 공장을 빼라는 말이다.

특히 14nm 이상의 첨단 제품에 관한 기술 제한은 그대로 남아 있는 상태에서 공장 증설만 5~10%를 10년간 허용한다는 것은 실제적으로는 14nm 이상 제품 공장을 10년간 단계적으로 폐쇄하라는 말이다. 물론 기업이 각고의 노력으로 생산 공정을 개선하여 증산할 수는 있지만 그것도 물리적 한계를 넘을 수는 없다.

미국의 대중국 투자 가드레일 조항의 완화는 중국 생산 비중이 높은 한국을 배려하는 조치라기보다는 그 세부 내용을 자세히 보면 한국이 정상회담이나 국가 차원에서 항의나 요구를 하지 못하도록 선제적으로 봉쇄한 선수 치기일 뿐이다.

D램과 낸드의 중국 생산 비중이 높은 한국의 경우 곤혹스럽다.

삼성은 시안공장에서 낸드 제품의 40%를 생산하고 SK하이닉스는 대련공장에서 20~30%를 생산한다. SK하이닉스의 우시공장은 SK하이닉스 D램 생산의 50%를 차지한다.

삼성은 미국에 170억 달러를 투자하지만 이미 중국에 2012년 시안 1공장에 180억 달러, 2017년 2공장에 70억 달러, 2019년 80억 달러 총 330억 달러를 투자했다. 그러나 지금 삼성은 미국의 기술을 선택해야 할지 중국의 시장을 선택해야 할지가 고민이고, SK하이닉스도 마찬가지다.

14nm 이하의 첨단 설비를 증설하지 못한다면 제품의 세대가 높아지면 수지타산이 맞지 않은 한국의 대중국 공장은 단계적으로 폐쇄하거나 철수하는 수밖에 없다. 한국 반도체 업계의 고민이 클 수밖에 없지만 중국보다 더 힘센 미국의 조치에 항의는 하더라도 미국을 움직이는 건 어렵다.

세계 최대의 반도체 소비자인 중국 시장을 버리거나 포기하는 것은 현명한 전략이 아니다. 기술은 시장을 이기지 못한다. 미국 정부는 4년마다 바뀌고 정권이 바뀌면 정책도 바뀐다. 그러나 중국은 정부도 정권도 바뀌지 않고 정책의 일관성이 유지된다.

중국의 반도체 전략은 불변이고 미국을 넘어서는 파격적인 조건의 지원과 국산화 전략을 세우고 있다. 단지 그간 미국에 당한 경험으로 모든 것을 비공개로 할 뿐이다. 호랑이를 잡으려면 호랑이 굴에 가야 하고 공장은 시장 가까이 짓는 것이 맞다.

적의 굴에 들어가야 적을 잡는다. 중국에서 대만과 미국의 자진

퇴출은 한국에게는 기회다. 중국이 무엇을 할 것인지, 무엇을 하는지 정확히 알아야 한다. 그래야 대책과 대응이 나온다. 앞으로 미국과 대만, 일본은 중국 반도체에 대해 완전 무식쟁이가 되고 한국으로부터 정보를 얻어야 하는 상황이 올 것이다.

현재 난징공장에서 28nm와 16nm 웨이퍼 공장을 운영하는 TSMC의 타격은 한국보다 더 크다. 인텔은 철수했고 대만의 TSMC도 현재와 같은 양안 관계라면 장기적으로 철수할 수밖에 없다. 그렇다면 남는 것은 한국 반도체밖에 없다.

중국이 반도체에서 무엇을 하는지는 중국에 있어야 정확히 알 수 있다. 중국이 어둠 속에서 반도체의 힘을 기르는 '반도체 도광양회 전략'을 정확히 알아야 대응책도 세울 수 있다. 미국과 대만이 철수하는 상황에서 한국은 반도체 공장을 유지함으로써 중국의 반도체 전략을 아는 유일한 나라가 될 수 있고 이는 전략적으로 중요하다.

지금처럼 스마트폰과 서버용 반도체라면 한국의 중국 반도체 공장은 단계적으로 도태시킬 수밖에 없지만 5~10년을 내다보면 새로운 반도체의 킬러 앱은 자율주행 전기차가 될 것이다. 한국의 중국 반도체 공장은 미국의 제한이 계속된다면 5~10년을 내다보고 전기차용 팹으로 전환을 모색하는 것도 방법이다. 스마트폰이 아닌 자율주행 전기차로 중국을 볼 필요가 있다.

현재 메모리의 주요 수요처인 핸드폰, PC, 서버^{S-Memory} 다음의 신시장은 자동차다. 자율주행 전기차의 메모리^{Auto Memory} 수요는 새로운 거대 시장이다. 실시간으로 엄청난 양의 정보 처리와 저장은 자

■ 글로벌 반도체 용도별 수요 전망(2030)

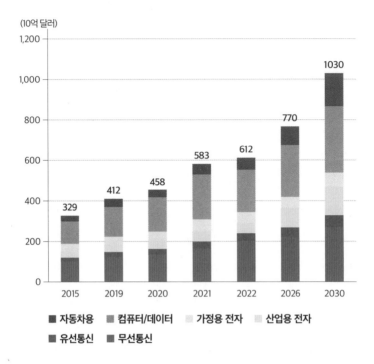

	성장률(2021~30)
자동차용	14%
컴퓨터/데이터	5%
가정용 전자	4%
산업용 전자	12%
유선통신	7%
무선통신	4%

자료: 옴디아 2022.3Q, 맥킨지

동차용 메모리 반도체를 새로운 성장 돌파구로 만들 가능성이 크다. 그리고 메모리 이외의 범용 칩의 수요도 폭발할 것이다.

매킨지는 2021~30년 반도체 전망을 하면서 현재 6,120억 달러대의 반도체 시장이 2030년에는 1조 달러대로 성장할 것으로 예상했다. 반도체 시장에서 조단위 성장의 약 70%는 자동차, 컴퓨팅 및 데이터 스토리지, 무선의 3가지 산업에서 나올 것으로 본다.

가장 강력하게 성장하는 부문은 자율주행 및 e-모빌리티와 같은 애플리케이션에 힘입어 수요가 3배로 증가할 수 있는 자동차 부문이다. 2030년 전기 구동계가 장착된 SAE^{Society of Automotive Engineers} 레벨 4 자동차의 반도체 콘텐츠 비용은 내연기관으로 구동되는 SAE 레벨 1 자동차의 경우 500달러 대비 8배가 늘어난 4,000달러에 달할 전망

■ 중국 전기차 연도별 판매 대수 추이

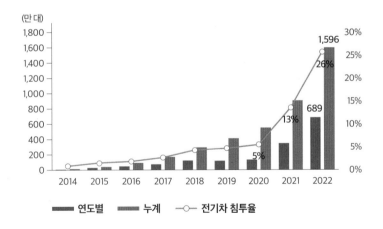

자료: 중국자동차협회

이다. 2021년 반도체 수요의 8%에 불과한 자동차 산업은 2030년 말까지 수요의 13~15%를 차지해 연평균 20%의 성장을 할 것으로 예측된다.

중국 정부는 2020년 11월 '신에너지차 산업발전계획(2021~35)'을 발표해 2025년까지 전체 자동차 판매에서 전기차 비중을 20%까지 끌어올리고, 2030년에는 30%, 2035년에는 50%로 올리겠다는 계획을 발표했다. 연간 2,600만 대의 30%면 780만 대, 50%면 1,300만 대이다.

이미 2022년에 중국 전기차 판매량은 689만 대였고 월 기준 전기차 침투율은 30%대를 돌파했다. 2023년 판매량 예상치는 800~900만 대이고, 이 추세면 5년 내에 50% 이상에 도달할 전망이다.

전기차는 28nm 이상의 제품이 대부분이어서 한국의 기존 중국 공장에서 라인을 전환한다면 미국의 기술 제한과 생산 제한 조치를 벗어나 기존 라인에서 중국 전기차용 반도체의 최대 공급자가 될 수도 있다. 물론 전자 제품이 아닌 사용 환경이 열악한 전기차 반도체의 특성을 확보하는 것과 라인 전환에 어려움이 있기는 하지만 최선이 아니면 차선을 택하는 것도 방법이다. 매킨지의 예측에 따르면 2026년까지 자동차용 칩의 부족 현상이 두드러질 전망이다.

미국에 반도체동맹법, 배터리동맹법을 요구하라

미국은 지금 급하다. 대통령 선거를 앞두고 유권자 마음 잡기에 급하고 중국의 부상으로 인해 기술 봉쇄가 급하다. 그러다 보니 무리하다 싶은 법을 마구 만들어 낸다. 반도체와 배터리, 바이오 산업에서 법과 정책 명령이 쏟아진다. 그리고 중국을 견제하는 미끼로 대만을 보호하는 법들이 줄줄이 나오고 있다.

대만을 보호하는 대만관계법, 대만방문법을 비롯해 2022년 9월에는 미국 상원 외교위원회가 대만을 동맹으로 지정하고 사상 처음으로 직접 군사비를 지원하는 '대만정책법안'을 통과시켰다. 법안은 대만에 향후 5년간 65억 달러(9조 원)의 군사비를 지원하는 것을 골자로 하고, 군사비 지원 외에도 대만을 한국·이스라엘·일본 등 비나토 동맹Major non-NATO ally 수준으로 대우하며, 국제기구 및 다자간 무역에 참여할 수 있도록 돕는다. 또 중국이 대만에 중대한 공격 위협을 할 경우 중국 국영은행 등을 제재하도록 하는 내용도 담겨 있다.

미국의 반도체와 배터리에 대한 대중국 봉쇄가 진행되면 중국의 보복은 한국에도 영향을 미칠 수밖에 없다. 한국이 안심하고 미국의 동맹에 들어가려면 유사시 중국의 보복에 대항할 수 있는 미국의 병풍을 마련하는 것이 필요하고, 이를 대만의 보호 조치와 유사한 조치나 법안으로 요구할 필요가 있다. 한국에 대해서도 대만 수준의 보호를 해 주는 반도체동맹법을 제안할 필요가 있다.

그리고 반도체 Chip4와 같은 수준의 Battery4도 제안할 필요가 있다. 배터리 생산이 없는 미국은 세계 최대 생산국인 중국을 배제하려면 당연히 동맹이 필요하다. 미국이 중국 반도체를 봉쇄할 경우 한국에 대해서 중국은 자국에도 치명타를 줄 한국의 반도체 보복 대신 한국의 배터리 산업에 대해 보복할 가능성이 크다. 한국은 Chip4에서 레버리지를 걸어 배터리에서 대중국 보복의 안전장치를 만들어 놓을 필요가 있다.

미·중이 아직 싸우지 않는 V2X, UAM에 집중하라

바둑의 고수는 선택할 때마다 가능한 한 멀리 길게 내다본 포석을 두고 전체 국면을 살펴 눈앞의 부분적 이익에 몰입하거나 빠지지 않는다. 적이 준비한 선택지는 절대로 택하지 않는 것이 책략이다.

한국은 미국이 짜 놓은 판에 액면대로 들어가면 결국 다친다. 그리고 중국에 금지한 분야를 계속 거래하다가는 미국에 얻어터진다. 판을 엎는 전략이 아니면 미·중 양국의 틈바구니에서 결국 죽어나는 길밖에 없다.

한국의 선택은 미·중이 아직 싸우지 않는 분야에서 기선을 잡아야 한다.

첫째, 통신이 아니라 자동차다. 지금 반도체 전쟁은 첨단 스마트폰과 통신 장비에 들어가는 반도체 전쟁이지만 전기차와 자율주행 전기차가 확산되면 자동차용 반도체가 다크호스다. 한국의 미래 대비는 휴대폰이 아니라 전기차다.

자율주행 전기차는 주행 중의 방대한 데이터를 실시간으로 처리하고 이를 자동차의 운행과 통제에 실시간으로 사용할 수 있어야 한다. 엄청난 양의 카메라나 레이더에서 들어오는 영상 정보를 순식간에 인식하고 판단해야 하므로 서버나 데이터센터로 정보를 전송하는 방식은 데이터가 전송되는 사이에 차량 사고가 날 수 있다.

따라서 차량 자체에서 방대한 데이터를 실시간으로 처리하는 자율주행 전기차 전용 칩의 개발이 필수이다. 또한 휴대폰이나 가전, 사무용 기기와 달리 열악한 가혹한 자동차 운행 조건에서도 신뢰성과 안정성이 보장되어야 해 기존의 전자 기기 부품과는 다른 특성이 있다.

핸드폰을 기반으로 하는 사물인터넷IOT은 핸드폰의 2,800배의 데이터를 생산할 수 있는 자율주행 전기차가 만들어 내는 V2X를 당할 수 없다. 더 나아가 날아다니는 전기차 UAMUrban Air Mobility이 미래의 먹거리다. 아직 미국도 중국도 V2X와 도심항공교통 UAM에서는 승자도 경쟁도 없다.

한국은 실리콘 반도체에서 미국의 기술과 장비에서 벗어나기 어렵다. 판을 바꾸는 전략은 비실리콘 반도체, 예를 들면 SiC, GaN 같은 3세대 화합물 반도체에 승부를 걸어야 한다. 미국도 중국도 아직 두각을 나타내지 못하는 미지의 분야이고 전기차가 대량 보급되는 시점에 V2X를 실현하려면 3세대 화합물 반도체가 답이다.

중국에서 앞으로 주목할 것 중 하나는 거대한 자동차 시장이다.

■ 자동차용 반도체 시장 전망

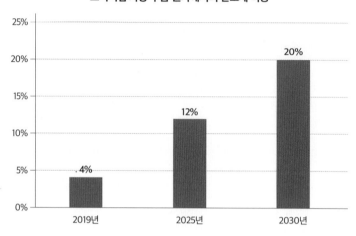

프리미엄 차량 부품 원가에서의 반도체 비중

자료: 롤랜드버거, 인텔, 맥킨지

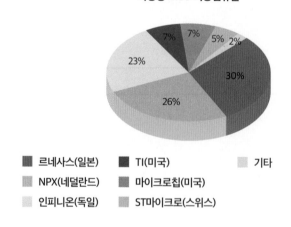

차량용 MCU 시장점유율

- ■ 르네사스(일본)
- ■ TI(미국)
- ■ 기타
- ■ NPX(네덜란드)
- ■ 마이크로칩(미국)
- ■ 인피니온(독일)
- ■ ST마이크로(스위스)

자료: IHS마킷

■ 반도체용도별 특징

구분	가정용	산업용	차량용	군용
필요 수명	75% 이하	5~10년	15년 이상	25년 이상
온도 조건	0~40℃	-10~70℃	-55~175도	-55~210℃
습도 조건	—	75% 이하	0~100%	85% 이상
허용 불량률	10%미만	1%	0% 목표	0% 목표
재고 보유 기간	1~3년	5년	25~30년	40년 이상

자료: cm.asiae.co.kr/article/2021012509442989746

2004년 이후 중국에서 팔린 자동차 수는 2억 7,832만 대이다. 이 자동차들이 미래에 모두 전기차와 자율주행 전기차로 바뀌면 그 자체로도 세계 최대의 시장이지만 자율주행 과정에서 생성되는 천문학적 규모의 빅데이터와 이를 기반으로 만들어지는 IP와 AI가 엄청나다. 자동차에서 만들어지는 빅데이터를 처리해서 만들어질 IP와 AI의 규모는 상상이 안 될 정도다. 한국으로서는 중국의 자동차용 반도체 시장을 주목할 필요가 있고 이에 대응한 전략이 있어야 한다.

이미 일본도 다시 반도체 산업 부활에 시동을 걸고 있다. 미국처럼 대만 기업에 보조금을 주고 반도체 기술을 불러들이는 중이다. 지금 일본에서 최고로 경쟁력 있는 산업은 자동차이다. 앞으로 화석연료 자동차가 자율주행 전기차로 바뀔 때 일본에서는 자동차용 반도체의 수요가 거대하기 때문이다.

전기차에서 큰 비중을 차지하는 것은 전력을 전자 기기에 공급하는 파워 반도체이다. 일본은 다른 반도체 산업은 모두 한국으로, 아

■ **미국, 중국 신차 누계 판매 대수**

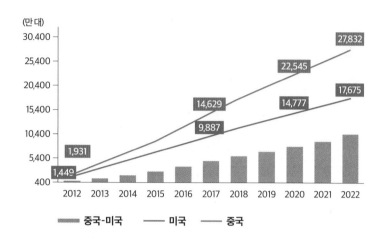

(만 대)

중국-미국 ▬▬▬ 미국 ─── 중국 ───

자료: 중국자동차공업협회

시아로 떠나보냈지만 파워 반도체의 미래라고 불리는 질화갈륨^{GaN}, 실리콘 카바이드^{SiC} 분야에서는 경쟁력이 있다. 또 세계 최대의 자동차 회사인 토요타가 있으므로 이들 3세대 화합물 반도체에서 다시 일본 반도체의 르네상스를 꿈꾸고 있다. 중국도 미국의 실리콘 반도체 기술 통제에 대응해 3세대 화합물 반도체 분야에 대거 뛰어들고 있다.

중국과의 초격차는 말로 하는 것이 아니라 실력으로 보여 줘야 한다. 한국이 차세대 반도체 개발을 강 건너 불구경하듯 하다가는 중국에 당할 수도 있다. 실리콘이 아닌 신소재 반도체에서 미국에 대항하는 완벽한 생태계 구축을 목표로 하는 중국의 반도체 전략을 무섭게 봐야 한다.

중국의 차세대 반도체 국산화 성공의 피해자는 한국이 될 수 있다. 한국은 메모리 반도체에서의 초격차도 중요하지만 3세대 화합물 반도체의 개발에도 눈을 돌려야 한다.

3nm가 아니라 모어 댄 무어다

공장 다음은 기술이다. 미국과 중국의 전쟁에서 미국은 저가 제품의 반도체마저 봉쇄하면 미국도 다친다는 것을 안다. 첨단이 아닌 범용은 중국이 생산하고 첨단 제품에서 절대적 기술 격차로 중국을 OEM 기지로 만들고 싶은 것이 미국의 속내다.

한국은 미·중의 반도체 전쟁에서 원숭이를 길들이려고 닭을 잡아 피를 보여 주는 희생닭이 아니라 어부지리의 수를 노려야 한다. 지금 중국은 14nm 양산 단계이고 미국은 10nm, 7nm, 한국과 대만은 5nm에서 3nm로 진입해 있다.

중국과 4단계 이상의 기술 격차를 벌리면 한국이 산다. 한국의 장비 재료 디바이스 업체들은 지금 14nm와 10nm 기술에서 미국의 수출 제한에 걸려 있다. 해법은 미국에 애걸하는 것이 아니라 기술 격차를 벌리는 것이다. 한국이 2nm, 1nm로 진입해 기술 격차를 2단계 앞당기면 14nm와 10nm에서 대중국 수출의 공간이 생긴다.

2nm 제품을 인텔은 2025년, TSMC는 2024년 양산을 목표로 하고 있다. 그러나 반도체 공정이 1nm 수준에 근접할수록 반도체 트랜지

스터는 거의 원자 크기까지 축소된다. 원자 단위에서는 이른바 '양자 터널 효과'라는 게 발생하는데, 전자 같은 작은 입자가 갑자기 다른 곳으로 순간이동을 하는 현상이 생긴다. 1nm 공정에서는 미세 공정의 물리적 한계에 도달하게 되어 원자 단위 공정에 봉착해 양자역학 문제를 해결해야 한다.

반도체의 혁신도 빠르지만 VR, AR에 이은 메타와 GPT까지 등장하면서 데이터 처리 요구가 폭발적으로 늘어나고 있다. 반도체는 2년에 배로 늘어나지만 지금 데이터 용량은 3.5개월에 배로 늘어나고 있다. 필요는 발명의 어머니이고 수요가 있으면 기술은 만들어진다.

모어 댄 무어More than Moore는 반도체 집적회로의 성능이 2년마다 2배로 증가한다는 무어의 법칙이 깨진 뒤 나온 새로운 형태의 반도체 연구다. 모어 댄 무어는 지금까지 무어의 법칙을 추진해 디지털 회로의 고집적화, 고성능화를 도모하는 것이다. 기술 개발의 방향성을 가리키는 하이엔드 서버나 PC, 휴대폰 등의 고성능화를 위해 앞으로도 이 방향에서의 연구 개발은 계속 필요하다. 여기서 실리콘이 아닌 다른 물질을 써서 더 작고 성능이 좋은 반도체를 개발하려는 시도가 모어 댄 무어다.

반도체는 수요가 공급을 창출하는 모델이 아니라 첨단 기술이 수요를 창출하는 모델을 구축해야 한다. 대만과 비슷한 수준의 3nm가 아니라 2nm, 1nm 모어 댄 무어 공정에서 선두가 되는 것이 한국의 반도체 장비, 재료, 소재, 디바이스가 모두 사는 길이다. 결국 기술적 한계를 돌파해야 하고 기본으로 다시 돌아가 판을 바꾸는 소재와 기

■ 반도체 미세 공정 기술 장기 로드맵(2036)

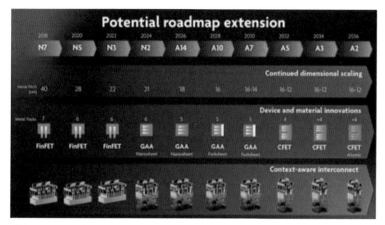

자료: IMEC, IMEC Charts Semiconductors Roadmap Path Beyond 1nm. 2022. 8.

존 공정이 아닌 새로운 공정으로 길을 뚫어야 한다.

3nm 공정 이하에서 나타나는 기술적 문제와 EUV 장비의 공급난으로 3D, 칩렛 기술, 그리고 노광장비에서도 일본이 나노임프린트 노광NIL 장비 개발을 시도하는 등 다양한 노력과 연구를 하고 있다. 결국 언제나 그랬듯이 3nm 이하 공정에서도 시간이 문제지 현재 기술의 한계를 돌파하는 기술은 반드시 나올 것이다.

반도체 전략, 세계 1위에게 길을 물어라

첨단 산업의 역사를 보면 시발역과 종착역이 같았던 적은 단 한 번도 없다. 산업혁명 이후 철강, 화학, 자동차, 가전, 통신, LCD, 핸드폰,

반도체에 이르기까지 신기술은 시발역에서 계속 동쪽으로 이동했다. 미국에서 일본, 일본에서 한국, 한국에서 대만과 중국으로 옮겨갔다.

산업의 주도권은 영원히 한군데서 머문 적이 없다. 기술은 최적의 생산지를 찾아서 끝없이 이동하고 시장을 따라 움직인다.

미국이 반도체에서 역사의 물길을 되돌리려 한다. 1인당 국민소득 7만 달러대의 미국에서 3교대 산업을 자국으로 되돌리는 작업을 시작했다. 역사의 물결을 되돌리려면 파격과 획기적인 발상이 있어야 하고 시장의 매력이 있어야지 언 발에 오줌 누기식 돈 뿌리기로는 돌릴 수 없다.

반도체의 최대 소비처를 미국으로 다시 돌리는 전략이 아니라 생산을 미국으로 돌리려는 전략은 성공 가능성이 작다. 4차산업혁명의 소비를 위한 기기의 최대 시장을 미국으로 만들거나, 전 세계 4차산

■ **삼성 반도체 미세 가공 기술의 진화로 본 주요 업체 기술 수준(2022. 10.)**

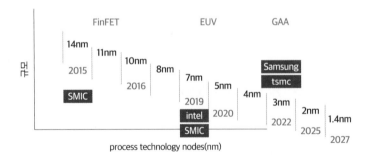

자료: Samsung Foundry Forum & SAFETM Forum 2022, CEFRI

업혁명의 표준을 미국표준으로 하지 못하면 미국으로 다시 돌리는 제조 공장의 리쇼어링은 큰 의미가 없다. 보조금의 약발이 떨어지면 저절로 스러지게 된다.

산업의 국제적 이전은 피할 수 없다. 역사에 없던 물결의 방향을 되돌리려면 새로운 역사를 써야 하는데 미국의 행태는 구태의연하다. 계절이 바뀌면 기러기가 날아가는 방향으로 옮겨 가는 산업의 국제적 이전은 현재 1위가 그 지위를 얼마나 더 연장하는가의 문제이지 영원히 1위를 유지하는 것은 전 세계 어떤 산업에서도 유례가 없다.

지금 미국이 실리콘 반도체 생산에서 종착역을 시발역으로 다시 돌리는 노력은 성공 가능성이 작다. 실리콘을 넘어서는 새로운 초강력 반도체에서 새로운 시발을 하는 것이 답이지 이미 지나간 차를 2, 3배 요금을 더 주고 다시 부르는 것은 돈만 쓰고 결국 추월에도 실패한다.

세계 파운드리 1위 기업 TSMC는 지금 아시아 변방의 대만을 세계 반도체 산업의 중심으로 만들었다. 세계 최고의 IT 강국 미국부터 TSMC에서 제조한 최첨단 칩을 사용하지 않고는 하루도 살 수 없기 때문이다.

50년 전에 TI의 엔지니어였던 TSMC의 창업자 장충모 회장이 파운드리 사업 모델을 제시했다. 50년이 지난 지금 연간 세계 컴퓨팅 파워 증가의 1/3은 대만에서 만든 칩에서 나온다. 지금 반도체 산업은 미·중 관계와 국제 정치를 이해하는 핵심 열쇠가 되었다.

왜 TSMC는 미국이 아니라 대만에서 탄생했는가? 미국 기업들은 너무 성공해서 혁신을 계속하지 못했고 파운드리를 하청작업 정도로 낮게 봤기 때문이다. 그리고 선견지명이 있는 고수가 대만에는 있었고 미국에는 없었기 때문이다. 지금 대만은 정부가 하지 못하는 대미국 발언을 1등 기업 TSMC의 회장의 입을 통해서 한다. 세계 1위 기술은 전 세계에 통하고 세계 1위 기업의 반도체 고수의 입은 미국에도 통하기 때문이다.

2023년 3월 16일 중국 대만 매체 톈샤天下가 주최한 「반도체 세기의 대화: 글로벌 칩 경쟁과 대만의 핵심 강점」이라는 포럼에서 『반도체 전쟁Chip Wars』의 저자인 크리스 밀러Chris Miller와 TSMC의 장충모 회장이 대담하는 세션이 있었다. 여기서 장충모 회장이 아주 의미심장한 얘기를 했다.

『반도체 전쟁』은 훌륭한 저술이지만 대만의 경우 정부의 역할이 너무 과대평가되었다고 지적했다. 대만 정부가 설립 초기에 TSMC의 최대 투자자였지만 당시 정부는 TSMC에 투자할 의향이 없었고 고용을 늘리는 데만 관심이 있었을 뿐이라는 것이다. 정부는 투자가의 역할만 했고 TSMC의 성공은 오롯이 기업의 노력과 몫이었다고 했다.

운명을 걸고 매일매일 사투하는 기업의 역할을 절대 과소평가하면 안 된다는 말이고 정권이 바뀔 때마다 왔다 갔다 하는 정부의 자세를 에둘러 비판한 것이다. 1류 기업의 생각과 전략을 무시하지 말고 정부가 잘 고려해야 한다는 말이다.

한국의 전략은 지금 하고 있는 1위를 가능한 한 길게 연장하고 그 기간에 번 돈으로 판을 엎는 신기술, 신소재에서 선두를 잡는 것이다. 한국의 반도체 정책은 미국을 벤치마킹하면 된다. 미국의 반도체법은 세계 2위인 인텔의 의도대로 만들어진 것이다. 앞으로 세계 반도체의 판도와 새로운 판짜기 구도는 세계 1위가 원하는 대로 만들면 된다.

이번 반도체 전쟁의 진검승부는 2nm에서 날 것 같다. 한국, 대만, 미국, 일본이 모두 2nm를 목표로 첨단 칩 생산에 뛰어들었다. 그간 D램, 파운드리에서 손 놓고 있던 미국과 일본이 다시 들어왔다. 계획된 투자가 모두 이루어진다면 2nm, 3nm 첨단 반도체 칩은 천당이 아니라 공급 과잉에 신음하는 개미지옥이 될 가능성이 크다. 그래서 박 터질 3nm 칩에서의 전략이 중요하고 추진력과 개발력이 승부를 가를 것이다.

지금 세계 1위와 3위를 하는 기업이 한국에 있다. 한국 정치권은 잘 알지도 못하는 반도체의 미래 전략, 세미나 포럼만 자꾸 하지 말고 세계 1, 3위를 심층 면접하고 그들의 생각과 구도대로 정책을 만들고 지원하는 것이 답이다.

반도체는 재벌의 수익 사업이라는 생각을 버리고 국가 안보 산업으로 인식해야 한다. 반도체 기업을 한국의 안보를 지키는 최전방의 장군으로 대접하고, 그들에게 자문하고, 그들과 함께 더 튼튼하게 반도체 안보 전선을 지킬 묘수를 찾아야 한다.

4~5년 주기의 선거 표심에 목숨을 거는 정치인, 한 번도 치열하게

사업을 해서 돈을 벌어 본 적이 없는 연구원이나 교수의 생각보다는 절벽 위에 선 심정으로 목숨을 걸고 필사적으로 투자 의사를 결정하는 세계 1, 3위 기업 임원의 생각을 따라야 한다. 그들의 시각은 차원이 다를 수밖에 없기 때문이다.

한국 반도체는 산업 메모리만 가지고는 살 수 없다. 메모리의 다음 세대인 장비와 소재로 진입해야 한다. 핵심 장비 없는 반도체 생산은 언젠가는 뒤처지게 된다. 미국과 일본을 보라. 반도체가 없어도 장비와 소재로 한국과 대만, 중국의 반도체 생산을 통제한다.

보이는 손이 아니라 '보이지 않는 손'이 반도체에서도 더 무섭다. 근육보다 세포가 더 중요하고, 고기를 주는 것이 아니라 고기 잡는 그물을 만드는 것이 진짜 실력이고 실리이다. 기술을 개발해도 반도체 장비가 없으면 양산에서 막혀 헛일이 된다. 소재가 있으면 신기술에 대응할 수 있고 소재를 무기로 쓸 수도 있다. 일본의 반도체, LCD 소부장 재료의 몽니와 중국발 요소수 사태에서 얻은 교훈이다.

앞으로 나가는 것도 중요하지만 남의 신발과 도시락을 들고 뛰면 언젠가는 탈이 난다. 모든 장비와 소재를 다 개발하는 것은 불가능하지만 핵심 장비와 첨단 소재는 10년을 두고 단 1개의 칼만 가는 십년마일검十年磨一劍의 자세로 준비해야 한다.

세계 반도체 시장의 일구양제를 대비하라

미·중의 전쟁은 패권 전쟁이고 그 중심에 반도체가 있다. 미국은 일본을 좌초시키는 데 10년이 걸렸는데 1986년 당시 일본과 지금 중국의 실력을 비교해 보면 미국이 중국을 좌초시키려면 적어도 12~16년 이상이 걸릴 것으로 예상된다. 이는 무어의 법칙으로 보면 6~8단계의 반도체 기술 변화가 있고 4년 주기 실리콘 사이클로 보면 3~4번의 주기 변화다.

산업주기 30년설로 보더라도 2035~39년이면 4차산업혁명의 중반기에 들어간다. 지금은 미국이 주도권을 잡은 것처럼 보이지만 기술은 시장을 이기기 어렵다. 데이터를 생산하는 정보 기기의 중심이 스마트폰이 아니라 스마트폰의 2,800배나 많은 정보량을 생산하는 자율주행 전기차로 전환되고, 거대한 전기차 수요와 빅데이터를 가진 중국이 신기술의 축적과 추격을 동시에 이루면서 세계는 미국과 중국이 공존하는 상태로 갈 수 있다.

미·중이 화해할 가능성이 없다면 향후 세계는 기술도 시장도 한 지구에 2개의 체제로 가는 일구양제一球兩制의 시대가 도래할 가능성이 크다. 세계화Globalization의 시대에서 미국화Americanization와 중국화Chinaization로 분화될 것으로 보인다.

3세대 화합물 반도체, 양자반도체 그리고 초전도체 같은 분야에서 미·중의 표준전쟁과 기술 선점 경쟁은 더 가열될 수밖에 없다. 한국이 시장과 기술 어느 한쪽에 줄을 서는 것은 패착이다. 현재 미국의 압박을 받아 궁지에 몰린 중국도, 중국을 압박하는 미국도 최종 전쟁에서 누가 승자가 될지 모르기 때문이다.

산업 기술은 표준의 싸움이다. 시장과 산업 생태계가 미국 중심 시장과 중국 중심 시장으로 구분되면 기술에서도 현재와 같은 글로벌 표준이 아닌 미국표준A/S: American Standard과 새로운 중국표준C/S: Chinese Standard으로 갈라질 수밖에 없어 보인다. 미국과 중국에 양다리를 걸칠 수밖에 없는 한국은 반도체를 포함한 첨단 기술에서 2개의 표준 모두에 대비해야 한다.

반도체는 국가대항전이며, 영원한 1등은 없다

이제는 반도체도 스포츠 경기처럼 국가대항전이다. 그런데 하룻저녁 스트레스를 해소하는 스포츠 구경이 아니다. 국가의 명운이 걸린 진짜 국가대항전이다. 미국의 반도체 기술 봉쇄에 중국은 반도체를 '심장'으로 정의했다. 중국은 심장이 멎으면 사람이 죽듯이 반도체를 생명이라고 정의하고 국산화에 돌입했다. 미국은 반도체를 '안보'라고 정의하고 국가 안보에 저해되는 모든 요소는 제거하고 있다. 그럼 한국에게 반도체는 무엇일까?

한국의 반도체 기업은 한국 내에서는 별 대접을 받지 못하지만 세계 1, 3위를 한다. 그리고 미국과 중국이 서로 모셔 가려는 상황이다. 반도체는 생산량이 2배가 되면 원가가 33% 떨어지는 학습곡선 효과가 적나라하게 적용되는 산업이다. 그래서 1등의 선발자 이익이 경쟁의 핵심이고 고수익의 원천이다.

지금 상황에서 세계 1위 한국 기업은 전략적인 약자 코스프레를 하기도 하지만 아직 자금과 기술에서 여유가 있다. 문제는 미국과 중국이 이 선발자 이익에 국가 차원에서 개입했다는 점이다. 반도체 기술과 생산에서 돈으로 꾀고, 장비로 위협하고, 정치 외교로 압박하는 전방위의 '닥치고 1등'의 막가파식 전략이 등장한 것이다.

그간 드러난 재벌 기업의 잘못된 행태와 도덕적 문제는 비난받아 마땅하고, 잘못된 부분은 기업의 절절한 반성과 오류를 수정하는 것이 필요하다. 그러나 반도체가 국가대항전이 되어 버린 마당에 세계 1, 3위 하는 기업에 정부가 국민의 세금을 지원하냐 마냐를 따질 상황이 아니다. 이제는 한국 내 정치, 경제, 산업, 사회가 아닌 미국, 중국과 경쟁 차원에서 생각해야 한다. 반도체라는 황금알을 낳는 닭을 버리는 것은 쉽지만 다시 만들기는 불가능하기 때문이다. 그리고 그 황금알은 2등으로 추락하는 순간 가치 없는 새알로 전락하고 만다.

지금 반도체는 미·중 전쟁의 틈바구니에 낀 한국을 당당하게 해 주고 살려 줄 최종병기다. '중국의 심장 + 미국의 안보' 2개를 모두 합한 것이 한국의 반도체다. 한국은 지금 무역적자로 비명을 지르는데 그 원인도 반도체에 있다.

한국은 지금 누가 뭐래도 반도체의 나라다. 천하의 삼성도 한 방에 훅 갈 수 있는 것이 반도체다. 1980~90년대 일본이 미국을 제치고 반도체를 석권했을 때 NEC, 도시바, 히타치를 한국의 삼성이 추

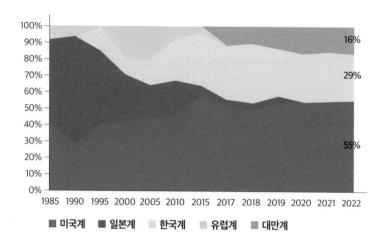

자료: IC Insight, Gartner 자료, 중국경제금융연구소

월한다는 것은 한여름 밤의 꿈처럼 믿기 어려운 일이었지만 지금 일본 반도체 업체들은 흔적도 없이 사라졌다.

반도체 사이클Silicon Cycle도 미국의 대선 사이클Presidential Cycle, 올림픽 사이클Olympic Cycle과 같은 4년 주기의 변동성을 보인다. 불황에 거상 나고 난세에 영웅 난다. 2023년 반도체 하강 사이클에 유례없는 불황을 얘기한다. 불황은 3류에게는 위기지만 1류에게는 기회다. 태풍이 불어 바닥을 뒤집을 때 큰 고기가 올라온다. 미국의 족쇄, 중국의 보복을 두려워해 위축되어 있으면 죽도 밥도 안 된다. 40여 년간 10번의 사이클에서 살아남은 한국 반도체 산업은 이제 경기 사이클을 이용해 큰 걸 노려야 한다.

■ 세계 10대 반도체 업체의 변화

(10억 달러)	1985 회사	매출액	1995 회사	매출액	2005 회사	매출액	2015 회사	매출액	2020 회사	매출액	2021 회사	매출액	2022 회사	매출액
1	NEC	2.1	NEC	13.6	Intel	35.5	Intel	50.5	Samsung	73.9	Samsung	78.9	Samsung	65.6
2	TI	1.8	NEC	12.2	Samsung	17.2	Samsung	41.6	Intel	60.5	Intel	75.6	Intel	58.4
3	Motorola	1.8	Toshiba	10.6	TI	10.7	Hynix	16.9	TSMC	45.4	TSMC	56.6	TSMC	57.7
4	Hitachi	1.7	Hitachi	9.8	Toshiba	9.1	Qualcomm	16.0	Hynix	26.5	Hynix	35.6	Hynix	36.2
5	Hitachi	1.5	Motorola	8.6	ST	8.9	Micron	14.5	Micron	21.7	Micron	30.1	Qualcomm	34.8
6	Fujitsu	1.1	Samsung	8.4	Infineon	8.3	TI	12.1	Qualcomm	19.4	Qualcomm	29.1	Broadcom	23.8
7	Philips	1.0	TI	7.9	Renesas	8.3	Toshiba	9.7	Nvidia	17.1	Nvidia	23.0	AMD	23.3
8	Intel	1.0	IBM	5.7	NEC	5.7	Broadcom	8.4	Broadcom	15.9	Broadcom	18.9	TI	18.8
9	National	1.0	Mitsubishi	5.1	Philips	5.6	Avago	6.9	TI	13.1	MediaTek	17.6	MediaTek	18.2
10	Matsushita	0.9	Hyundai	4.4	Freescale	5.6	Infineon	6.9	Infineon	11.1	TI	15.9	Apple	17.6
TOP 10 계		13.9		86.3		114.9		183.5		304.4		381.2		354.3
시장 전체		23.3		154		237.1		353.6		440.8		555.9		601.7
TOP 10 비율		60%		56%		48%		52%		69%		69%		59%

자료 : IC Insight, Gartner

8장 반도체는 국가대항전이며, 영원한 1등은 없다

345

삼성이 경쟁력을 잃는 순간 한국 반도체도 같이 사라진다. 지금 미·중의 반도체 국가대항전에서 미운 재벌 기업에 떡 하나 더 주면 안 된다는 방식으로 반도체에 접근해서는 답이 없다. 한국은 반도체 산업과 기업의 경쟁력을 더 강하고 세게 만들어 미·중의 공격을 막을 방패로 써야 한다.

■ **글로벌 위기와 실리콘 사이클**

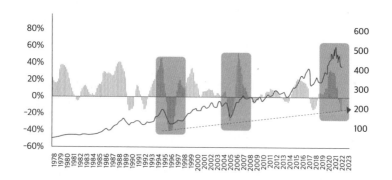

자료: WSTS, 중국경제금융연구소

■ D램 시장에서 나쁜 시나리오(N-F-R-Shoring)

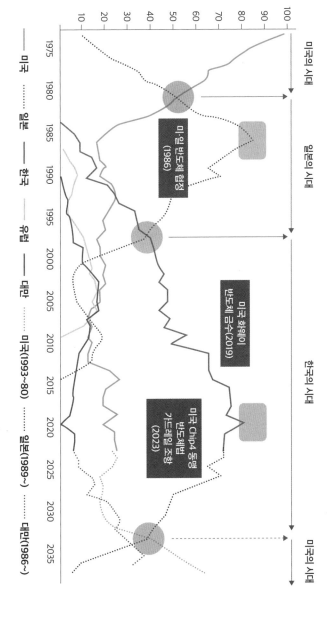

미국의 시대   일본의 시대   한국의 시대   미국의 시대

미·일 반도체 협정
(1986)

미국 화웨이
반도체 금수(2019)

미국 Chip4 동맹
반도체별
가드레일 조항
(2023)

—— 미국   ········ 일본   —— 한국   —— 유럽   —— 대만   ········ 미국(1993~80)   ········ 일본(1989~)   ········ 대만(1986~)

자료: IC Insight, WSTS, 중국경제금융연구소

맺음말

미·중이 반도체 산업에서 협력할 가능성이 있을까?

미국과 중국이 반도체 시장과 기술을 가지고 싸우면 장기적으로는 모든 반도체 업계의 불행이고 심각한 공급 과잉과 생태계의 2중 구축에 따른 비용 증가가 불가피하다. 또한 서방 반도체 관련 기업들이 세계 반도체와 장비 시장의 1/3을 차지하는 중국 시장을 포기한다면 매출 감소, 수익 감소, 장기적인 연구 개발 여력의 하락으로 이어져 반도체 산업 발전에 장애가 될 수도 있다. 그러나 미·중은 반도체를 국운을 건 패권 전쟁의 수단으로 보기 때문에 이런 경제적인 고려는 무시되고 있다.

그러나 미·중이 어쩔 수 없이 혼자서 해결할 수 없는 벽에 봉착하거나, 미국이 중국과 싸우는 것보다 더 큰 이익이 있다고 판단하면 미·중은 전쟁보다는 협력, 투쟁보다는 화해의 장으로 나갈 수도 있을 것이다. 미·중의 반도체 전쟁이 어떻게 전개될지 바로 앞은 예측할 수 없지만 5~15년의 장기로 보면 반도체 산업에서 미·중이 협력할 가능성을 몇 가지 시나리오로 생각해 볼 필요가 있다.

첫째, 반도체 천하를 미·중이 양분하는 상황이다. 미국의 첨단 반도체 통제의 후유증으로 중국이 레거시 시장을 장악하고, 미국이 첨단 시장을 장악해 시장을 양분하는 것이다. 현재 세계에는 총 24개 이상의 새로운 웨이퍼 팹에 투자가 진행 중이다. 새로운 팹은 대만에 5개, 미국에 5개, 중국에 6개, 유럽에 4개, 한국·일본·싱가포르에 4개가 위치할 예정이다.

2021년 1,101억 달러, 2022년 1,321억 달러 규모인 전 세계 파운드리 시장에 당장 미국만 해도 한국, 대만, 미국 기업에 대한 예상 투자 규모가 1,005억 달러에 달한다. 미국, 유럽, 한국, 대만의 5nm 이하의 첨단 반도체 투자가 액면대로 모두 이루어진다면 모든 첨단 팹이 가동되는 2027~28에는 엄청난 공급 과잉이 예상된다. 지금 미국에서만 발표된 반도체 프로젝트가 16개, 총 투자 규모는 2,387억 달러다.

미국의 대중국 반도체 통제로 중국이 14nm 이상의 레거시 시장에만 집중할 수밖에 없게 되면 아이러니지만 지금 전통 제조업에서처럼 중국이 레거시 기술(성숙 기술) 시장을 석권해 레거시 반도체의 '세계의 공장'이 될 수도 있다.

■ 미국의 반도체 공장 투자 계획과 고용 인원

	기업	도시	주	분야	투자액(억 달러)	고용 인원
1	TSMC	Phoenix	AZ	Foundry	400	4,500
2	Intel	Chander	AZ	Foundry, IDM	420	3,000
3	Micron	Boise	ID	IDM	150	2,000
4	Trusted Semiconductor	Odon	IN	IDM	340	40
5	Everspin Technologies	Odon	IN	IDM		35
6	NHanced Semiconductors	Odon	IN	IDM	2	413
7	SkyWater Technology	West Lafayette	IN	Foundry	18	750
8	EMP Shield	Burlington	KS	IDM	19	1,200
9	Wolfspeed Siler	Siler City	NC	IDM	50	1,800
10	Micron	Clay	NY	IDM	200	9,000
11	Intel	New Albany	OH	Foundry, IDM	200	3,000
12	Rogue Valley Microdevices	Medford	OR	Foundry	0	
13	Pallidus	Rock Hill	SC	IDM	4	405
14	Samsung	Taylor	TX	IDM	173	2,000
15	Texas Instruments	Sherman	TX	IDM	300	3,000
16	Texas Instruments	Lehi	UT	IDM	110	800
계					2,387	31,943

자료: SIA

용과 독수리가 싸우면 누가 이길지 모른다. 하늘에서 싸우면 독수리가 이기고, 물에서 싸우면 용이 이긴다. 요소수 사태에서 경험했듯이 첨단 제품의 공급 중단도 심각하지만 레거시 제품도 시장 독점

■ 2030년까지 공정 기술별 시장 수요 전망

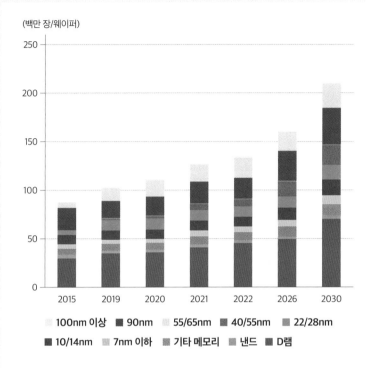

(백만 장/웨이퍼)

범례:
■ 100nm 이상 ■ 90nm ■ 55/65nm ■ 40/55nm ■ 22/28nm
■ 10/14nm ■ 7nm 이하 ■ 기타 메모리 ■ 낸드 ■ D램

분야별	제품/기술	연평균 성장률	
		2015~22	2022~30
매모리	D램	7.0%	7.0%
	낸드	3.0%	7.0%
	기타 메모리	7.0%	5.0%
비메모리	7nm 이하		13.0%
	10/14nm	13.0%	4.0%
	22/28nm	0.0%	6.0%
	40/55nm	8.0%	5.0%
	55/65nm	4.0%	5.0%
	90nm	2.0%	-2.0%
	100nm 이상	5.0%	6.0%

자료: 옴디아 2022. 3Q. 맥킨지

이 이루어지면 첨단 못지않은 괴력이 생길 수 있다. 반도체에서 첨단은 미국이, 레거시는 중국이 장악하는 천하 양분의 상황이 벌어지면 어쩔 수 없이 미·중이 협력할 수밖에 없는 상황이 도래할 수 있다.

둘째, 중국이 반도체 기술과 금융을 맞바꾸는 상황이다. 미국과 일본의 경제 전쟁을 되돌아보면 무역 전쟁에서 기술 전쟁으로, 그리고 최종적으로는 금융 전쟁에서 결판이 났다. 미국의 중국 목 조르기의 결정판은 금융 전쟁이 될 것이다.

중국은 개혁개방 40년 동안 모든 경제 시스템이 해외와 연결되어 있고 모든 공급망이 해외와 거래하지 않으면 안 되는 구조가 되었다. 위안화는 그간 중국의 노력으로 달러화, 유로화, 파운드화와 함께 세계 4대 통화가 되기는 했지만 결제통화에서의 비중은 아직 3% 선에 불과하다.

미국의 통화 패권은 무소불위다. 전 세계 외환보유고의 59%를 차지하는 달러의 위상은 과거에 비해 낮아지기는 했지만 여전히 최고다. 미국이 달러결제망SWIFT에서 중국을 배제하는 강수를 쓰면 중국은 세계 금융 시장에서 외로운 섬이 된다. 이는 미국의 첨단 반도체 기술 봉쇄와는 비교가 안 될 충격이다.

미국이 달러를 무기로 한 중국 목 조르기에서 중국은 금융 시장을 희생양으로 내놓고 반대급부로 미국의 반도체 기술 통제를 풀어주라는 협상을 할 가능성이 있다. 호랑이같이 무서운 미국은 큰 떡 하나를 집어 주지 않으면 절대 물러서지 않는다. 그러나 14억 명이 보고 있는 상황에서 중국은 미국의 강요로 물건을 사 주거나 굴욕적인 협약을 하기는 어렵다. 반면 금융 시장의 개방으로 미국이 실리를 챙겨 가는 것은 중국 정부의 면이 깎이는 것은 아니고 표시 나지 않게 미국에 돈을 주는 방식이 된다.

중국 역시 경제 규모가 확대됨에 따라 현재와 같은 은행 중심의 금융 구조는 치명적인 약점이 될 수 있어 자본 시장의 육성을 통한 기업 재무 개선과 경제 체질의 개선이 급하다. 이를 중국 자력으로 달성하려면 시간이 오래 걸리기 때문에 시장 개방을 통해 금융 구조를 개선해야 하는 절박함도 있다. 금융 시장 체질 개선을 명분으로 미국에 금융을 열어 이득을 주고 기술 제재를 완화하는 방안은 중국에 좋은 명분과 실리가 될 수 있다.

중국이 경제대국으로 일어서고 미국을 추월하려면 금융에서 미국을 넘어야 한다. 그러지 못하면 중국의 미국 추월은 영원히 물 건너간다. 전 세계가 위안화를 사용하지 않으면 중국의 금융대국의 꿈은 불가능하다. 이를 위해서는 중국도 미국처럼 금융의 국제화, 개방화를 해야 한다.

미국은 이미 금융으로 일본의 제조업과 반도체 산업을 좌초시킨 경험이 있다. 3~5년간 중국에 대해 반도체 기술 유입을 봉쇄하면 중국의 반도체 기술 수준이 뒤처지게 되고, 이런 상황에서 반도체 규제를 풀면 더 이상 미국에 큰 위협이 아니다. 현재 미국은 14nm를 규제하지만 4~6년이면 선진국은 1~2nm의 기술로 가고 10~7nm가 레거시 기술이 된다. 10~7nm 기술 해제를 빌미로 금융에서 과거 일본처럼 중국 좌지우지할 수 있다면 금융 개방을 대가로 반도체 제재를

■ 반도체 공정 기술의 진화

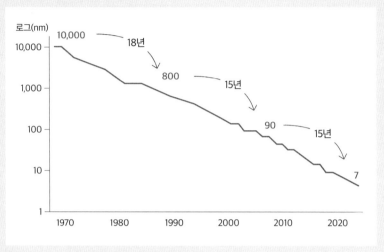

자료: Intel, Singularity.com, Wikipedia, BCG analysis

풀 가능성도 있다.

셋째, 중국이 전기차용 반도체 시장을 먹이로 주고 기술을 얻는, 살을 내주고 뼈를 취하는 육참골단의 전략을 구사하는 상황이다. 향후 세계 최대 규모로 커질 전기차 시장에서 중국은 과거 미국이 일본에 강제했던 것을 역제안할 수 있다. 전 세계 최대 시장인 중국 전기차 시장에서 전기차에 들어가는 반도체 칩의 일정 비율을 미국산으로 채용하는 조건을 걸고 첨단 기술 제한 해제를 요구하는 것이다.

넷째, 1nm 이하의 미세 공정에서 물리적·기술적 한계에 부딪혔을 때 미국과 중국이 문제해결을 위해 타협하는 상황이다. 반도체 기술의 발전을 보면 1970년 이후 15년마다 평균 92%씩 회로 선폭을 축소

■ 1947년 이후 반도체 역사상 10대 발명자 중 중국계 발명자

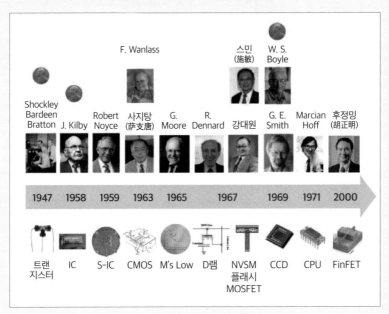

자료: 王阳元, 纪念集成电路发明六十周年, 发展中国集成电路产业的 '中国梦'

하는 미세 공정 기술로 진화해 왔다. 이 같은 추세라면 2035년에는 0.5nm 이하의 기술로 진입할 것이다.

0.5nm의 공정을 실현하기 위해서는 새로운 아이디어가 필요하다. FinFET 공정과 EUV 공정에서 중국인의 아이디어가 반도체 산업이 임계점을 넘는 결정적 사다리가 되었던 것처럼 세상에 없던 기막힌 중국인의 아이디어가 중국에 대한 미국의 기술 제재를 풀게 할 계기가 될 수도 있다.

1947년 이후 획기적인 기술 발명으로 반도체 업계에 결정적으로 기여한 10개의 기술 발명자 중에서 3명이 중국인이다. 한국인은

MOSFET 기술을 개발한 강대원 박사가 유일하다. 중국인의 아이디어와 상상력을 절대 무시할 수 없다.

지금 중국에서는 매년 500만 명이 넘는 이공대생이 배출되고 있다. 제2의 FinFET 공정의 후정밍, EUV 공정의 임본견이 나올 수 있다. 1nm 이하의 미세 공정에서 기존 기술의 한계를 넘는 중국인의 창의성이 발휘된다면 미국과 유럽에서 생산의 새로운 조합이 나올 수 있고, 그런 상황이 벌어지면 비자발적인 미·중 간의 기술 협력이 생길 수도 있다.